CB079414

ASTROLOGIA DO CORPO

ASTROLOGIA DO CORPO

Como Aproveitar a Energia dos Planetas no seu Mapa Astral para a Saúde e a Cura

Claire Gallagher, MAc, MScN, CSCS

Ilustrações de Caitlin Keegan

Tradução
Marta Rosas de Oliveira

Editora Pensamento
SÃO PAULO

Título do original: *Body Astrology*

Copyright © 2022 Claire Gallgher.

Ilustrações © 2022 Caitlin Keegan.

Publicado mediante acordo com Shambhala Publications, Inc.

Copyright da edição brasileira © 2025 Editora Pensamento-Cultrix Ltda.

1ª edição 2025.

Até onde saibamos, as informações apresentadas neste livro são exatas e completas, mas destinam-se apenas a fins educacionais, não a diagnósticos ou tratamentos de condições médicas. Consulte um médico qualificado para informar-se a respeito de problemas específicos de saúde, rotinas de movimento e cuidados pessoais. A Shambhala Publications e a autora isentam-se de toda e qualquer responsabilidade em relação ao uso das instruções e práticas deste livro.

Todos os direitos reservados. Nenhuma parte deste livro pode ser reproduzida ou usada de qualquer forma ou por qualquer meio, eletrônico ou mecânico, inclusive fotocópias, gravações ou sistema de armazenamento em banco de dados, sem permissão por escrito, exceto nos casos de trechos curtos citados em resenhas críticas ou artigos de revista.

A Editora Pensamento não se responsabiliza por eventuais mudanças ocorridas nos endereços convencionais ou eletrônicos citados neste livro.

Arte da capa: Caitlin Keegan

Diagramação do interior e *design* da capa: Amy Sly

Editor: Adilson Silva Ramachandra
Gerente editorial: Roseli de S. Ferraz
Gerente de produção editorial: Indiara Faria Kayo
Preparação de originais: Alessandra Miranda de Sá
Editoração eletrônica: Join Bureau
Revisão técnica: Verbenna Yin
Revisão: Vivian Miwa Matsushita

Dados Internacionais de Catalogação na Publicação (CIP)
(Câmara Brasileira do Livro, SP, Brasil)

Gallagher, Claire
Astrologia do corpo: como aproveitar a energia dos planetas no seu mapa astral para a saúde e a cura / Claire Gallagher; ilustrações de Caitlin Keegan; tradução Marta Rosas de Oliveira. – 1. ed. – São Paulo: Editora Pensamento, 2025.
Título original: Body astrology
Bibliografia.
ISBN 978-85-315-2406-6
1. Astrologia e saúde I. Keegan, Caitlin. II. Título.

24-240992 CDD-133.5861

Índices para catálogo sistemático:

1. Astrologia e saúde: Esoterismo: Ciências ocultas 133.5861
Cibele Maria Dias – Bibliotecária – CRB-8/9427

Direitos de tradução para o Brasil adquiridos com exclusividade pela
EDITORA PENSAMENTO-CULTRIX LTDA., que se reserva a
propriedade literária desta tradução.
Rua Dr. Mário Vicente, 368 – 04270-000 – São Paulo – SP – Fone: (11) 2066-9000
http://www.editorapensamento.com.br
E-mail: atendimento@editorapensamento.com.br
Foi feito o depósito legal.

Para minha comunidade *on-line*.

Sumário

PARTE 2

Os Signos 67

Introdução

História verídica: cresci com pavor da Astrologia. Parte disso decorre do ambiente espiritual em que fui criada, mas gosto de pensar que outra parte provém de minha sabedoria interior, que estava começando a desabrochar. Eu fazia de tudo para evitar que minha revistinha de adolescente caísse acidentalmente aberta na página dos horóscopos, na parte de trás. Quando isso inevitavelmente acontecia, eu ficava horrorizada. Será que sou mesmo essa virginiana convencional, puritana, tensa e boazinha de quem vocês falam? Essa não é uma maneira legal de ser descrita quando se está no oitavo ano do ensino fundamental, e foi assim que começou meu ódio por meu Signo Solar. Eu não sabia disso naquela época, mas, no dia em que eu nasci, a Lua estava em Aquário (no jargão astrológico, isso corresponde a seu Signo Lunar). Depois que soube disso, entendi por que os horóscopos me ofendiam. Eles eram como a perda da liberdade, o que é uma das maneiras mais rápidas de enfurecer um aquariano.

Minha razão para compartilhar meu medo de infância um tanto deslocado é que é totalmente normal não se reconhecer em seu próprio Signo Solar. É totalmente normal talvez até não gostar de seu Signo Solar, como eu fazia. (Só para constar, agora sou uma virginiana que se orgulha muito disso.) E também é totalmente normal amar seu Signo Solar, mas sentir que falta alguma coisa. Isso é porque alguma coisa, ou muita coisa, está faltando. Na verdade, aquilo que desagrada a muitos de nós não é ter só um signo do zodíaco, mas sim a incompletude da Astrologia que se baseia apenas no Signo Solar.

Meu medo da Astrologia foi curado pela doença. Quando tinha 20 e poucos anos, desenvolvi uma condição médica misteriosa que carreguei por anos a fio. Nenhum dos muitos médicos que consultei conseguiu encaixar-me em um diagnóstico claro e, assim, caí nas rachaduras da medicina convencional. Lembro-me perfeitamente de rastejar pela casa de barriga para baixo quando tinha apenas 21 anos porque estava fraca demais para andar. Fui obrigada a largar meu emprego e voltar para a casa de meus pais. Passava grande parte de meu tempo na cama, chorando. Com o passar dos anos, os sistemas de todos os meus órgãos foram lentamente desenvolvendo disfunções, e minha lista de sintomas se tornou incrivelmente longa e complexa.

Como ocorre com muitas pessoas que têm histórias semelhantes, essa experiência me levou ao mundo da medicina alternativa. Estar doente e sem muitos recursos me obrigou a pesquisar remédios e experimentar em mim mesma. Como virginiana típica, eu me concentrei principalmente na nutrição. Cometi muitos erros ao longo do caminho, até tropecei em alguns modismos alimentares, mas era inegável que minhas melhorias mais significativas sempre vinham por meio da alimentação. Na verdade, a reparação de minha relação com a comida me deixou bem a ponto de me permitir começar a me movimentar novamente. Quando recuperei força suficiente, tornei-me professora de yoga e, depois, *personal trainer*. O yoga me possibilitou desfrutar do movimento enquanto ainda estava me curando. Mais tarde, o levantamento de peso fortaleceu meu corpo e deu a meu delicado sistema nervoso um lar com bases mais sólidas.

Por fim, reuni força suficiente para levar meu gradual experimento de autocura a um novo nível e comecei a estudar nutrição profissionalmente. Mudei de cidade para cursar a Universidade Nacional de Medicina Natural (NUNM – National University of Natural Medicine) com o intuito de me formar em medicina natural, ou naturopatia. Porém, enquanto estava lá, me apaixonei pela linguagem elemental da Medicina Chinesa e sua capacidade de articular minha experiência "não diagnosticável". Não demorou muito para eu me matricular em um mestrado duplo, que conjugava acupuntura e nutrição.

Um dia, correndo entre a aula, a clínica e meu trabalho de *personal trainer* em meio período, vi no banheiro da universidade um panfleto para uma conferência de Astrologia médica. Apesar de não ser excepcionalmente chamativo, por algum motivo ele me interessou. Até aquele momento, meu medo da Astrologia ainda eclipsava qualquer interesse pelo assunto. Eu ainda achava que a Astrologia se restringia a prever o futuro ou a encerrar as pessoas em definições limitadoras de personalidade. Mas Astrologia médica? As conotações de fisicalidade e corporalidade evocadas pelo termo me pareceram dignas de exploração. Nesse momento, eu já havia passado quatro anos imersa na teoria e na prática da Medicina Chinesa. Associar sistemas de órgãos e desequilíbrios a elementos, estações e constelações era uma prática milenar na qual eu confiava. Embora a Astrologia ocidental seja uma tradição elemental diferente, pensei que certamente não poderia ser muito diferente. A Medicina Chinesa me amoleceu para esse momento predestinado no banheiro. Além disso, os sintomas persistentes que eu ainda apresentava atiçaram egoisticamente minha curiosidade.

Tenho certeza de que você pode adivinhar o resto. Fui à conferência e foi paixão instantânea. Bastaram cinco minutos ouvindo o principal palestrante, que mais tarde se tornou meu orientador, para que eu visse que a Astrologia médica era a minha praia. Por mais estranho que pareça, foi como se eu já conhecesse esse sistema e, de repente, me lembrasse dele. Na Astrologia médica, o mapa astral torna-se um mapa do funcionamento, necessidades, pontos fortes e suscetibilidades singulares de seu corpo. Isso é algo que não tem preço porque duas pessoas podem sofrer com a mesma condição médica, mas por causa das diferenças em seus mapas astrais e corpos, seus quadros de sintomas, experiências emocionais e caminhos para a cura são diferentes. Eu já sabia que na cura não há tamanho único, mas a Astrologia médica levou a ideia do tratamento bioindividual a novos e surpreendentes patamares.

A Astrologia médica também aprofundou minha compreensão do ritmo corporal e me ensinou a usar os planetas como relógios para cura. À medida que o céu muda e interage com seu mapa de novas maneiras, suas necessidades físicas e sua experiência também mudam. Isso foi especialmente interessante para mim como alguém que tinha fadiga crônica, que muitas vezes se caracteriza como uma parede monótona de exaustão e sofrimento, ou sintomas que vêm e vão sem aviso prévio. O mapa me deu uma visão sobre o que estava pronto para ser curado, o que precisava de mais tempo, quais padrões emocionais estavam envolvidos, e quando os surtos provavelmente ocorreriam. Para quem tem doenças crônicas, essa informação vale ouro porque permite ao paciente preparar-se, tanto prática quanto mentalmente, e poupar sua preciosa energia para o que está pronto para reagir.

Após a conferência, mudei imediatamente tudo para adequar-me ao estudo da Astrologia médica. Mantive um número absurdo de diários de sintomas planetários, recolhi os mapas astrais de todos os pacientes que concordaram em fornecê-los, comecei a projetar sistemas de movimento baseados no ciclo lunar e me matriculei em aulas de Astrologia. Fiquei obcecada porque a Astrologia me dava esperança. Ela detonava a narrativa à qual eu adorava agarrar-me, que era: eu sempre estaria doente. Eu queria estar doente? Não. Mas isso já se havia instalado em minha rotina e, portanto, acabou ficando estranhamente confortável. A Astrologia me deu a mudança de perspectiva que eu precisava para finalmente me abrir para a possibilidade de cura. Isso me ajudou a desenterrar não apenas as raízes físicas da minha condição médica, mas também suas raízes psicoespirituais mais profundas. A Astrologia me ajudou também a navegar pelo mundo avassalador dos cuidados de saúde. Eu finalmente tinha algo para me ajudar a discernir qual curso de tratamento poderia valer a pena e qual era apenas mais um caminho para uma pilha de contas altíssimas de consultas e medicamentos.

Minha obsessão pela Astrologia médica foi continuamente alimentada por sua assustadora precisão. Bata seu recorde pessoal na academia: havia um trígono Lua-Saturno apoiando o esforço e a força. Chega um paciente com uma erupção cutânea: Marte no Ascendente, o que significa maior suscetibilidade a problemas agudos e com coceira. Não demorou muito para que eu pudesse prever meus próprios ciclos de saúde e os dos outros, e meu trabalho profissional como astróloga médica começou.

Tenho de admitir que não foi nada fácil. Nos primeiros anos, eu me senti como um peixe fora d'água, berrando no abismo *on-line* sobre malhar conforme o ciclo da Lua e suplementar para seu retorno de Saturno. Quem não cresceu convivendo com a Astrologia (eu, com certeza, não), provavelmente pode imaginar como as pessoas me olhavam. Mesmo nos círculos de medicina alternativa, o tema era muito pouco conhecido; não era assunto sobre o qual se falasse de maneira ativa. Construir confiança com minha então pequena comunidade *on-line* tornou-se minha tarefa número um. Eu achava que, se pudessem vivenciar a Astrologia no próprio corpo, as pessoas veriam seus efeitos. Então, em vez de tentar convencê-las, investi meu tempo em criar um sistema de movimento astrológico, compartilhando minhas próprias experiências e ensinando as pessoas a manter diários de sintomas astrológicos. E meu palpite provou que estava certo. Quando as pessoas começaram a observar e a sentir a Astrologia, perceberam o quanto ela é prática e a curiosidade delas explodiu. Meu negócio cresceu lenta, porém organicamente, no ritmo perfeito para a introvertida que eu sou.

Alguns anos depois, posso dizer que estou honrada pela oportunidade de cuidar de centenas de pessoas, observando em primeira mão como a Astrologia médica propicia esperança, novas perspectivas, momentos de revelação, pistas de causas de origem e impulsos de cura. Mas o que mais aprecio é, de longe, ver o alívio no rosto de alguém quando percebe que seu mapa astral simplesmente lhe dá permissão para ser exatamente como é. A Astrologia desafia de forma intrínseca a definição social de "saúde". Dizem-nos que a saúde é vista e sentida de uma certa maneira, enquanto a Astrologia deixa espaço para a infinita diversidade de corpos e experiências. Um pequeno exemplo: a Astrologia desafia a suposição de que ser "saudável" significa sentir-se sempre cheio de energia. Isso é colocar-se sob uma pressão muito grande. A Astrologia nos lembra que o corpo não é estático, mas sim cíclico. Há momentos em que o céu está ocupado (o que a cultura moderna costuma rotular como "bem") e momentos em que está quieto. As duas coisas são expressões da saúde.

Não acredito que a Astrologia lhe diga algo que você ainda não saiba, mesmo que às vezes tenha essa impressão. Eu prefiro vê-la como uma ferramenta de afirmação e descoberta. Ela nos reconecta a partes do nosso coração e do nosso corpo que talvez tenhamos escondido ou esquecido. Você pode brincar de contar o futuro de sua saúde, se quiser. Mas a verdadeira magia da Astrologia médica está no sussurro com que nos insta a abrir todas as portas da casa de nosso corpo e habitá-la plenamente. Quando vemos com carinho todas as nossas peças (algo que o mapa nos mostra tão bem) e lhes damos a atenção e o alimento de que precisam, nós nos tornamos nosso próprio remédio. Se você ainda está diante da cerca da Astrologia ou é fã de carteirinha, meu desejo é que as informações que há neste livro o levem a uma fonte de autoconfiança cada vez mais profunda.

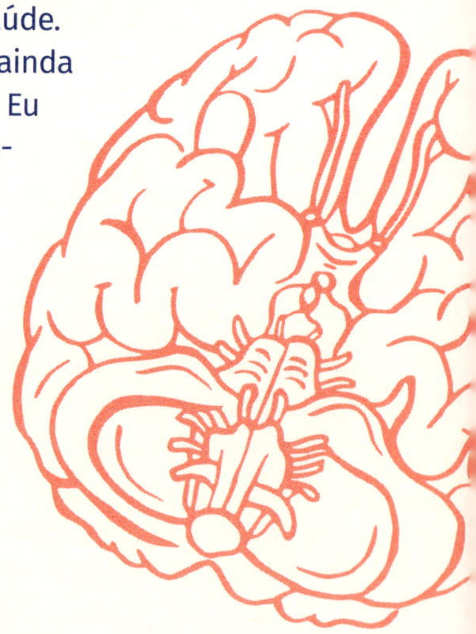

TODO SIGNO É SEU SIGNO

PARTE 1

capítulo
um

FUNDAMENTOS DA ASTROLOGIA DO CORPO

Qual é seu conhecimento da Astrologia? Aposto que, no mínimo, você sabe qual é seu Signo Solar. E posso sentir que seus dedos já estão coçando para encontrar a parte que fala sobre seu Signo Solar. Mas pare por aí! Eu quero que este livro seja seu recurso favorito, cheio de dobras nos cantos das páginas, com manchas de café e a capa rasgada, e isso simplesmente não vai acontecer se você procurar um signo e depois se esquecer do livro. Para que a Astrologia opere sua magia em sua vida (e para que meus sonhos virginianos se tornem realidade), temos algum trabalho pela frente. Prepare uma caneca da bebida de que mais gosta e escolha uma posição confortável porque estou prestes a suar a camisa para armar você com algum conhecimento real de Astrologia. Meu conselho é: primeiro, dê uma lida neste capítulo para, depois, poder ler o conteúdo que bem quiser munido de mais informações.

Então, o que é a Astrologia? Penso nela como a observação de padrões planetários e sua correlação com padrões pessoais. Não acredito que os planetas sejam responsáveis pela ocorrência das coisas. Em vez disso, vejo a Astrologia como um espelho celeste daquilo que já está acontecendo. Quando sabemos ler esse espelho, podemos obter mais informações sobre nossa vida e como navegá-la da maneira mais precisa possível. O que mantém minha confiança na Astrologia, e por que acho que ela continua a ter tanta repercussão entre as pessoas, é sua antiguidade. Os seres humanos sempre voltaram os olhos para o céu quando buscavam algum tipo de informação ou orientação. Quase todas as culturas tradicionais recorriam a alguma forma de prática astrológica, e é por essa razão que surgiram tantos sistemas diferentes ao longo do tempo.

Alguns dos sistemas mais praticados são a astrologia ocidental (com raízes na Grécia antiga, Egito, Mesopotâmia, Arábia e Europa), a astrologia védica da Índia e a astrologia chinesa, ou Bazi Suanming. Neste livro, estamos trabalhando com a astrologia ocidental. Existem muitas diferenças nesses sistemas (até mesmo zodíacos diferentes!), mas o que eles mais têm em comum são os planetas e a interpretação de seus posicionamentos no momento do nascimento.

Seu Signo Solar é importante, mas é apenas uma parte de sua genética astrológica. Quando você nasceu, todos os planetas estavam ocupados com suas viagens, percorrendo os vários signos do zodíaco em diferentes velocidades. Quando você respirou pela primeira vez, é como se eles tivessem se congelado no tempo e na posição, trazendo para seu corpo as características, as qualidades e a energia de suas muitas e singulares localizações cósmicas. Esse belo e complexo instantâneo do céu é sua anatomia astrológica: o seu mapa astral. O Sol é apenas um ponto do mapa.

A Astrologia é complexa (eufemismo) e, por isso, é natural cortá-la em pedaços mais palatáveis. Porém, antes de seguirmos em frente, preciso que você saiba que a maior parte do que conhecemos como Astrologia é um pseudo-sistema diluído. Farei o meu melhor para honrar a complexidade da Astrologia real, tornando-a fácil de entender. Este livro, inclusive, tem algumas caixas de texto para ser mais prático e acessível. Mas não vou contribuir para a falácia da Astrologia do Signo Solar e deixá-lo na mão, perguntando-se por que cargas-d'água você não se sente sagitariano. Quando é cronicamente extraída de seu contexto e reduzida a uma coleção de estereótipos, a Astrologia perde sua utilidade, principalmente quando aplicada ao corpo. Ir direto para a parte que se refere a seu Signo Solar é tirar a Astrologia do contexto. Sério, não faça isso ainda.

Minha esperança é que, depois de um pouco de estudo por conta própria, você comece a pensar em cada signo como seu signo. Claro, as seções dedicadas a seu Sol, sua Lua ou seu Signo Ascendente podem parecer-lhe mais naturais, mas eu quero incentivá-lo a conhecer todos os doze signos. Caso se reconheça em um signo inesperado, confie nesse reconhecimento. Garanto que, para isso, há uma razão astrológica mais profunda. Embora possam variar em importância, cada signo está e sempre estará em seu mapa astral. Assim, um signo que você nunca considerou pode tornar-se, ou já pode ser, um ator primordial em sua saúde.

A Astrologia é dinâmica. Não, você não pode mudar seu mapa astral, mas os planetas continuaram em movimento depois que você nasceu. À medida que se movem, eles revigoram e ativam seu mapa de novas maneiras. Os ciclos planetários de hoje estão interagindo com sua genética astrológica agora, correlacionando-se com tempos de paz, desafio, bem-estar e doença. Você nasceu com uma mistura singular de elementos, ou clima corporal. Os ciclos planetários de hoje são como padrões climáticos que afetam seu corpo elemental, criando climas novos e temporários. Marte pode ressecá-lo. Vênus pode encharcá-lo. Então, sim, você pode ser sempre um libriano. Entretanto, a depender do que esteja acontecendo no céu, as necessidades de seu corpo podem ser bem diferentes do que eram anos, meses ou até dias atrás.

A Lente da Astrologia Médica

A astrologia médica transforma seu mapa astral em um mapa físico e lhe fala sobre a natureza de seu corpo. Você logo aprenderá que cada signo do zodíaco está associado a áreas específicas do corpo. No nível mais básico, o posicionamento dos planetas nos signos no momento do nascimento nos informa a respeito da saúde dessas partes e sistemas. Mas o olho treinado em Astrologia médica oferece uma valiosa oportunidade de medicina preventiva, que pode ensiná-lo a manter o equilíbrio de sua natureza singular com comida, movimento e estilo de vida. Quando a doença aparece, o mapa astral pode fornecer informações sobre a causa-raiz, o tratamento adequado e o momento ideal para esse tratamento. Neste livro, uso os termos *astrologia física*, *astrologia do corpo*, *astrofitness* e *astronutrição* para descrever minha subespecialidade (em nutrição e condicionamento físico) do ofício. Todas essas variações provêm da astrologia médica ocidental.

Na qualidade de ramificação da astrologia ocidental, a astrologia médica tem suas raízes no Egito, na Mesopotâmia e na Arábia, entre outros locais. Porém suas conexões mais claras podem estar na Grécia antiga durante o período helenístico. A teoria humoral reinava entre os médicos, que acreditavam que a doença decorria de um desequilíbrio entre os quatro humores do corpo (bile amarela, sangue, bile negra e fleuma). Com o passar do tempo, esses quatro humores acabaram por ser associados a estações, elementos, planetas e signos do zodíaco, introduzindo a ideia de que a hora do nascimento influenciava a composição elementar do corpo. Nessa época, era grande a probabilidade de que os médicos também fossem astrólogos.

Então, de que modo a Astrologia está relacionada à sua saúde? Essa relação começa com o compartilhamento de um vocabulário entre o céu e a terra. Estamos prestes a descrever a Astrologia com termos do mundo natural como *temperatura, umidade, elementos* e *modos de ser*. Tudo mais que há no mundo pode ser descrito da mesma maneira. Quando combinamos essas qualidades, descobrimos que cada alimento, movimento, intervenção médica, erva, suplemento e até mesmo tendência de bem-estar que se revela fogo de palha compartilham uma marca com planetas ou signos semelhantes. A astrologia médica não é uma cura milagrosa; ela é uma lente. Depois de entender os fundamentos, você pode aplicá-los a qualquer modalidade de cura moderna, tradicional ou ainda não criada que desejar. Se está interessado na história da astrologia médica, um bom livro para conferir seria *Traditional Medical Astrology*, de J. Lee Lehman.

O mundo do bem-estar é um espaço confuso, e este livro não pretende ser mais uma voz em uma indústria já saturada. Em vez disso, pense nele como um guia esclarecedor. Na verdade, não há nenhuma abordagem tamanho único para a saúde, e a Astrologia simplesmente confirma isso. Minha paixão, assim como o propósito deste livro, é ensiná-lo a usar a Astrologia para preservar e melhorar a saúde e o que ela significa para cada um de nós (porque certamente não é a mesma coisa). Conhecer sua astrologia pessoal vai ajudá-lo a peneirar as vozes, deixando claro o que é e o que não é para você. À medida que conhecer melhor sua astrologia pessoal, você começará a entender aquilo que seu corpo realmente precisa e, mais especialmente, receberá a confirmação de que sabia o tempo todo. Aqui vai um curso breve e intensivo sobre os fundamentos da Astrologia.

As Qualidades

As quatro qualidades – quente, frio, úmido e seco – são conceitos universais, mas nossa maneira de vê-las aqui provém do pensamento helenístico. Para entender o celestial, podemos usar o terreno e vice-versa. Terra e céu imitam-se e partilham um vocabulário natural. Cada planeta e cada signo pode ser dividido em qualidades simples como quente ou frio. Toda ação e experiência do corpo podem ser expressas em linguagem semelhante.

A compreensão das qualidades pode ajudá-lo a classificar o que pode ou não ser medicinal para você. Ao escolher para si opções de alimento, movimento e tratamento, pense em quais qualidades eles trarão para seu corpo e como eles podem misturar-se com suas qualidades pessoais. Por exemplo, uma forma "quente" de exercício pode aquecer um corpo frio, mas piora a condição de um corpo quente quando demasiado frequente.

Quente: O calor acelera as coisas. O calor energiza, mas quando é excessivo agita, inflama e prejudica. O excesso de calor gera ressecamento.

Frio: O frio atrasa as coisas. O excesso de frio pode deprimir e cansar o corpo, além de gerar umidade.

Seco: A secura separa as coisas e aporta definição, clareza e solidez ao corpo. Porém quando é demasiada (ressecamento) pode enrijecer o corpo e roubar-lhe os nutrientes, tornando-o murcho e deficiente.

Úmido/Molhado/Encharcado: Uso essas palavras de modo intercambiável. A umidade mistura as coisas e torna o corpo flexível, macio e relaxado. O excesso de umidade sobrecarrega o corpo e corrói seus limites, tornando-o vulnerável.

Os Elementos

Quais são as qualidades que predominam em você? Bem, isso vai depender da mistura de elementos que o caracteriza. Na Astrologia, os elementos são os blocos físicos e não físicos que constituem o corpo e a psique. Eles se correlacionam com as estações do ano, as estações da vida, os quatro humores, as fases da Lua, o ciclo menstrual – e essa lista não para por aqui. Embora alguns astrólogos médicos possam usar os sistemas elementais do Ayurveda ou da Medicina Chinesa, neste livro estou utilizando a lente helenística (com um pouco da Medicina Chinesa, pois não consigo evitar). É importante entender que elementos de diferentes tradições nem sempre permitem correlações que correspondam em tudo. O ar na astrologia médica ocidental e o ar no Ayurveda não se comportam necessariamente da mesma maneira.

Na astrologia médica ocidental, existem quatro elementos: Fogo, Ar, Terra e Água. Cada um de nós tem todos os quatro em nosso corpo, mas normalmente há um ou dois que são dominantes. Qual deles é dominante em você? Você pode se surpreender ao ouvir que não tem quase nada a ver com seu Signo Solar e mais a ver com seu Signo Lunar e seu Signo Ascendente.

Os elementos não são estáticos porque, assim como as estações do ano, eles se transformam uns nos outros. Seus níveis no corpo naturalmente sobem e caem, mas a doença ocorre quando um ou mais se tornam excessivos ou deficitários. Quando isso acontece, elementos opostos e complementares podem ser usados para restaurar o equilíbrio. Note que as quatro qualidades se combinam para formar os quatro elementos.

Quente + Molhado = Ar (Os signos de Ar são Gêmeos, Libra e Aquário.)

Quente + Seco = Fogo (Os signos de Fogo são Áries, Leão e Sagitário.)

Frio + Seco = Terra (Os signos de Terra são Touro, Virgem e Capricórnio.)

Frio + Molhado = Água (Os signos de Água são Câncer, Escorpião e Peixes.)

Os Modos

Cada elemento tem vários modos, *ou* maneiras de se expressar e de atuar no mundo. Os três modos são: cardinal, fixo e mutável. Por exemplo, existem muitos modos de Terra – pedra, areia, solo, flor, árvore, metal e assim por diante. São todos Terra, mas não se comportam da mesma maneira.

A energia cardinal move-se direta ou vigorosamente. Os signos cardinais são Áries, Câncer, Libra e Capricórnio.

A energia fixa move-se de forma consistente. Os signos fixos são Touro, Leão, Escorpião e Aquário.

A energia mutável move-se de forma flexível ou adaptável. Os signos mutáveis são Gêmeos, Virgem, Sagitário e Peixes.

Touro, Virgem e Capricórnio podem ser signos de Terra, mas sua Terra se comporta de maneira diferente porque tem modos diferentes. Por outro lado, Gêmeos, Virgem, Sagitário e Peixes podem ser de elementos diferentes, mas têm muito em comum porque são todos mutáveis no modo. O modo de um signo, ou como ele se move, torna-se particularmente importante quando se trata de *astrofitness*. Cada tipo de movimento é um universo inteiro, e o modo nos ajuda a articular sua diversidade. O mundo do yoga, por exemplo, é enorme; podemos praticá-lo de inúmeras maneiras, do yin yoga relaxado até o *ashtanga* intenso. Além dos elementos, o modo nos permite outro meio de categorizar astrologicamente o movimento, independentemente de sua derivação de tradições yogues, linhagens de artes marciais ou diferentes tipos de esqui.

Embora eu talvez não mencione explicitamente o modo ao longo do livro, ele é fundamental para a maior parte de meu trabalho de *astrofitness*. Quando estou escrevendo rotinas, pego muitas dicas criativas do modo de um signo. Isso me ajuda a discernir como os signos do mesmo elemento podem mover-se de maneira diferente ou como os signos de elementos diferentes podem mover-se da mesma forma. Por exemplo, o exercício de Fogo em geral tem um componente cardiovascular, mas há um milhão de maneiras de fazer isso, e cada modo tem sua abordagem exclusiva. Vamos usar como exemplo a corrida. A corrida dos signos cardinais pode parecer uma sessão curta e difícil de *sprint*. A corrida dos signos fixos pode parecer uma sessão longa e lenta ou um exercício praticado em ritmo constante. E a corrida dos signos mutáveis pode assumir a forma de uma sessão com intervalos intuitivos ou uma corrida em terrenos variados. Embora possa preferir um desses estilos de treinamento aos demais, se quiser ser um corredor completo, é provável que você precise trabalhar dentro de todos os três modos.

A Astrologia Não É Uma Dieta

Como astróloga médica, a pergunta que mais me fazem é: que tipo de dieta e exercício é melhor para o meu signo do zodíaco? Surpresa: não vou ensiná-lo a comer nem a exercitar-se para seu Signo Solar neste livro. Há muitas razões para isso, mas vamos começar pelas astrológicas. Cada signo do zodíaco é um imenso espectro de possibilidades. Presumir que todos os arianos do mundo se beneficiarão do mesmo alimento e do mesmo movimento é científica, energética, cultural e astrologicamente irracional. Não é útil fazer afirmações como todos os signos de Ar deveriam ser corredores ou todos os signos de Água deveriam ser nadadores. Assim como qualquer signo pode ser vegetariano, qualquer signo também pode gostar de yoga, levantamento de peso ou tênis. Talvez o mais importante seja que cada uma dessas atividades pode ser realizada à maneira de Áries, à maneira de Touro ou à maneira de Gêmeos, se é que você me entende.

Lembre-se de que o céu e a terra compartilham um vocabulário. Descrevemos a Astrologia com termos do mundo natural – *temperatura, umidade, elementos* e *modos de ser*. Tudo mais que há no mundo também pode ser descrito da mesma maneira. Quando combinamos essas qualidades, descobrimos que todo tipo de alimento e de movimento compartilha marcas com signos e planetas. Então, com certeza, seu mapa pode nos dizer quais tipos de exercício mais o atraem ou quais alimentos você prefere. Porém o mais importante é que seu mapa nos diz como seu corpo assimila alimentos e movimentos e indica os problemas funcionais ou estruturais que podem surgir ao longo do caminho. O mapa astral é um pouco como um exame de laboratório. Ele nos dá um instantâneo de como seu corpo difere de outro corpo. Por exemplo, todos os doze signos podem sofrer de problemas digestivos, mas a causa subjacente, a apresentação dos sintomas, sua repercussão em sistemas que envolvem outros órgãos e a jornada de cura serão diferentes.

A Astrologia também nos fala sobre sua relação mental e emocional com a comida e o movimento – como você pensa, sente e fala consigo mesmo e com os outros sobre comida e movimento. O mapa astral tem uma maneira única de descobrir com compaixão quaisquer sistemas de crenças prejudiciais ou julgamentos sociais sobre comer que você possivelmente internalizou, bem como de que modo eles podem estar atrapalhando sua sensação de bem-estar. Ao longo do livro, eu me refiro a esses sistemas de crenças como conversas sobre *comida, pensamentos alimentares, histórias de comida, narrativas alimentares* e assim por diante. Na minha experiência, desconstruir gentilmente esses pensamentos e curar a relação comida e movimento são muito mais cruciais do que o que você come ou como você se move. E é aí que está a minha verdadeira paixão na astrologia médica.

Dentro da conversa sobre comida, a Astrologia nos ensina a deixar espaço para a individuação e a abster-nos de rotular os alimentos e as práticas de movimento como boas, ruins, melhores ou piores. Esses termos não são apenas produtos nocivos da dieta e da cultura do "bem-estar"; eles são irrelevantes na astrologia do corpo. Como seu mapa astral é uma mistura única de qualidades, sua versão de comida e movimento "saudáveis" provavelmente parecerá muito diferente de alguém cujas qualidades dominantes sejam opostas às suas. Se considerarmos quantas combinações planetárias e elementais são possíveis no nascimento, fica claro que uma abordagem do tipo tamanho único não tem lugar na astrologia do corpo.

A astrologia de verdade nos desafia a manter as polaridades com maturidade. Vou apresentar-lhe uma polaridade desafiadora agora: veganismo ou alimentação com proteína animal? Alguns signos preferem uma opção em detrimento da outra? Talvez. Mas a verdade é que todos os signos podem ser veganos ou carnívoros. Na astronutrição, os alimentos são ferramentas energéticas. Por exemplo, alimentos vegetais e animais podem ser terapêuticos para os arianos, mas por motivos diferentes. Pode-se esfriar o excesso de Fogo de Áries, e acumular Fogo de Áries deficitário. Há sempre um contexto astrológico e físico maior. Na astrologia médica, tudo carrega uma marca que, a depender da situação, pode ser terapeuticamente necessária.

Gestos Terapêuticos

Em vez de tipificar um signo com base em uma maneira de comer ou se mover, é mais útil entender o gesto terapêutico subjacente a cada signo para podermos aplicar a sabedoria da Astrologia a qualquer contexto de saúde. Com a palavra gesto, refiro-me à essência, ou assinatura energética, de um signo e como isso se traduz em necessidades e comportamento. Os signos são vastos corpos de energia que podem manifestar-se de várias maneiras, porém todas essas maneiras compartilham um gesto comum. Para captar a noção de gesto, tendemos a resumi-lo em palavras-chave. Por exemplo, uma palavra-chave frequentemente associada a Libra é equilíbrio. O equilíbrio é um conceito amplo; um gesto que pode ser aplicado a qualquer tipo de movimento ou forma de comer. Os gestos nos permitem generalizar ou especificar tanto quanto quisermos. Por exemplo, podemos nos concentrar em equilibrar posturas de yoga ou entrar em detalhes para trabalhar um determinado desequilíbrio muscular. Da mesma maneira, podemos criar uma refeição geralmente equilibrada ou tratar desequilíbrios minerais específicos no corpo. Mas de onde vem o gesto e por que o signo de Libra está associado ao equilíbrio? A resposta é uma combinação das qualidades, do elemento, do modo, do regente planetário e estação do ano de Libra. É muito mais fácil apenas dizer "equilíbrio". Mas saber de onde vem um gesto é importante porque esse conhecimento nos impede de regurgitar cegamente estereótipos dos signos, além de permitir-nos aplicar conceitos astrológicos a contextos terapêuticos muito específicos.

Vocabulário Astrológico: Regente Planetário

A partir de agora, você verá muitas vezes os termos regente planetário, planeta regente ou alguma variação desses termos. Cada signo do zodíaco é regido por um planeta. Esse planeta confere suas características ao signo do zodíaco. Por exemplo, Sagitário é regido pelo planeta Júpiter. Os traços de Sagitário não saíram do Ar – a maioria deles vem de Júpiter. Podemos saber mais sobre um signo se entendermos seu planeta regente. Para obter a lista de signos e seus planetas regentes, veja o glossário da página 322.

Exploraremos em detalhes os gestos terapêuticos de cada signo do zodíaco em suas respectivas seções. Você também pode encontrá-los resumidos nas listas de nutrição e movimento ao longo do livro. À medida que você o estiver lendo, pode ter a impressão de que estou dizendo "Aquário deveria fazer isso" e "Escorpião deveria fazer aquilo", mas na verdade estou falando do gesto, ou essência pura de um signo do zodíaco, não de uma pessoa. Nunca é demais repetir: você é uma pessoa, não um signo do zodíaco. Você tem um mapa complexo no qual aparecem todos os signos. Pense em seu mapa como uma casa ou um livro. Mover-se e comer apenas para seu Signo Solar é como viver somente no banheiro ou saltar para o último capítulo e perder as coisas boas. Além disso, seu Signo Solar não explica como o céu e seu corpo mudam ao longo do tempo. Acredito que, para sermos corpos completos, precisamos habitar cada gesto da roda zodiacal no momento adequado (falaremos sobre isso no Capítulo 2). Um signo pode ter mais de um gesto? Sem dúvida. Entretanto, tendo em vista minha experiência, os gestos que associei aos signos neste livro se aplicam à maioria das pessoas.

Os conceitos de *astrofitness* que emprego neste livro são símbolos energéticos que podem ser aplicados a qualquer movimento de que você goste, mas como treinador de força e condicionamento, enfatizo a musculação. Eu vi o treino de força desempenhar um papel fundamental nas histórias de cura de muitas pessoas, e é onde eu fiz minha mais profunda pesquisa em *astrofitness*. Você também pode pensar nesse tema da seguinte maneira: todo atleta tem um treinador de força. Patinadores artísticos de elite, lutadores de boxe, praticantes de *snowboard*, dançarinos, arremessadores de peso e velocistas complementam suas modalidades esportivas com trabalho de força. Você talvez não seja um atleta de elite, mas quando surgir o tema do treinamento de força, pergunte-se como ele pode respaldar sua prática de yoga, seu tempo de corrida ou qualquer movimento que você adorar. Não se preocupe, eu apliquei a Astrologia ao máximo de movimentos que pude, incluindo yoga e corrida. Você também pode encontrar termos de *fitness* no glossário e demonstrações *on-line* de movimentos do livro no *site*, em inglês, clairegallagher.co/bodyastro.

Por Onde Começar

As peças mais básicas de seu mapa astral são os signos, os planetas e as casas. Depois que os abordar, você pode começar a brincar com os aspectos e os trânsitos. Embora você possa estar familiarizado com essas peças, quando se trata da astrologia do corpo, cada uma delas assume significados diferentes e específicos. Você já sabe que eu sou fã de todos os doze signos, e tomara que você também seja! Mas também é verdade que alguns signos, planetas e partes de seu mapa desempenharão papéis mais importantes em sua saúde do que os outros. Aqui, vamos detalhar as partes básicas do mapa e como funcionam na saúde. Em seguida, veremos as áreas de seu mapa que são mais propensas a manifestar-se fisicamente. Essas são as seções da Parte 2 que vale a pena explorar primeiro. Tenha em mente que a orientação constante nas seções dos signos não é exaustiva, mas constitui um ponto de partida sólido. Para obter mais orientações sobre o ponto exato por onde começar, use o diagrama abaixo. Consulte-o também para orientar-se quando surgir algo novo em sua experiência física. Isso o ajudará a detectar quais signos, planetas ou partes de seu mapa estão provavelmente envolvidos.

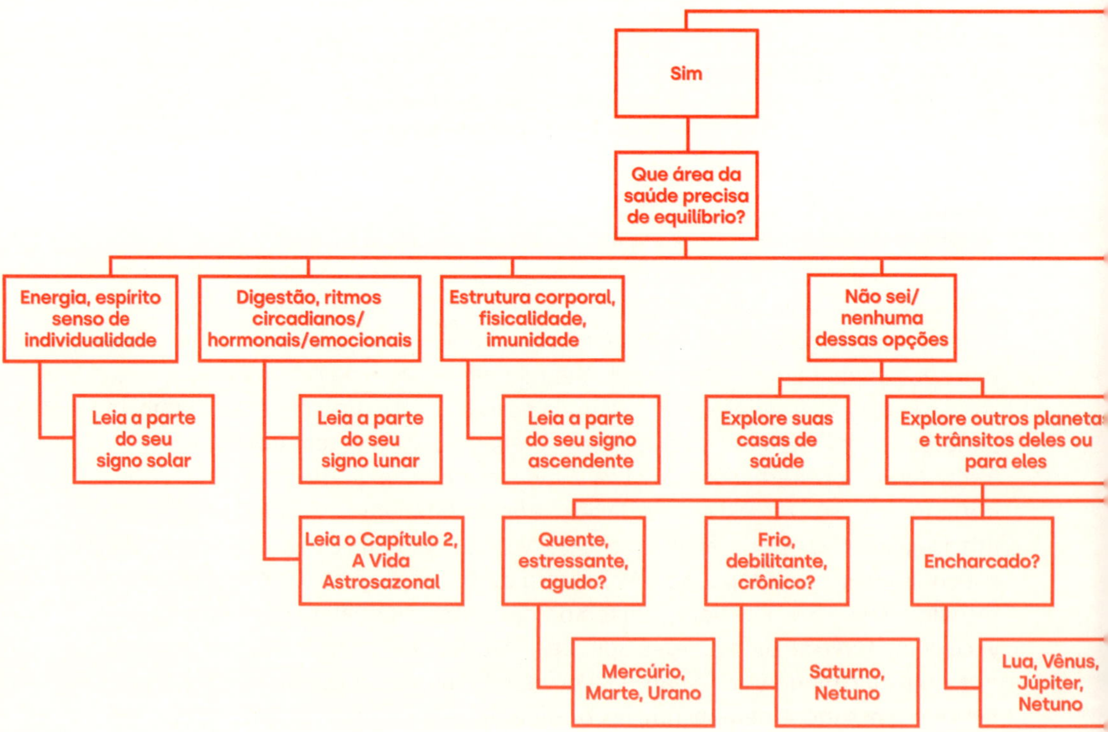

Para tirar o máximo proveito deste livro, você precisará ter por perto uma cópia de seu mapa astral. Você pode obtê-lo gratuitamente em muitos *sites* e aplicativos (veja a seção de recursos na página 320, onde estão alguns dos meus favoritos). Para obter um mapa preciso, você não precisará apenas de sua data de nascimento, mas também de seu local de nascimento e hora de nascimento (com a maior exatidão possível!). Se você não sabe a hora exata de seu nascimento, verifique a certidão de nascimento ou pergunte aos seus pais. Minha certidão de nascimento não tinha horário divulgado e tive que solicitar uma certidão completa ao Estado. Mesmo que seja uma aproximação, um palpite qualificado pode ser a diferença entre uma Lua e um Signo Ascendente corretos ou incorretos. Também sugiro ajustar as configurações de qualquer programa que esteja usando para exibir casas de signos inteiras. Esse é o sistema de casas que muitos astrólogos médicos usam e, bônus para iniciantes, é muito mais fácil para a leitura.

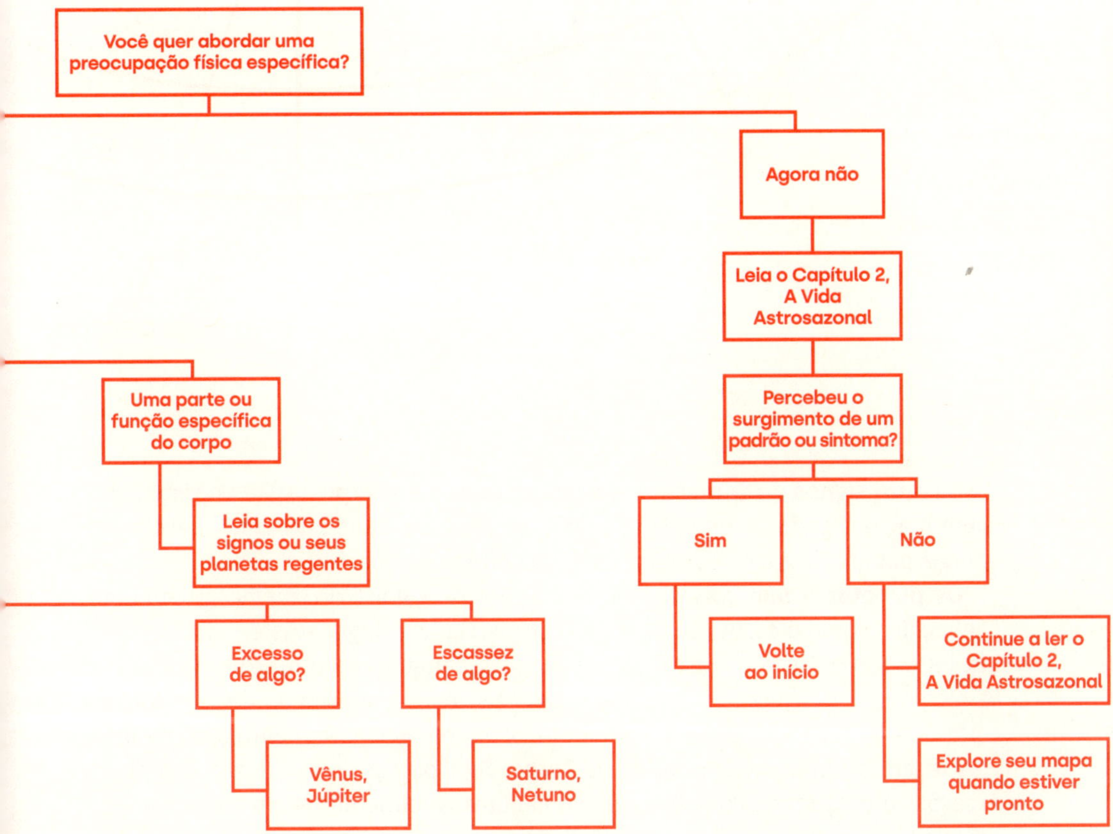

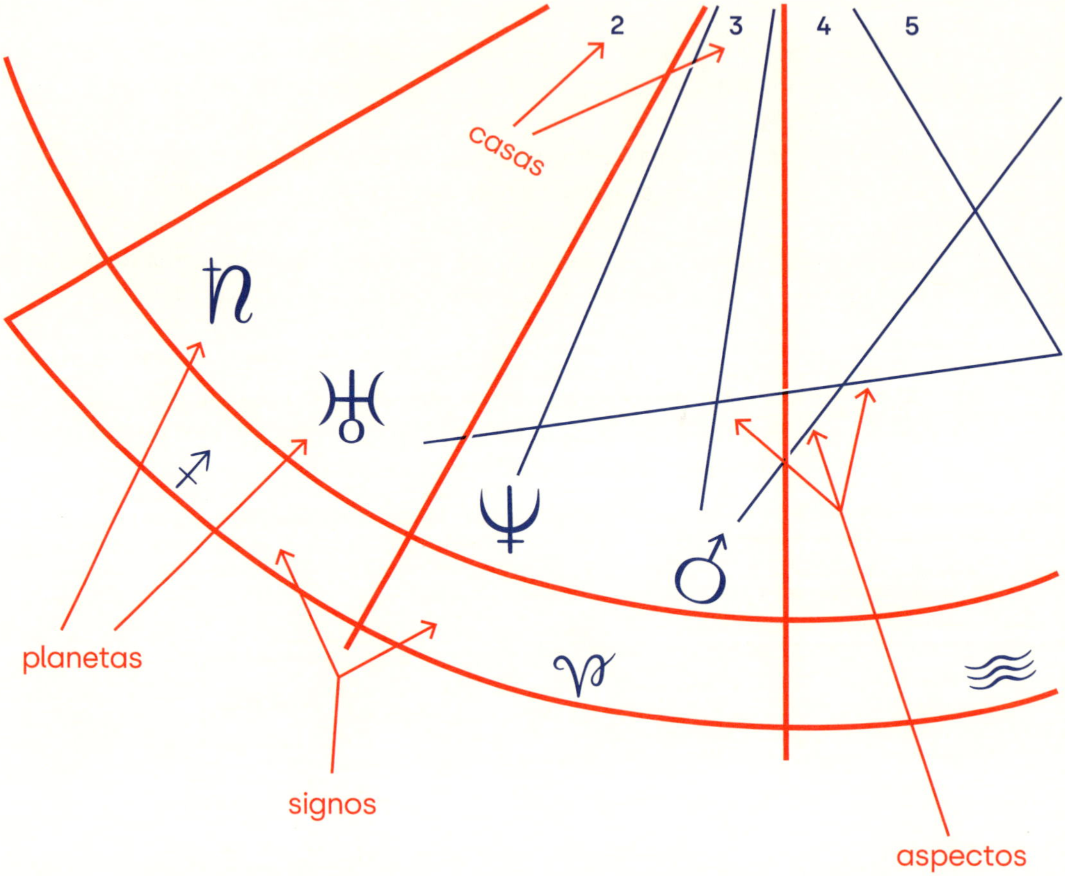

Os doze signos do zodíaco representam partes do corpo, órgãos e sistemas como braços, fígado, sistema circulatório e assim por diante. Os signos recebem energia planetária e a direcionam para uma parte do corpo.

Os planetas fazem coisas. Eles percorrem os signos do zodíaco (também conhecidos como o corpo) e geram mudanças. Na Astrologia, existem dez planetas, incluindo o Sol, a Lua e Plutão. Pense nos planetas como funções ou forças fisiológicas, como digestão, inflamação, proteção ou conexão; enfim, qualquer coisa que termine em "ão". Normalmente, os planetas não são partes do corpo. Eles regem ou influenciam partes do corpo. Dica profissional: existem algumas exceções a essa regra. Por exemplo, os planetas geralmente regem as glândulas porque são elas que iniciam a função e indicam ao corpo o que fazer.

Vocabulário Astrológico: Planeta Natal

O mapa astral também é conhecido como mapa natal. Os planetas presentes em seu mapa natal e suas localizações únicas são seus planetas natais. Por exemplo, todos nós temos Mercúrio em algum lugar no mapa, mas talvez seu Mercúrio se encontre em Touro. Esse é seu Mercúrio natal. Quando coloco a palavra natal depois do nome de qualquer planeta, seja Mercúrio, Saturno ou o Sol, estou fazendo referência a esse planeta em seu mapa astral. Trata-se de um rótulo importante à medida que você aprofundar sua prática astrológica, pois distingue planetas natais (planetas em seu mapa astral) de planetas em trânsito ou dos planetas visíveis no céu hoje.

As doze casas nos dão o contexto de uma condição. Essa é a área da vida que afeta ou é afetada pelo surgimento de um desequilíbrio: escola, viagens, trabalho ou relacionamentos, por exemplo. Você pode ler mais sobre as casas na página 38.

Aspectos são as relações entre planetas, anotadas por todas as linhas no centro de seu mapa astral. Alguns aspectos comuns são a conjunção, oposição, quadratura, trígono e sextil, mas há muitos mais. Os aspectos nos dizem como os planetas (também conhecidos como funções do corpo) interagem uns com os outros. Por exemplo, se uma das funções de Marte é acelerar e uma das funções de Mercúrio é pensar, poderíamos ver manifestações de raciocínio rápido ou até mesmo ansiedade quando eles estão em relação um com o outro. Os aspectos merecem um livro só para eles e, por isso, não vamos dedicar-lhes muito tempo. Você pode encontrar mais informações para autodidática na seção de recursos na página 320.

Os trânsitos se referem aos movimentos planetários atuais. Um trânsito pode nos dizer sobre o tempo e o ciclo de vida de uma condição ou experiência. Em minha opinião, nem tudo no seu mapa astral está ativo o tempo todo. Diferentes partes de sua anatomia astrológica são ativadas e podem alterar-se temporariamente quando planetas no céu em tempo real passam (ou seja, transitam) pelos planetas em seu mapa. Os trânsitos são uma parte fundamental da astrologia do corpo porque muitas vezes mudam nossas necessidades físicas. Discutiremos os trânsitos mais detalhadamente nos Capítulos 2 e 7.

Sua Tríade na Astrologia do Corpo

A camada mais básica da astrologia do seu corpo pessoal consiste em seus Signos Solar, Lunar e Ascendente. Ao ler essas seções, tenha em mente que, embora você seja uma mistura dos três, eles regem diferentes facetas de sua saúde. Como

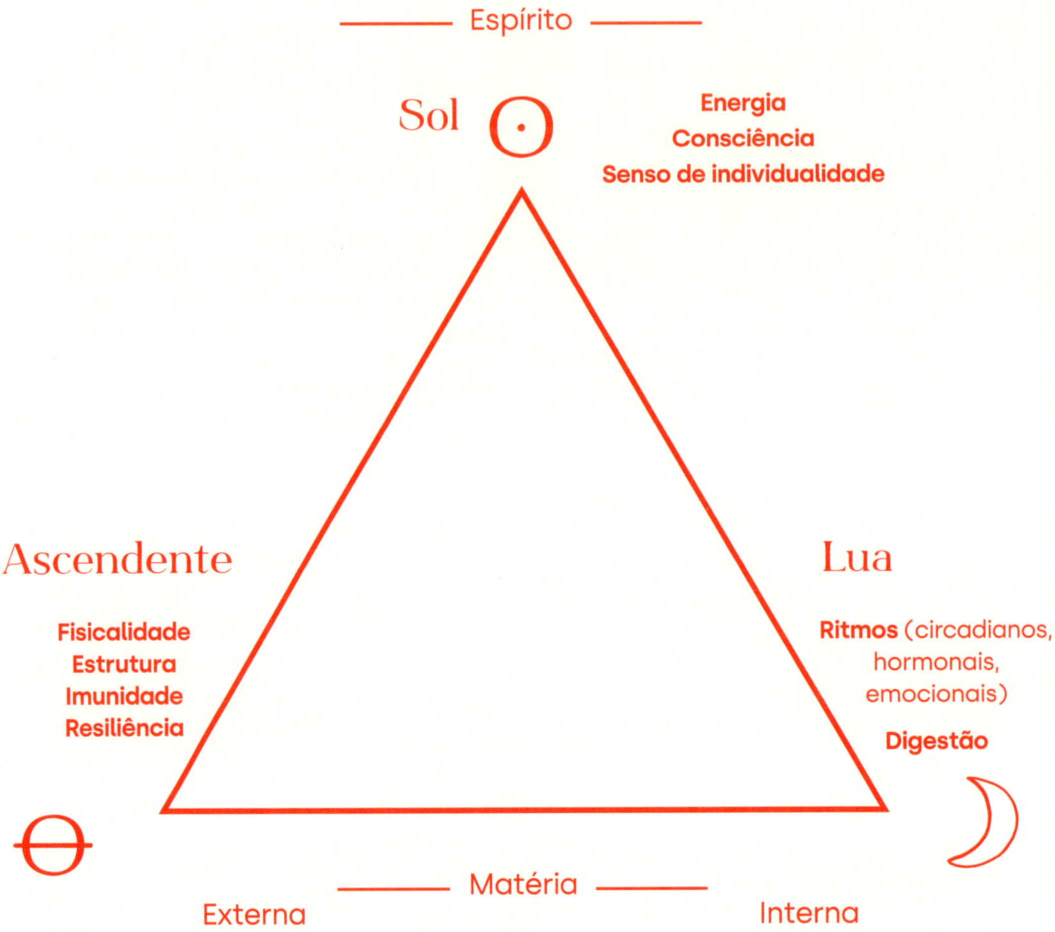

resumido na imagem acima, o Sol é mais espiritual (como no espírito vivificante), ao passo que a Lua e o Signo Ascendente são mais materiais. Você não precisa aplicar todas as informações dessas seções de uma só vez. Dependendo do que deseja curar ou melhorar, talvez queira prestar mais atenção a um em detrimento dos outros dois por um tempo. Concentre-se no que lhe parecer mais importante no momento e, à medida que for pegando o jeito, sugiro-lhe que personalize sua abordagem. Em cada seção, examine e escolha dicas avulsas (as que calarem mais fundo em você) e abandone o resto.

Se achar que as informações contidas em suas seções do Sol, da Lua e do Signo Ascendente parecem contraditórias, lembre-se de que elas regem diferentes facetas da saúde. Na prática, raramente as coisas são divididas assim tão nitidamente, mas vale a pena recorrer a esta lente caso esteja se sentindo confuso:

A seção sobre o Signo Solar pode falar mais sobre a jornada psicológica e espiritual com comida e movimento, em vez dos detalhes práticos do dia a dia.

A seção sobre o Signo Lunar pode falar mais diretamente a respeito das necessidades diárias de nutrição e fluxo próprio de energia.

O Signo Ascendente descreve a fisicalidade, e sua seção pode oferecer informações para manter a estrutura do corpo saudável com o movimento.

A localização do Sol e da Lua nas casas também pode ajudá-lo a discernir se um deles é mais uma prioridade de saúde. Tanto o Sol quanto a Lua são marcadores físicos importantes, não importa onde estejam posicionados no mapa. Contudo, se um deles estiver em uma casa de saúde (voltaremos a esse tema na página 38), provavelmente é mais importante na astrologia de seu próprio corpo do que o outro.

Além disso, verifique se há em seu mapa um empilhamento de planetas, muitas vezes chamado de *stellium*. Esses engarrafamentos celestes são muito fáceis de detectar, pois parecem um monte de planetas presos em uma parte do mapa. O signo do zodíaco desse amontoado é muito importante em sua experiência física, mesmo que não inclua o Sol ou a Lua. Os *stellia* são áreas muito concentradas de energia planetária ou foco de vida, e é comum sentir-se mais como este signo do que como o Signo Solar. Se você tiver um *stellium*, priorize essa seção.

Depois de conhecer a tríade astrológica do seu corpo, sugiro que aprenda como os ciclos do Sol e da Lua mudam seu movimento e necessidades nutricionais ao longo do mês e do ano; veja Capítulo 2.

SIGNO SOLAR

☉

Sei que pisei em todos os Signos Solares para enfatizar meu argumento, mas não sou tão orgulhosa assim que não possa recuar nem que seja só um pouco. Não, o Signo Solar não é tudo, mas é aquela centelha mágica que o mantém vivo. O Sol é seu gerador ou força vital. Devemos manter o Sol saudável porque se sua luz se apagar, o jogo acabou.

Além de ser o gerador de energia, o Sol representa a consciência, o senso de individualidade e a saúde espiritual. Quando você está desconectado de si mesmo, o Sol e o signo do zodíaco podem começar a apresentar sintomas físicos. É como na vida real, quando as nuvens bloqueiam o Sol ou quando a baixa luminosidade do inverno leva a uma queda no humor. Cansaço profundo, depressão e desinteresse pela vida são indícios de que o Sol astrológico precisa de atenção.

SIGNO LUNAR

O Signo Solar e o Signo Lunar trabalham juntos. A Lua é um receptor e um refletor. Seu trabalho é receber e depois entregar a energia do Sol a tudo que precisa dela. A Lua leva essa energia até onde ela precisa chegar. Isso não tem nenhuma pretensão esotérica; estou falando de energia calórica real. O Signo Lunar descreve seu jeito característico de usar energia. Por exemplo, algumas pessoas operam aos surtos, enquanto outras têm um fluxo lento e constante. Uma coisa não é melhor que a outra. Sem dúvida, a principal maneira de receber energia é por meio da comida, o que torna a Lua um fator muito importante para a saúde digestiva. A Lua muda diariamente e reflete ritmos diários, entre os quais os do humor, do apetite, níveis de fluidos, desempenho na atividade física e mudanças hormonais.

SIGNO ASCENDENTE

O Signo Ascendente é o signo do zodíaco que estava surgindo no horizonte quando você respirou pela primeira vez. Como a Terra gira em torno de seu eixo, o Signo Ascendente muda com muita frequência, aproximadamente a cada duas ou três horas, dependendo da época do ano. É por isso que é importante ter precisão na hora de nascimento. O Signo Ascendente também é chamado simplesmente de Ascendente.

O Signo Ascendente descreve a interface do seu corpo, ou seja, como ele é, caminha e fala. Trata-se de algo bem físico. Na astrologia psicológica, esse signo geralmente descreve como você se apresenta ao mundo, seja no trabalho, às pessoas que conhece e nas redes sociais. O Signo Ascendente é como uma porta de entrada, um leão de chácara, um filtro ou uma embalagem. Tudo o que penetra ou é aplicado no corpo – luz, som, comida, exercício ou patógeno – diz respeito ao Ascendente e às áreas do corpo que ele rege. Se seguirmos essa ideia, é fácil ver como esse signo tem um papel na imunidade e na nutrição, podendo manter as coisas boas dentro e as coisas ruins fora.

Aprofundando

Apesar de essenciais, os Signos Solar, Lunar e Ascendente são apenas a estrutura básica de seu corpo astrológico. Aqui, vamos abordar algumas camadas mais complexas da astrologia do corpo para você explorar quando estiver pronto. Mais uma vez, evite combinar e aplicar todas essas informações de uma só vez. A Astrologia diz respeito tanto ao senso de oportunidade quanto qualquer outra coisa, e nem tudo em seu mapa está ativo o tempo todo. Você não experimenta as quedas e arranhões da infância ao mesmo tempo que as dores e indisposições da meia-idade. O mapa, assim como a experiência do corpo e da saúde, vai se desdobrando ao longo de sua vida. À medida que estiver lendo na íntegra o material a seguir, pergunte-se se é um tema relevante para você agora. Se for, vá para a seção correspondente. Caso contrário, volte quando e se esse tema se tornar relevante mais tarde.

MARTE E SATURNO

♂ ♄

Todos os planetas são importantes indicadores de saúde, porém vale a pena ressaltar que há alguns nos quais você realmente precisa prestar atenção além de seu Sol e sua Lua. Marte e Saturno são os mais propensos a criar obstáculos à saúde. Não gosto de pensar neles como planetas ruins, mas o corpo tem uma janela homeostática estreita, e as forças extremas que esses planetas exercem podem facilmente empurrá-lo para o desequilíbrio. Marte irradia calor. As condições que provoca são inflamatórias, agravantes, agitantes e agudas. Saturno irradia frio. Suas condições são restritivas, concretizantes, debilitantes e crônicas. Verifique qual o signo e a casa em que esses planetas estão posicionados no seu mapa astral. Saiba onde eles estão no céu em tempo real e leia sobre suas associações corporais. Fique de olho neles e use as informações de sua seção como recurso para a cura e a prevenção.

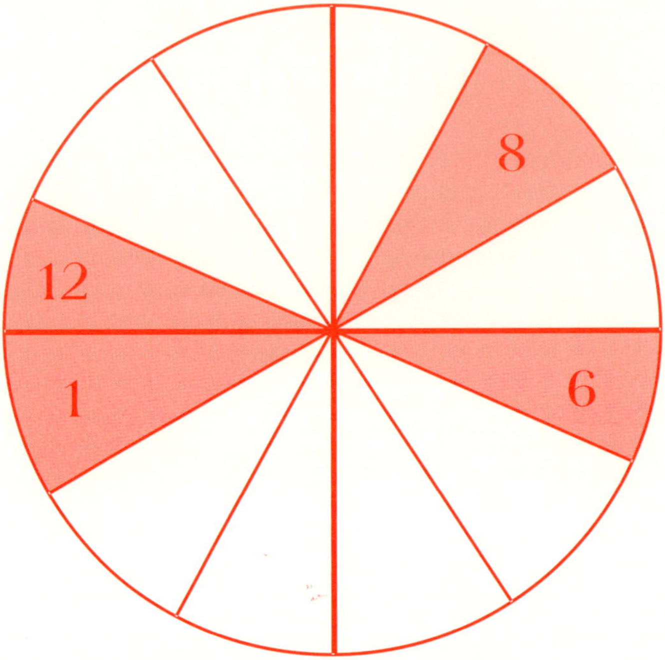

As Casas da Saúde

As casas representam áreas da vida e nos dão contexto. Existem apenas doze casas, mas qualquer experiência de vida que você possa imaginar se enquadra em alguma delas. Embora qualquer casa possa interagir com a saúde, a primeira, a sexta, a oitava e a décima segunda casas destacadas na imagem acima são diretamente relacionadas à saúde. As casas não necessariamente nos indicam onde no corpo há um problema de saúde (isso cabe a um signo do zodíaco), mas podem revelar sua natureza e a natureza de nossa experiência com ele. É importante prestarmos atenção aos signos do zodíaco e aos planetas que estão nessas casas. Eles podem representar partes do corpo (signos) ou funções (planetas) que são, ou podem tornar-se, parte da história de sua saúde. Por exemplo, talvez seus Signos Solar, Lunar e Ascendente sejam todos Fogo e Ar, mas você aprende que tem Vênus em Câncer na sexta casa da saúde diária. Sem dúvida, as áreas do corpo de Câncer deveriam estar em seu radar astrológico. É provável que as experiências fluídicas e hormonais tão comuns para esse posicionamento sejam algo com que você lide regularmente.

Dica de profissional: você não precisa ter um planeta em uma casa de saúde para que essa casa seja importante. Mesmo que uma casa pareça "vazia", ela ainda faz parte da sua vida. O signo do zodíaco nessa casa lhe dará mais informações sobre ela. Além disso, os planetas no céu atual viajarão por suas casas de saúde muitas vezes ao longo de sua vida.

CASA 1: CORPO INTEIRO

Como as casas são divididas é e sempre será tema para debates acalorados na Astrologia. Mas, independentemente disso, a casa 1 e o Signo Ascendente vão coincidir. Ambos são começos, e os atributos de saúde que demos ao Signo Ascendente são compartilhados pela casa 1. O signo e todos os planetas de sua primeira casa dizem respeito a seu corpo visível e tangível, sua resiliência e vitalidade e como ele faz interface com o mundo. As informações de nutrição e *fitness* na seção deste signo podem vir naturalmente para você. Ou podem ser usadas como ferramentas para aumentar a vitalidade quando você está se sentindo esgotado ou para restaurar seus limites quando está se sentindo física ou emocionalmente invadido.

CASA 6: CORPO DIÁRIO

A sexta é a casa dos cuidados diários com o corpo e da medicina preventiva. Embora acidentes e doenças maiores possam estar associados à casa 6, na prática, acho mais provável que qualquer problema que surja aqui seja de agravamento diário. Mas isso certamente pode acumular-se e degringolar para algo mais sério ao longo do tempo, e é exatamente por isso que precisamos de cuidados diários na casa 6 e que as áreas do corpo pertencentes ao signo correspondente precisam de atenção constante. O signo que estiver nesta casa e sua respectiva seção podem oferecer orientação sobre suas prioridades, hábitos e rotinas diárias de autocuidado.

CASA 8: CORPO CRÔNICO

As condições de saúde da casa 8 podem ser mais intensas ou de longo prazo, podendo necessitar de tratamento ou cirurgia ou representar um possível fardo financeiro ou emocional. As condições desta casa são transformadoras, podem envolver angústia e, muitas vezes, são repletas de sofrimento psicológico. Não para assustar ninguém, mas se você teve uma experiência de quase morte, isso é coisa da casa 8. Morte, nascimento, sobrevivência, purificação e regeneração são temas muito importantes aqui. As histórias de saúde dessa casa costumam funcionar como porta de entrada para uma transformação. A crise de saúde que me levou à Astrologia foi uma experiência que combinava a casa 8 com a casa 12. Eu me sentia reduzida a nada, mas a joia oculta foi ter sido forçada (pois estava fraca demais para fazer o contrário) a me submeter ao processo e ao caminho inesperados que se desenrolavam à minha frente. Mesmo que eu nunca esteja 100%, as lições que aprendi e as escolhas de vida que fiz por causa de minha doença realmente me fizeram ser quem *eu* sou. Ela me deu as ferramentas, a experiência sentida e a compaixão para fazer o que faço agora. E este livro não existiria sem ela.

Esse tipo de história não é exclusividade minha. Se você está lidando com uma doença crônica, tente fazer amizade com sua casa 8. Seu signo ou seus planetas residentes podem oferecer informações sobre a causa originária e outros sistemas do corpo a considerar no tratamento, além de padrões mentais e emocionais subjacentes, condicionamento social ou familiar, ou mesmo temas subconscientes para explorar como parte de sua cura. Mesmo que você não tenha uma condição da casa 8, use as sugestões da seção do signo correspondente como um ajuste ocasional, só para garantir que essa parte da sua astroanatomia esteja feliz e funcionando.

CASA 12: CORPO OCULTO

Na astrologia tradicional, a casa 12 está associada a lugares e experiências de confinamento – sejam eles positivos ou negativos –, como mosteiros, *ashrams*, hospitais, instituições e prisões. Quando aplicamos essa ideia ampla ao corpo, muitas vezes todas as condições de saúde que surgem da casa 12 são, por natureza, de isolamento. Pode ser uma experiência que o separe dos amigos, da sociedade e da vida de sempre, ou pode ser algo íntimo que lhe seja muito caro, mas do qual você simplesmente não fale. Essa casa não costuma ver a luz do dia, e rege os reinos ocultos da saúde, como o sono, a espiritualidade e, às vezes, a saúde sexual e mental.

Graças a essa ocultação, há também uma essência de mistério nessas experiências. As condições de que falamos aqui são muitas vezes difíceis de entender, mutáveis e talvez mesmo mal diagnosticadas ou mal tratadas. É também a casa da autossabotagem, que impede seu próprio progresso e obscurece o subconsciente refletido no corpo. Às vezes, perpetuamos, consciente ou inconscientemente, essas condições com nossos pensamentos e ações. Para manutenção, use as sugestões da seção do signo que corresponde à sua casa 12 como uma luz compassiva ocasional que você lança sobre esse reino só para garantir que tudo esteja bem.

Trânsitos

Seu mapa é ativado de novas maneiras à medida que o céu atual vai mudando. Essas mudanças são chamadas de trânsitos. A imagem da página 41 mostra como os trânsitos são normalmente exibidos num mapa astral. Seus planetas natais estão dentro da roda do zodíaco, enquanto os planetas em trânsito se movem em torno deles do lado de fora. Gosto de pensar nos trânsitos como estações astrológicas. Exploramos as estações gerais do Sol e da Lua e como nos alinharmos com elas no Capítulo 2. Porém, como geralmente coincidem com mudanças pessoais e físicas significativas, os trânsitos mais longos podem apresentar novas necessidades nutricionais, de movimento ou de autocuidado. Na Parte Três,

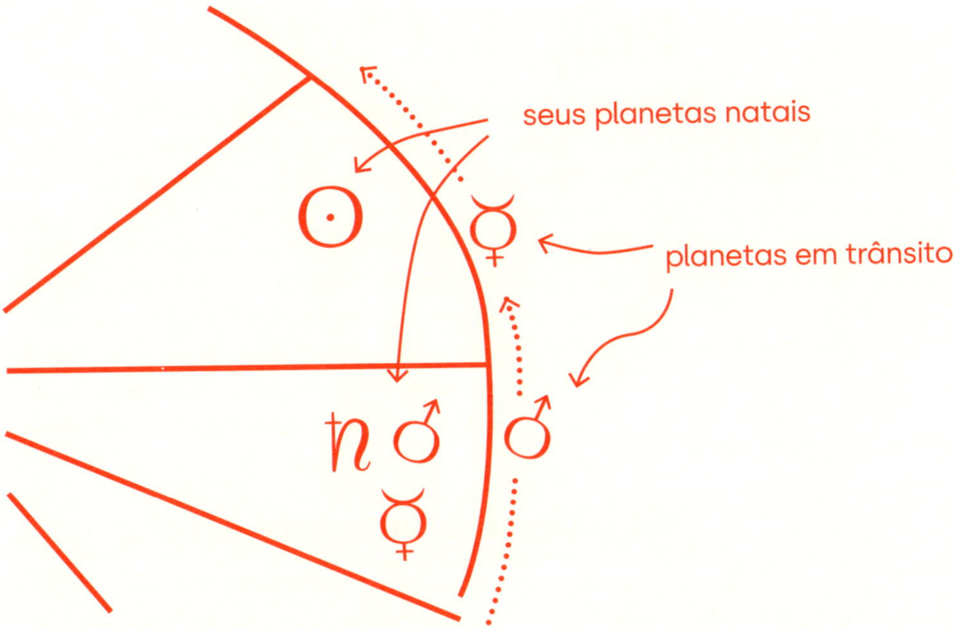

identificamos trânsitos de ou para todos os planetas e os ajustes de estilo de vida que eles podem exigir.

Se seu Sol, sua Lua ou seu Signo Ascendente natal estiver sendo transitado por um planeta (especialmente se ele for lento, como Saturno, Urano, Netuno e Plutão), concentre-se nas seções dos signos e planetas envolvidos. Essas partes de sua astroanatomia provavelmente vão precisar de um pouco de amor. Isso vale também para outros planetas de seu mapa, além do Sol e da Lua. Por exemplo, talvez você tenha o Sol em Gêmeos, a Lua em Sagitário e Gêmeos como Ascendente, mas Netuno está transitando por seu Vênus natal em Peixes. Isso trará temas de saúde de Vênus, Netuno e Peixes à tona por alguns anos. Nesse caso, sugiro incorporar ou focar totalmente nas informações das seções dedicadas a Vênus, a Netuno e a Peixes. Para saber quais trânsitos você está vivenciando atualmente, precisará de um programa de Astrologia, aplicativo ou almanaque personalizado. Consulte a seção de recursos, na qual indico alguns dos meus favoritos.

Seja o Astrólogo do seu Próprio Corpo

Quando digo que todo signo é seu signo, na verdade o que quero dizer é que todo e qualquer signo é sua ferramenta. Você só precisa saber quando e como usá-los. Quando conhece a dinâmica básica entre elementos, signos e planetas, você pode usar a comida, o movimento e outras ferramentas de cura em suas seções para restaurar o equilíbrio. Você sempre pode ter o Sol em Touro ou a Lua em Sagitário, mas se essas partes de sua anatomia astrológica entrarem em desequilíbrio, é provável que você precise recorrer à ajuda de outras partes do zodíaco. Às vezes, um problema de Touro precisa da terapêutica de Touro, mas outras vezes precisa da terapêutica de Escorpião, de Virgem ou de Aquário. Essas relações terapêuticas são a base da medicina astrológica. Se o seu cérebro astrológico ainda não estiver demasiado cheio, aqui vão algumas técnicas básicas para usá-las.

Equilíbrio Elemental

Cada signo e cada planeta estão associados a um elemento (veja a lista mestra no Apêndice A). Embora um ou dois possam ser dominantes em seu corpo, é importante entender como todos os quatro elementos se inter-relacionam. Lembre-se: quando há excesso ou escassez de um elemento, podemos experimentar sintomas. Por exemplo, o excesso de água pode criar problemas intestinais e tristeza. As ferramentas do Fogo das seções de Áries, de Leão ou de Sagitário podem secar as coisas. Os elementos geram e controlam uns aos outros. Quando um aumenta, outro diminui. Para restaurar o equilíbrio dos elementos de seu corpo, você pode usar elementos opostos ou complementares. Como visto no quadro da página 43, há muitas relações elementais, mas a base é que Fogo e Água se equilibram, e o mesmo ocorre com Ar e Terra. Apesar de ser uma forma simbólica de ver o corpo, sua tradução é muito física. Por exemplo, podemos querer fixar o Ar quando ele está anêmico. Podemos querer alimentar o Fogo quando ele está deprimido. Podemos querer ferver a Água quando ela está infectada. Você encontrará uma introdução detalhada a cada elemento no início de seu respectivo capítulo.

Fogo	Ar	Terra	Água
Aumenta o Fogo Torna o Ar mais leve Aviva a Terra Ferve a Água	Atiça o Fogo Aumenta o Ar Dá leveza à Terra Evapora a Água	Alimenta o Fogo Retém o Ar Aumenta a Terra Retém a Água	Extingue o Fogo Umedece o Ar Amolece a Terra Aumenta a Água

Equilíbrio Zodiacal

O equilíbrio elemental é um ótimo ponto de partida para começar, mas se quiser ser mais específico, você pode adotar uma abordagem semelhante com os signos do zodíaco. Assim como os elementos, os signos do zodíaco também têm relações. Se você for uma pessoa visual, pode aprender muito sobre relações entre signos consultando seu mapa para ver quais signos estão em oposição ou formando ângulos um com o outro. A energia cósmica nunca age no vácuo. Quando algo acontece de um lado da roda, afeta o outro lado, e assim por diante. Existem muitos tipos de relações entre signos, mas acho que os pares de signos são as mais importantes.

PARES DE SIGNOS

Os pares de signos ficam exatamente a 180° um do outro no mapa astral. Embora sejam muitas vezes chamados de polaridades, eu prefiro pares porque meu objetivo é fazê-los funcionar como uma equipe, e não como uma gangorra.

Áries e Libra
Touro e Escorpião
Gêmeos e Sagitário
Câncer e Capricórnio
Leão e Aquário
Virgem e Peixes

Embora esses signos possam ser considerados opostos na astrologia popular, na astrologia médica seus sistemas corporais precisam trabalhar juntos. Quando não trabalham em conjunto, vemos condições de excesso (demasia) ou escassez (deficiência). Por exemplo, o excesso de energia de Touro pode exprimir-se como constipação. Poderíamos tentar introduzir as ferramentas de Escorpião, seu par, para aliviá-la. Ou suponha que você tenha o Sol em Libra e lute com níveis instáveis de glicemia (uma queixa bastante comum de Libra). As sugestões nutricionais na seção de Libra certamente poderiam ajudá-lo, mas também o alto consumo de proteínas mencionado na seção de Áries.

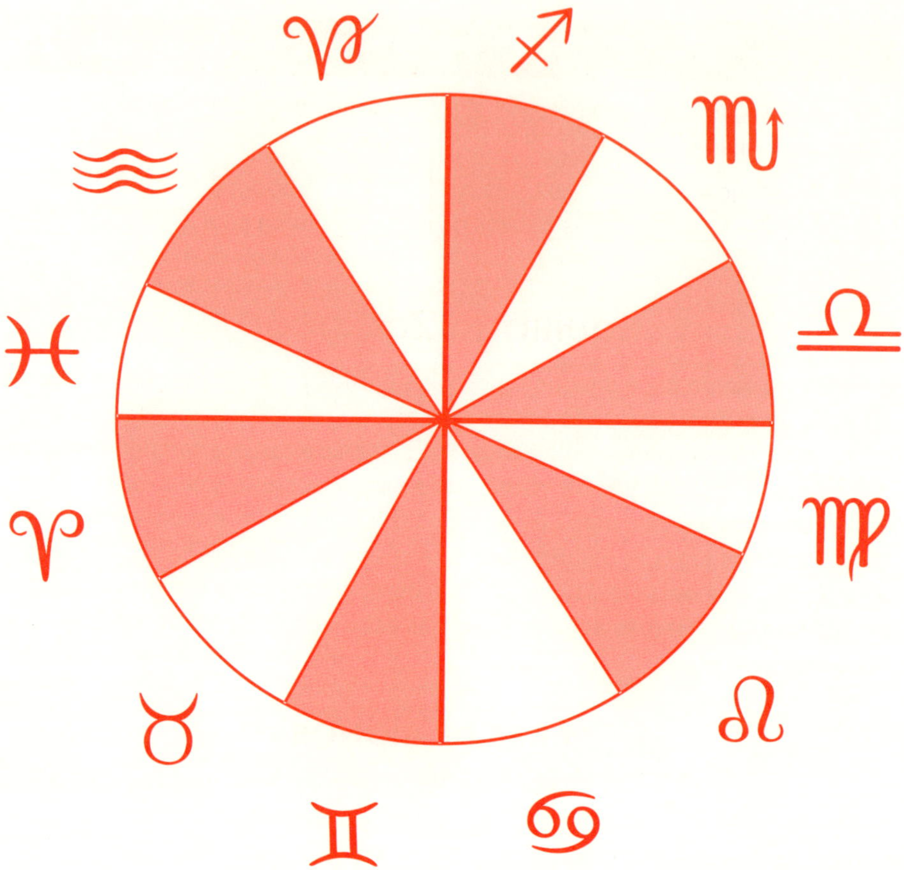

Aqui está um exemplo mais complicado baseado nos trânsitos: vamos supor que no momento haja muitos planetas transitando por Capricórnio. Seu mapa não tem planetas em Capricórnio, mas você tem Lua em Câncer. Como esses signos formam um par, os planetas que viajam por Capricórnio podem irradiar sua energia por meio da rua cósmica e afetar sua Lua em Câncer. Nesse caso, você pode dar uma olhada na seção de Capricórnio para saber quais ajustes poderiam aplicar-se à sua abordagem de autocuidado.

Como Criar suas Próprias Curas Cósmicas

À medida que avança em sua jornada astrológico-corporal, minha esperança é que você se torne sua própria autoridade astrológica. Textos e livros antigos são ótimos, e os professores são fabulosos, mas com este livro você tem tudo o que precisa para tomar decisões próprias astrologicamente informadas de autocuidado. Você não precisa que ninguém lhe diga que urtiga, pimenta em pó e aquele exercício de *sprint* são regidos por Marte. Pelo fato de conhecer Marte, você pode fazer sua própria avaliação.

Por mais modernos ou antigos que sejam, todos os alimentos, movimentos e práticas de cura podem ser avaliados com o uso de uma lente astrológica. Lembre-se: o céu, a terra e o corpo compartilham um vocabulário. Quando conhecemos a essência de um planeta, signo e terapêutica, podemos combiná-los com confiança e usar os princípios básicos da cura astrológica para aplicá-los.

Aqui vão algumas perguntas instrutivas para você começar. Na lista abaixo, a palavra *terapêutica* abrange qualquer coisa que possa estar relacionada a cura: comida, suplemento, erva, remédio homeopático, movimento, intervenção médica, consulta e muito mais.

- Essa terapêutica é quente, fria, úmida ou seca? Que signos ou planetas compartilham essas qualidades?
- Essa terapêutica usa Fogo, Ar, Terra ou Água, ou de alguma maneira me faz lembrar um elemento? Que signos e planetas compartilham esse elemento?
- A quais partes ou funções do corpo se destina esse objetivo terapêutico? Que signos ou planetas as regem?
- Que tipo de sintomas trata essa terapêutica? Quais os signos ou planetas que tendem a apresentá-los?
- Como me sinto com essa terapêutica? De quais signos ou planetas isso me faz lembrar?
- Que macro ou micronutriente compõe a maior parte desse alimento? Que planeta ou signo o rege?
- O tempo e a aplicação dessa terapêutica são lentos, rápidos, intermitentes, cíclicos, intuitivos ou rigidamente regulados? De quais signos ou planetas ela me faz lembrar?
- Essa terapêutica age de forma cardinal, fixa ou mutável? Ela aborda uma condição que é mais cardinal, fixa ou mutável? Quais são os signos que também atuam desse modo?
- Essa terapêutica é mais física, emocional, mental ou espiritual? Que signos ou planetas também operam nesses planos?
- Qual é o resultado desejado nessa terapêutica? (Exemplo: acalmar, construir, conectar, amenizar, proteger, fortalecer, energizar.) Qual é o planeta que também deseja esse resultado?

- Como é essa terapêutica; qual é seu sabor, seu cheiro e a sensação que promove? Como e onde cresce essa terapêutica? De quais signos ou planetas ela me faz lembrar?
- Que tipos de pessoas geralmente são atraídos por essa terapêutica? De quais atores cósmicos ela me faz lembrar?

Antes de Virar a Página

Respire fundo e volte ao planeta Terra. Puxa, foi muita informação! Uma das maiores lições que aprendi como consultora astrológica do corpo é: nem sempre as informações mais complexas são as que mais curam. Normalmente, e em especial quando se trata do corpo, o melhor é começar aos poucos e fazer uma coisa de cada vez. Comece com sua tríade de astrologia do corpo ou com as recomendações para cada estação do Capítulo 2 e vá avançando gradual, mas profundamente em seu caminho. Não custa repetir: não há nenhuma maneira errada de fazer isso, e você tem tempo mais que suficiente para tal. Aqui estão algumas palavras de sabedoria para reflexão antes de começar:

- Só porque uma condição está em uma lista não implica que você a teve, tem ou terá. E, da mesma maneira, só porque um alimento ou modalidade de movimento está em uma lista não implica que você deve ou não deve comê-lo ou fazê-lo. Não há regras neste livro. Use seu bom senso e sabedoria interior, e lembre-se de que a verdadeira Astrologia é vasta. Na dúvida, sempre consulte um profissional.
- Como você já percebeu, uso muitas vezes as palavras *desequilíbrio*, *excesso* e *deficiência*. Isso decorre diretamente de minha formação e experiência em Medicina Chinesa, na qual essa terminologia é comum. São palavras que não implicam que algo esteja errado com você nem que tenha algum tipo de carência. Elas são simplesmente a maneira mais direta de categorizar essas informações bastante complexas.
- O material principal das seções dedicadas a cada signo do zodíaco se aplica a esse signo em qualquer contexto, independentemente de ele ser seu Signo Solar, Lunar ou Ascendente, ou de ele ser identificado como um ator significativo em sua saúde por outro motivo. Outros planetas nesse signo são brevemente mencionados no final de cada seção.

✦ Você notará que falta Plutão. Eu preferi deixá-lo de fora porque é um planeta que deve ser tratado com cuidado profissional. Plutão leva pouco mais de vinte anos para percorrer um signo do zodíaco, o que significa que todos os nascidos com poucos anos de diferença de você provavelmente têm Plutão no mesmo lugar. É muito provável que isso não se aplique muito pessoalmente a você, a menos que a situação atenda a critérios bastante específicos. Plutão é capaz de ser um ator de grande protagonismo na saúde, mas geralmente isso só é o caso quando ele está numa relação (aspecto) muito tensa e desconfortável com um de seus planetas vitais em termos de saúde, seja por nascimento ou por trânsito. E, mesmo assim, não há nenhuma garantia de que ele venha a se expressar.

Plutão pode ou não se correlacionar com doenças e eventos – nascimentos, mortes, cirurgias, curas ou outras experiências significativas – que alterem a vida. Aparentemente, o trabalho dele é desconstruir uma coisa para depois reconstruí-la, seja ela parte do corpo ou uma carreira. Mas obrigar todo mundo a ler sobre Plutão em Libra, Escorpião, Sagitário ou Capricórnio provavelmente traria mais danos astrológicos injustificados do que benefícios.

Embora eu tenha incluído os demais planetas exteriores, Urano e Netuno, convém adotar seu bom senso e sua sabedoria para ler a respeito deles.

capítulo dois

VIVENDO AS ESTAÇÕES ASTROLÓGICAS

5

No Capítulo 1, falamos bastante sobre as partes que compõem seu mapa astral. Esse mapa complexo é a programação corporal celeste com a qual você nasceu. Cada experiência que tem, cada comida que come e cada treino que você faz é filtrado através dessa grade celeste. Essa programação mostra como você recebe, processa, pensa e se sente em relação à comida e ao movimento. Ela revela pontos fortes e bloqueios para nutrição que podem surgir ao longo de sua jornada. E isso é apenas o alicerce. Seu mapa astral não vai mudar nunca. Porém, graças às mudanças nas estações astrológicas, você certamente mudará. Em astronutrição e astrofitness, seu mapa e a mutabilidade astrológica são colocados em camadas para criar uma prática de nutrição que propicia apoio, do ponto de vista físico, e alinhamento, do ponto de vista cósmico, em qualquer fase da vida.

Camadas das Estações Astrológicas

O alinhamento cósmico não é uma ideia estranha nem radical, mas uma extensão da vida sazonal. A Astrologia é apenas outra maneira de marcar o tempo, mas em vez de quatro estações, temos muitas mais: as doze estações solares (ou signos), as fases lunares e outros ciclos planetários, os quais criam estações que duram de dias a décadas. À medida que os planetas vão se movendo por suas estações (também chamadas de trânsitos), seu mapa é ativado de novas maneiras, e o perfil elementar de seu corpo reage mudando, apresentando novas necessidades físicas e emocionais. É por isso que você sempre pode ser geminiano, mas seus gostos, seus desejos e sua experiência do corpo mudam com o tempo.

Mas como dispor as estações astrológicas por cima do mapa astral? Quando estou em um momento mais profundo de cura, talvez eu precise que minha nutrição, meu movimento e autocuidado reflitam mais especificamente meu mapa astral. Mas, na maioria das vezes, a menos que eu esteja tendo um trânsito de longo prazo ou me sentindo mal, procuro manter as coisas simples e vivo de acordo com o Sol e a Lua em tempo real: é o que chamo de viver as estações astrológicas. Acho que essa é uma ótima forma de manter a saúde e sugiro à maioria de meus clientes que faça o mesmo. Assim como comer os produtos próprios de cada estação dá a seu corpo os nutrientes necessários para manter-se saudável durante a época do ano em questão, comer para a estação astrológica é bem mais potente. Isso também se aplica ao condicionamento físico. Agir de acordo com a estação astrológica dá a seu corpo o estímulo para o exercício que ele está pronto para usar e integrar.

Viver as estações astrológicas é também uma maneira fantástica de começar a entender seu mapa astral. Na verdade, foi assim que fiz as coisas quando inicialmente me interessei pela Astrologia. Fiquei impressionada com meu mapa, mas o Sol e a Lua me pareceram mais simpáticos e acessíveis. Só de observar seus ciclos e o modo como meu corpo reagia, aprendi muito sobre meu mapa e o resto do zodíaco. Agora eu conheço meu mapa astral como a palma da minha mão e intuitivamente ajusto minha rotina de nutrição conforme necessário. Essas estações não são aleatórias; elas se repetem de maneira sistemática. Se as observar mês após mês, ano após ano, você acabará coletando um grande número de dados empíricos sobre seu mapa astral sem precisar de nenhum astrólogo.

Aqui, abordaremos os ciclos do Sol e da Lua e como eles mudam nossas necessidades ao longo dos meses. Na Parte Três, vamos examinar as estações de outros planetas.

Roda de Gestos Terapêuticos*

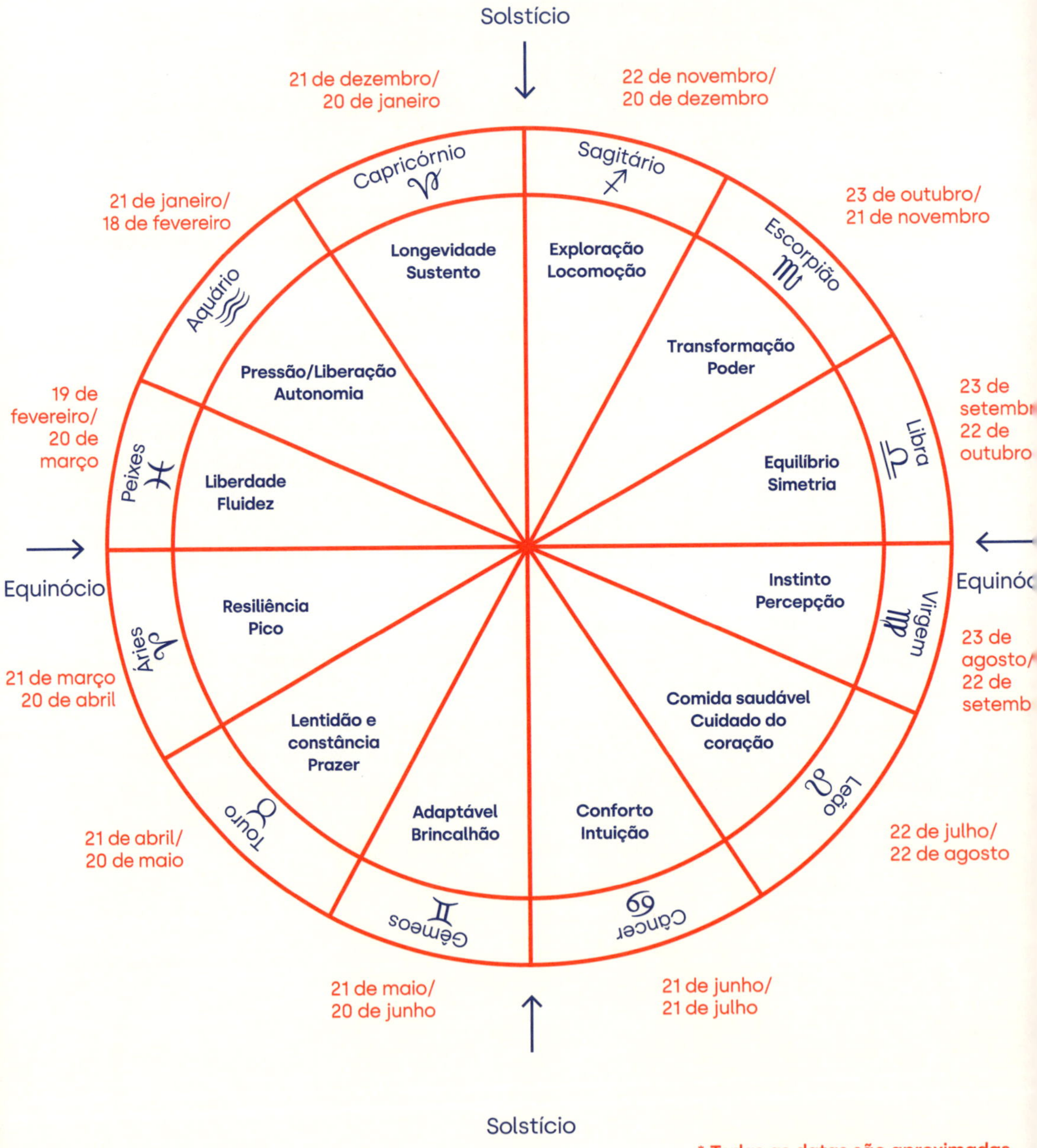

* Todas as datas são aproximadas.

Estações Solares

Aqui, estamos passando por cima de uma tonelada de astronomia. Porém, para os propósitos deste livro, uma temporada solar dura aproximadamente trinta dias. Na astrologia ocidental tropical (*tropical* se refere ao zodíaco que estamos usando), os signos não correspondem a constelações, mesmo que tenham o nome delas. (Desculpe, espero que seu cérebro não tenha simplesmente implodido a esta altura.) Em vez disso, eles se baseiam na relação de posição entre a Terra e o Sol. Os solstícios e equinócios são os pontos de virada da roda das estações astrológicas. O signo de Áries começa no equinócio de março e se estende por trinta dias após esse ponto. Em seguida, começa a estação de Touro. Quando o Sol está em Áries, a estação é de Áries. Quando o Sol está em Touro, a estação é de Touro e assim por diante.

À medida que o Sol vai passando por cada signo durante o ano astrológico, as áreas do corpo e os temas ligados à saúde desse signo são destacados. Você se lembra dos gestos terapêuticos do Capítulo 1? Se sobrepusermos os gestos de cada signo a uma roda astrológica, como a imagem da página 52, agora temos um calendário celeste de autocuidado. No mês seguinte, você tem uma bela oportunidade de usar a luz do Sol para levar conscientização e cura para essa área. Não importa se você é sagitariano ou canceriano, vivendo as estações astrológicas, você é convidado a prestar uma certa atenção à nutrição, ao movimento e às áreas do corpo de Peixes na estação de Peixes. Você pode ler os detalhes dos gestos terapêuticos de cada signo em suas respectivas seções.

Fases Lunares Básicas

Estações Lunares

Por estações lunares, refiro-me simplesmente às fases do ciclo da Lua. Algumas noções básicas: o calendário lunar e o calendário mensal não são idênticos. Um mês lunar é contado da Lua nova à Lua nova e normalmente dura 29 dias, embora possa variar ao longo do ano. Há muitas maneiras de dividir o mês lunar. Entretanto, no caso da saúde, acho mais útil dividi-lo nas quatro fases principais ilustradas acima. Desse modo, cada grande fase dura aproximadamente uma semana, dando a cada semana do mês um tema. Vamos analisar esses temas adiante neste capítulo.

Gosto de pensar na fase da Lua como um seletor de volume que reflete quanto ruído e agitação a vida pode ter, quanta atividade podemos assumir e nossa capacidade física e emocional. A fase da Lua aumenta e diminui nossa capacidade energética. Quando a ignoramos, muitas vezes nos esforçamos menos ou mais do que poderíamos. Mantendo-nos alinhados com seu ritmo nos permite administrar bem nossa energia. Além disso, cada fase lunar também está associada a um elemento. Você aprenderá mais sobre esses elementos quando ler a Parte Dois. À medida que a Lua vai atravessando suas fases, a constituição elemental do nosso corpo se altera. Isso muda nossas necessidades nutricionais ao longo do mês.

Porém a Lua não tem apenas fases. Como o Sol, ela também viaja pelos doze signos, embora num ritmo muito mais rápido. O Sol leva um ano para percorrer a roda, enquanto a Lua leva apenas um mês, permanecendo em cada signo cerca de dois dias e meio. O signo em que a Lua está dá ao dia um clima ou sabor peculiar. Ficando com o nosso exemplo musical, o signo da Lua é como uma música ou um gênero musical, enquanto a fase da Lua vira o seletor de volume dessa música para cima ou para baixo. Por exemplo, você pode pôr *death metal* para tocar bem baixinho (talvez uma Lua nova em Escorpião) ou estourar os ouvidos dos vizinhos com clássicos furiosos no volume máximo (talvez uma Lua cheia em Libra).

Dica profissional: você também pode usar a roda de gestos da página 52 com a Lua, em vez do Sol. Por exemplo, para os dois dias e meio em que a Lua está em Libra a cada mês, concentre-se nos gestos terapêuticos de Libra. Então, quando ela entrar em Escorpião, concentre-se nos gestos de Escorpião. Mas, ao longo dos anos, achei mais útil do ponto de vista da saúde simplificar as coisas e focar na estação solar e na fase lunar.

Abrace sua Ciclicidade

Na astrologia do corpo, a Lua rege nossos ritmos. De todos os planetas, suas flutuações frequentes espelham mais de perto nossos altos e baixos físicos. É da natureza humana aumentar e diminuir, mas em algum lugar ao longo do caminho, muitos de nós adotamos a ideia de que humores e níveis de energia flutuantes não são normais ou saudáveis. A cultura moderna desconsidera nossa ciclicidade e espera que nos apresentemos para a vida estaticamente, como se fôssemos os mesmos dia após dia. Tendemos a perpetuar isso e esperamos ser produtivos e ter bom desempenho constantemente. Mas as elevações e baixas graduais de energia são totalmente normais e até protegem nossa saúde. É importante que respeitemos nossos baixos tanto quanto nossos altos. Os pontos mais baixos do nosso ciclo energético são os que alimentam os mais altos e vice-versa.

A Lua também rege nossa capacidade de digerir, que vai além da comida e inclui qualquer coisa que pedimos ao corpo que processe, como emoção, estresse ou exercício. A fase atual da Lua reflete o quanto de estresse, seja positivo ou negativo, somos capazes de processar num determinado momento sem chegar ao ponto do desconforto. É isso o que quero dizer com capacidade energética. Por exemplo, você pode sentir-se totalmente pronto para sua apresentação no trabalho sob uma Lua Crescente, enquanto essa mesma apresentação pode parecer praticamente impossível no fim do ciclo lunar.

O movimento é outra forma de estresse e só funciona como coadjuvante se nosso corpo conseguir "digeri-lo" e assimilá-lo. Não queremos sobrecarregar o corpo com muita coisa, até mesmo coisas "boas". O exagero na atividade física cria um engarrafamento de hormônios e resíduos, bloqueando ao corpo a chance de se recuperar e se reconstruir. Por outro lado, se o estresse não for suficiente, podemos não experimentar os benefícios positivos do exercício. Em certos dias, estamos preparados para receber desafios extremos; em outros, uma dose de manutenção ou repouso profundo. A fase da Lua pode ajudar-nos a decifrar os sinais disso.

Quando rejeitamos nossa natureza cíclica, essa ciclicidade inteligente tende a faltar em nossas rotinas alimentares. É aí que a dieta rígida ou a compulsão do exercício podem imperar. A rejeição crônica do ritmo é quando a saúde começa a colapsar. Atentar aos ritmos astrológicos pode torná-lo mais perceptivo e compassivo para com seus ritmos internos. Essa é uma das muitas razões pelas quais eu continuamente o incentivo a ver além de "seu signo" e a entender como a Astrologia diária impacta suas necessidades.

História paralela: algo que sempre me fazia o sangue ferver quando eu estava labutando com minha doença era a frase "ouça seu corpo". Meu corpo não me parecia confiável e só me causava desconforto. Como poderia me dizer o que eu precisava? Com ou sem doenças, quase todos nós somos ensinados a suprimir a voz de nosso corpo desde cedo. Isso é agravado por imagens prejudiciais, tendenciosas e irrealistas da mídia do ideal "saudável". Eu me apaixonei pela Astrologia porque ela me ajudou a reconstruir uma relação de confiança com meu corpo. O aumento e a diminuição da luz visível nas fases da Lua me propiciaram um arcabouço de compaixão à medida que me familiarizava com a voz e as preferências do meu corpo. E isso é o que espero para vocês também. Assim, nas páginas seguintes, não lhe digo exatamente o que comer nem como exercitar-se em cada fase lunar. Prefiro deixar isso em aberto para que você invista em sua própria voz e aplique os conceitos a qualquer alimento e movimento que amar.

Derrubando os Mitos: Crescente e Minguante

Antes de explorarmos como suas necessidades de alimentação e movimento mudam em cada fase lunar, gostaria que você memorizasse o seguinte: a fase crescente e a fase minguante não correspondem a difícil e fácil. Em vez de representarem uma medida de dificuldade, essas fases indicam o tipo de estímulo para o exercício que seu corpo está pronto para receber. Quando digo estímulo para o exercício, não me refiro ao tipo de exercício, como pilates ou corrida, mas sim à intenção de sua sessão e ao resultado que ela gera. Quando a Lua está no Quarto Crescente, o corpo precisa encher-se. Para suprir essa necessidade, o exercício dessa fase tem como objetivo fortalecer o corpo e torná-lo mais saudável. Na Lua Minguante, o corpo está começando a preparar-se para o próximo ciclo. Para suprir essa necessidade, o exercício da fase minguante cria liberação e abre espaço. Porém ambas as coisas podem ser feitas com alta ou baixa intensidade.

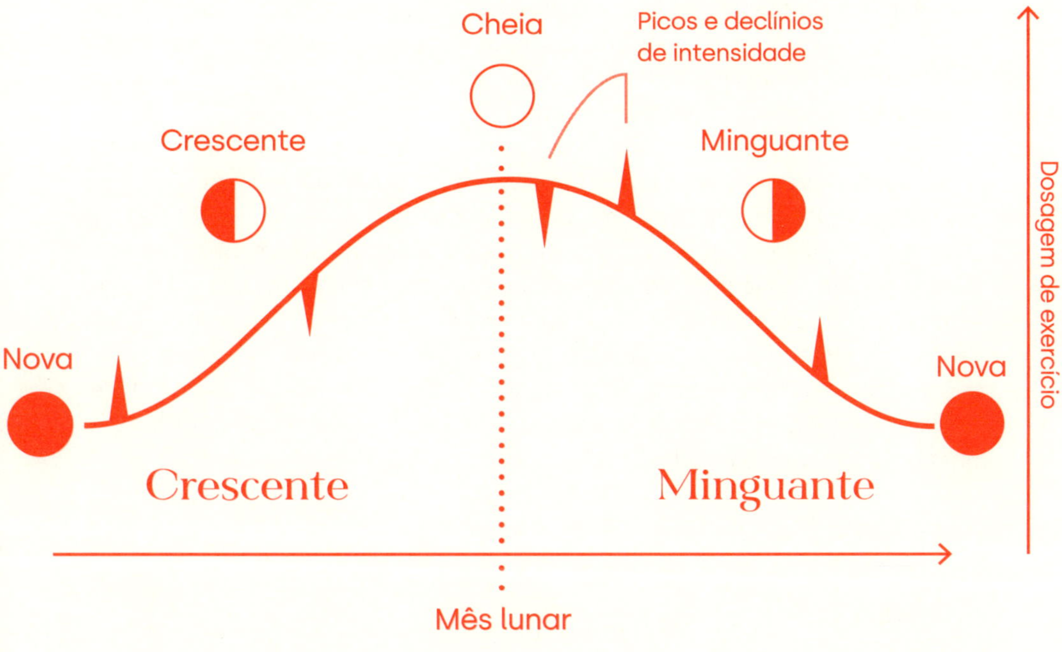

O ciclo do movimento lunar é uma curva em forma de sino, que sobe nas fases gibosa crescente, cheia e minguante gibosa, e recua gradualmente em cada extremidade. Então, claro, até podemos fazer uma sessão extra ou de alta intensidade com mais frequência na Lua Cheia, mas não é tão simples assim. Como mostra a imagem da página 57, há vários picos e declínios em cada ciclo. Isso ocorre porque há muito mais coisas acontecendo no Cosmos e em nossos corpos, além da fase lunar. A Lua percorre os signos do zodíaco rapidamente, e está sempre refletindo a energia de outros planetas. Portanto, embora todos estejamos fazendo essa curva geral em forma de sino, sempre nos envolveremos em crises de alta ou baixa intensidade ao longo do caminho.

Para entender os conceitos de *fitness* e nutrição lunares, você precisa literalmente incorporá-los. Vamos percorrer as quatro principais fases do ciclo lunar e identificar suas intenções nutricionais.

O Ciclo do Corpo Lunar

Independentemente do tipo de alimento ou do movimento que você preferir, use essas diretrizes como ajustes ou pontos focais suaves para cada semana do ciclo lunar. Lembre-se de que não há uma sincronia perfeita entre as semanas lunares e as semanas do calendário. Eu uso o dia exato da Lua Nova, do Quarto Crescente, da Lua Cheia ou do Quarto Minguante como início da minha semana lunar. Por exemplo, uma semana lunar começa no dia da Lua Nova e se estende até o Quarto Crescente, não importa se essa "semana" durar cinco ou nove dias.

Se você tem um *personal trainer* ou outro profissional de atividade física e não controla sua própria programação de exercícios, não se preocupe. Basta ter em mente a intenção da fase lunar do momento ao ir para sua sessão de treinamento ou aula em grupo. Ajuste sua atitude mental e sua maneira de falar consigo mesmo, e vá fazendo adaptações sutis de movimento em respeito ao ponto do ciclo em que você estiver. Como você se sente imediatamente, várias horas e 24 horas após o treino são informações vitais sobre o alinhamento desse treino com seu estado físico atual e a fase lunar. Em cada seção, listei algumas palavras-chave para descrever como você idealmente se sentiria após um treino alinhado com a fase.

Semana da Lua Nova

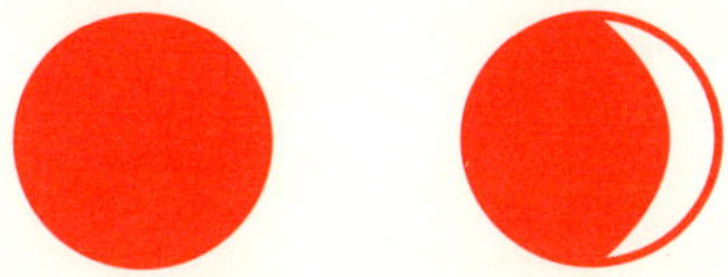

Inclui a Lua Crescente

Elemento: Ar (sangue; sistema nervoso e respiratório)

Tema: Definir o tom

A fase da Lua Nova é o início do ciclo de crescimento, mas é comum que não estejamos prontos para recomeçar a toda velocidade. Novos ciclos nunca se iniciam do nada; eles são gerados a partir dos recursos e experiências deixados pelo ciclo anterior. Na Lua Nova, a energia, os fluidos e os recursos do corpo normalmente estão em seu nível mais baixo porque foram gastos crescendo, diminuindo e vivendo durante o mês anterior. Mesmo que tenha administrado sua energia com sabedoria, você pode sentir-se como se tivesse um pouco menos de largura de banda. É importante respeitar isso e seguir seu próprio ritmo. Manter-se em sincronia com a fase da Lua Nova talvez seja o mais importante, pois é isso que define o tom para o restante do mês. A nossa maneira mais comum de sair de sincronia com a Lua Nova tende a ser o envolvimento com extremos de movimento, dieta ou trabalho. Mas quando respeitamos essa parte do mês, regeneramos tudo o que precisamos para viver esse novo ciclo ao máximo.

MOVIMENTO NA LUA NOVA

Procure sentir-se: Revigorado

Durante a semana da Lua Nova, nós lançamos uma base de apoio para o mês de movimento que temos pela frente. O movimento da Lua Nova tem tudo a ver com estabelecer o ritmo. Se fizermos demais cedo demais, corremos o risco de decepcionar na Lua Cheia, que é quando poderíamos sentir vontade de fazer exercícios com mais frequência ou mais intensidade. O descanso completo pode parecer o mais apropriado durante as horas ou dias que cercam o dia exato da Lua Nova. Porém, à medida que a Lua for crescendo, reintroduza gradualmente os movimentos que mais o revigoram e aumentam seu humor. O movimento da Lua Nova pode criar um suor leve e elevar sua frequência cardíaca e respiratória, mas se alguém lhe fizesse uma pergunta enquanto você está se movendo, o ideal seria que fosse capaz de responder em uma frase completa. Para os clientes que fazem treino de força, costumo descrever isso como trabalhar em nível de manutenção, o que significa que vale a pena trabalhar, mas você não está no seu limite. Em vez de concentrar-se apenas na velocidade ou na intensidade, explore o movimento lúdico, a conexão mente-músculo, ou cultive novas habilidades. Mas, se sentir vontade de fazer uma sessão de alta intensidade durante a semana da Lua Nova, vá em frente! Você pode borrifar picos de alta intensidade e declínios de baixa intensidade em sua rotina sempre que quiser. Se isso refresca seu corpo e sua mente e lhe dá ânimo, você está no caminho certo.

NUTRIÇÃO NA LUA NOVA

Procure sentir-se: Fortalecido

Até que surja a Lua em Quarto Crescente, o céu da Lua Nova ficará escuro e vazio, refletindo a necessidade de recuperar o que tivermos perdido. Prepare seu corpo para o ciclo que terá pela frente com alimentos e padrões alimentares que lhe pareçam estabilizadores e substanciais. Não economize na nutrição. Quando seu corpo pedir comida, dê-lhe o que ele precisa sem questionamento nem culpa. Se não preenchermos intencionalmente o vazio da Lua Nova com algo que nos sustente, esse vazio pode ser preenchido por algo menos favorável posteriormente no ciclo, como excesso de trabalho, estresse, patógenos, comportamentos desordenados na alimentação e na prática de exercícios e assim por diante. A Lua Nova está associada ao Ar e corresponde ao sistema nervoso. No início desta semana, os recursos do corpo estão em seu nível mais baixo e os nervos precisam ser "reconstruídos". Queremos que a comida funcione como uma âncora de tranquilidade para esse sistema, à medida que vamos ganhando velocidade e damos o tom do ciclo que virá em seguida. O respeito aos sinais de fome é fundamental no autocuidado do sistema nervoso. Use a fase da Lua Nova como uma oportunidade para familiarizar-se e atentar a esses sinais. Tenha em mente que os sinais de fome da Lua Nova podem incluir falta de concentração, tontura, ansiedade, falta de jeito e fraqueza corporal.

É um equívoco comum pensar que a Lua Nova seja o melhor momento para tudo que é "novo", mas nem sempre esse é o caso. Qualquer coisa que demande remoção ou restrição está intrinsecamente fora de sincronia com a energia da Lua Nova. Usá-la para dar o pontapé inicial numa dieta ou na prática compulsiva de atividade física é inadequado. Em vez disso, a mentalidade da Lua Nova é sobre o que podemos acrescentar à nossa vida para fortalecer o corpo e aumentar nossa sensação de bem-estar.

Semana da Lua em Quarto Crescente

Inclui a Crescente Gibosa

Elemento: Fogo (metabolismo; sistemas muscular e cardiovascular)

Tema: Criar *momentum*

Talvez a Lua em Quarto Crescente e a Lua no Quarto Minguante sejam as minhas favoritas do ciclo lunar. Cada Quarto de Lua serve como ponto de controle ou encruzilhada entre a Lua Nova e a Lua Cheia, dando-nos a oportunidade de fazer um balanço de nosso inventário pessoal e ajustar o rumo, se for preciso. A Lua em Quarto Crescente é como um crescendo na música, aumentando gradualmente em volume e *momentum* em seu caminho para a completude. O ideal é que os recursos do corpo tenham se renovado e estejam prontos para construir sobre as fundações lançadas durante a Lua Nova. Caso não sinta a ligeira aceleração dessa fase de ignição, é indício de que você pode não ter repousado ou se nutrido o suficiente durante a fase da Lua Nova. Por outro lado, evite assumir atividades em excesso. Durante esta fase, especialmente quando se aproxima do final, é fácil confundir o limite entre Fogo saudável e estresse ou inflamação.

MOVIMENTO NA LUA EM QUARTO CRESCENTE

Procure sentir-se: Forte

Durante a semana em que a Lua estiver em Quarto Crescente, talvez você se sinta pronto para adicionar um pouco mais de calor e desafio aos padrões de movimento estabelecidos durante a Lua Nova. Essa fase envia muita energia para os sistemas muscular e cardiovascular, o que significa que muitas vezes eles estão prontos e dispostos a trabalhar. Na academia, isso pode significar levantar mais peso, fazer mais repetições (ou seja, aumentar seu volume total com séries mais longas) ou acrescentar uma ou duas sessões de condicionamento. Se gostar de correr, você pode aumentar o número de quilômetros ou incorporar o trabalho de velocidade. Se for yogue, poderá infundir mais calor em sua prática com uma sala aquecida ou um fluxo mais vigoroso. Ou simplesmente aumente a frequência de seus exercícios, se isso lhe parecer certo. À medida que a Lua aumentar, você pode flertar mais vezes com seu limite pessoal de atividade, contanto que seja inteligente porque a Lua Cheia ainda está por chegar. O trabalho árduo pode ser bom, até agradável, nesta fase. Mas procure tratar a prática de seus exercícios como um movimento para acender o fogo; algo que gere energia e paixão pelas demais partes de sua vida.

NUTRIÇÃO NA LUA EM QUARTO CRESCENTE

Procure sentir-se: Energizado

Quando a Lua está no Quarto Crescente, o Fogo do corpo está despertando e precisa ser alimentado e mantido para levar-nos até a Lua Cheia e adiante. A vida está mais agitada, talvez nos movimentemos mais e nosso metabolismo está quase em seu pico celeste. Se não comermos o suficiente durante esta fase, podemos ficar mais estressados, menos resilientes e acabar caminhando para uma queda na Lua Cheia. Agora nosso foco é um pouco diferente do foco pesado e restaurador da comida da Lua Nova: ele deve manter a agilidade do corpo e a rapidez da mente. Concentre-se em alimentos e padrões de alimentação que lhe deem energia. Sinais clássicos de fome, como o roncar do estômago, são mais comuns nessa fase, porém irritabilidade, dor de cabeça, sudorese, contrações musculares e até palpitações cardíacas são dicas para fazer uma pausa e comer. Use o Quarto Crescente da Lua como uma oportunidade para praticar a alimentação preventiva. Por exemplo, se você está prestes a entrar em uma reunião que vai durar três horas, coma algo com antecedência para não sair desconfortavelmente faminto e trêmulo.

Semana da Lua Cheia

Inclui a Minguante Gibosa

Elemento: Terra (sistemas esquelético, tegumentar e digestivo)

Tema: Manter *momentum*

A Lua Cheia inicia a metade minguante do ciclo lunar. Nos meus primeiros dias de Astrologia, fiquei muito confusa por causa da associação da Lua Cheia com a Terra. Ela me parecia cheia de Fogo. Mas seu trabalho é revelar os ossos, ou a Terra, das coisas. A Cheia é, entre as fases lunares, aquela que diz a verdade, lançando seu brilho intenso em tudo o que criamos, expondo se é ou não o que pretendíamos. Como implica a palavra cheia, na fase Cheia da Lua, a vida está cheia e, às vezes, podemos nos sentir sobrecarregados. Para manter nosso bem-estar, depois de seu rápido pico, convém passarmos a um momento de poda.

Isso pode parecer como dizer "não" mais vezes ou colocar menos coisas na lista de tarefas. Sim, sua capacidade energética pode ser maior durante a semana da Lua Cheia, mas essa energia só se sustenta se for usada no que importa porque é fácil desperdiçá-la e depois não ter nada senão exaustão para mostrar. A Lua Cheia está associada à colheita, e seu objetivo não é fazer mais, mas sim armazenar mais energia para as semanas minguantes que virão.

MOVIMENTO NA LUA CHEIA

Procure sentir-se: Firme

A Lua Cheia é o clímax do ciclo, e os dias e horas que a cercam imediatamente podem ser bastante carregados. Trabalhar perto de seu limite pessoal de exercício ou até mesmo ir um pouco além dele pode parecer alinhado e emocionante. Dica profissional: isso pode mudar conforme o signo do zodíaco em que ocorrer a Lua Cheia. Porém a maior lição da Lua Cheia é a sustentabilidade. Passada a fase Cheia, faça uma rápida transição de sua intenção da intensidade para a resistência. Seja qual for o crescimento obtido durante a metade crescente do ciclo, você deve mantê-lo e levá-lo consigo para a próxima. Integre seus novos pontos fortes e habilidades, mas não perca de vista a longevidade. Procure ter certeza de que o movimento sustenta sua energia, em vez de roubá-la.

Exaustão e dor ou rigidez no corpo são queixas comuns logo após o pico da Lua Cheia. Isso é o que chamo de ressaca ou choque da Lua Cheia, e pode ser um indício de que você fez coisas demais no início do ciclo. Se esse for o caso, o aumento do movimento de alta intensidade não é a melhor estratégia. Procure tirar uns dias de folga. Se ainda quiser exercitar-se, faça uma recuperação ativa, aumente a duração de seus aquecimentos e desaquecimentos e opte por movimentos mais lentos que estimulem a circulação emocional e física.

NUTRIÇÃO NA LUA CHEIA

Procure sentir-se: Satisfeito

Como disse antes, a Lua Cheia está associada à colheita e evoca imagens de abundância, comunidade e armazenamento de alimentos para futuras estações. Na Lua Cheia, conecte-se com os aspectos prazerosos e celebratórios do ato de comer. Concentre-se em alimentos e padrões de alimentação que não apenas o sustentem, mas também o deixem saciado durante este período agitado. Use a fase da Lua Cheia como uma oportunidade para fazer amizade com a sensação de saciedade. Como é estar satisfeito? Quais são os alimentos e a quantidade de comida que realmente lhe dão essa sensação? Não se surpreenda se inicialmente essa reflexão for desconfortável. Muitos de nós fomos condicionados a sentir culpa quando comemos os alimentos de que gostamos – ou até só em pensar neles. Tristeza, fadiga, sensação de frio, dores nas articulações e excessos alimentares são indícios de que seu corpo pode não se sentir completamente sustentado durante este período. Comer até passar mal é uma reação normal à privação. Caso se sinta assim durante a Lua Cheia, em vez de sentir-se desanimado, considere por onde a privação pode ter penetrado no início do ciclo. Quando restringimos, mesmo que sutilmente, a comida e proibimos a satisfação, desencadeamos um medo primordial no corpo de que não teremos o suficiente para o "inverno" ou para quando houver escassez de alimentos. Embora no início possa parecer contraintuitivo e até assustador, experimentar a satisfação é uma parte vital do cultivo de uma relação livre e saudável com a comida.

Semana da Lua em Quarto Minguante

Inclui a Crescente Gibosa

Elemento: Água (sistemas endócrino, imunológico e linfático; emoções)

Tema: Pausar e criar espaço

O Quarto Minguante da Lua está a meio caminho entre a Lua Cheia e a Lua Nova seguinte. Estamos rumando para o vazio. Este é um momento de finalização, porém, ao contrário de sua contraparte Crescente, a fase do Quarto Minguante não se encerra com construção nem produção, mas sim com uma pausa. Ela é um espaço amorfo e atemporal que nos mostra que a desaceleração é, muitas vezes, a coisa mais eficiente e produtiva que podemos fazer. Se possível, faça mais pausas e procure flexibilizar sua agenda. Os recursos do corpo começam a minguar, e você observará uma mudança significativa na energia à medida que a semana avançar. Essa mudança é natural, até útil, e devemos abraçá-la. Se resistirmos sistematicamente à motivação interior desta fase, com o tempo correremos o risco de ver-nos consumidos por um longo período de fadiga. As partes do ciclo que nos revigoram e aceleram não vêm nunca e, assim, nos sentimos presos numa experiência de míngua. A fase do Quarto Minguante ensina que não precisamos estar repletos nem brilhar o tempo todo para chegar aonde quisermos chegar.

MOVIMENTO NA LUA EM QUARTO MINGUANTE

Procure sentir-se: Flexível

O fato de estarmos rumando para a escuridão não implica que precisemos parar de nos exercitar. Quando feito com percepção e conscientização suficientes, o movimento se presta à conclusão de um ciclo, pois funciona como um processador ou válvula de escape. Nos movimentar, suar e respirar nos permitem liberar nossos fardos, expressar emoções e até mesmo expelir toxinas pela pele e pelos pulmões. No ciclo lunar, esta é a fase da Água, que nos convida a introduzir mais fluidez e suavidade em nossa prática de movimento. Você pode incorporar à sua rotina mais mobilidade, flexibilidade ou trabalho com pesos. Ou foque em mover-se com graça, algo que você pode fazer independentemente de ser dançarino ou halterofilista. Seja como for, não importa como prefira se mover porque a lição mais importante do Quarto Minguante é cultivar uma atitude de flexibilidade e autoaceitação. No final desta fase, não é provável que você tenha o mesmo vigor e a mesma motivação que tinha nas semanas anteriores. Permita-se fazer os ajustes necessários ao longo da sessão para sentir-se confortável. Se isso significa fazer menos (ou mais) que o planejado, tudo bem. É possível que, mais para o fim de alguns ciclos minguantes, seu interesse pelo movimento desapareça completamente. Mais uma vez, tudo bem. Confie em si mesmo.

NUTRIÇÃO NA LUA EM QUARTO MINGUANTE

Procure sentir-se: Nutrido

"Liberação" é uma palavra muito usada para todas as fases minguantes, inclusive a do Quarto Minguante. Sim, a Lua está se esvaziando, mas convém não confundirmos temas de "liberação" e "desapego" com "limpezas" ou "desintoxicações" alimentares. Não tenho nada contra jejuns religiosos nem celebrações com determinados alimentos, e não é disso que falo aqui. Porém, tendo em vista que o movimento lunar e a nutrição estão se tornando mais conhecidos, é bom tomar cuidado com a nova era da hiperespiritualização da privação, que implica que limitar a ingestão de alimentos durante esta fase torna a pessoa mais virtuosa ou espiritualizada. Recusar nutrientes ao corpo não tem nada a ver com virtude nem com o Quarto Minguante da Lua.

Quando a Lua diminui, o foco passa do mundo exterior ao mundo interior. A Lua Minguante é uma oportunidade de "liberar" todas as mensagens externas sobre comida (isso mesmo, inclusive aquelas promovidas por influenciadores, especialistas ou gurus) e sintonizar com as mensagens internas. Use esta fase para cultivar sua intuição nutricional, que envolve a capacidade de perceber pistas internas à medida que elas surgem e, em seguida, atendê-las com compaixão.

Você vai desenvolvendo essa habilidade durante todo o ciclo, mas como a fase do Quarto Minguante é de quietude e está associada aos sutis sistemas de Água do corpo (que abarcam os hormônios, a linfa e as emoções), talvez seja mais fácil entrar em contato com sua orientação alimentar interior. Se você não tem o hábito de desacelerar conscientemente, é normal que sofra algum desconforto físico ou emocional no início. Escolha alimentos e práticas alimentares que reforcem sua própria voz e o façam se sentir ouvido, seguro e dotado de recursos suficientes para cuidar dessas coisas com a devida delicadeza.

Sincronizando com a Menstruação

Antes de abordar a menstruação, quero deixar claro que, embora tenha uma certa sobreposição natural ao ciclo menstrual, meu trabalho em astronutrição e *astrofitness* não é um sistema voltado para o ciclo menstrual. Ele constitui um sistema astrológico para todos os corpos, independentemente de sexo ou gênero, que leva em conta inúmeros ritmos cósmicos e biológicos. No entanto, como sincronizar esse sistema com o ciclo menstrual é uma das perguntas mais frequentes que recebo. A resposta para ela varia muito, dependendo da saúde e das necessidades da pessoa com quem estou trabalhando.

Se sobrepusermos aproximadamente os ciclos menstruais e lunares, a menstruação corresponde à Lua Nova e a ovulação, à Lua Cheia. Porém os ciclos menstruais vêm em muitos momentos distintos. Para algumas pessoas, ele chega na Lua Cheia, ou talvez na Lua Crescente ou num dos dois quartos da Lua. E, como a duração de ambos os ciclos é ligeiramente variável de mês a mês, seu padrão de sangramento pode mudar gradualmente ao longo do ano. Tudo isso é normal; não há problema algum nisso. Não importa quando sua menstruação chega durante o calendário lunar em tempo real; se o seu ciclo for regular, seus altos e baixos hormonais ainda vão imitar a Lua Crescente e a Lua Minguante.

Você tem uma opção: pode se mover e comer com base no ciclo lunar em tempo real ou pegar esse mesmo padrão e alinhá-lo com seu ciclo menstrual. Não há escolha errada, mas pode haver uma escolha mais sábia dependendo de sua saúde hormonal no momento. Eu adoto uma abordagem eclética: prefiro viver alinhada com a Astrologia em tempo real durante a maior parte do mês e vou fazendo pequenos ajustes na menstruação e na ovulação, conforme seja preciso. Posso me dar ao luxo de fazer isso porque meu ciclo é regular e meu corpo está extremamente adaptado ao exercício. Mas se minha saúde hormonal mudasse, eu abriria espaço para ajustes mais significativos no ciclo menstrual. Há sempre uma exceção, mas se o seu ciclo for irregular (ou seja, não vem em intervalos normais), se você estiver na pós-menopausa ou usando contraceptivos que impedem a menstruação, sugiro alinhar com a Lua em tempo real para promover uma ciclicidade saudável.

OS SIGNOS

PARTE

2

capítulo três

CORPOS DE FOGO

Signos: Áries, Leão, Sagitário
Qualidades: Quente, Seco

Todos os elementos são cruciais para a vida, mas o Fogo é nossa vitalidade. Seu calor nos aquece, anima, revigora e protege. O Fogo é um agente de transformação, e é isso que o torna tão essencial. Ele cozinha os alimentos que comemos e inicia as muitas reações químicas necessárias para digeri-los, transformando a comida em energia, a energia em ação, a ação em necessidade e assim por diante. O Fogo libera e requer energia. É a centelha por trás do cérebro, do coração, dos músculos, do metabolismo, da digestão, da visão e todas as reações químicas e enzimáticas do corpo. O Fogo faz as coisas acontecerem.

O Fogo é quente e seco e move-se para cima. Essas qualidades lhe conferem velocidade e precisão. Os signos e planetas de Fogo estão associados a órgãos e funções que pulsam, ardem e reagem de modo instantâneo e urgente. O Fogo Saudável reflete uma força vital saudável. Podemos ver isso numa febre eficaz que mata patógenos ou em picos de adrenalina que salvam vidas. A qualidade seca dá aos sistemas dos corpos de Fogo uma finalidade muito clara e uma margem de erro estreita. Quando eles estão desligados, é dolorosamente óbvio e, muitas vezes, perigoso.

A temperatura corporal das pessoas nas quais predomina o elemento Fogo é mais alta. Elas têm metabolismo naturalmente rápido ou são tão física e mentalmente ativas que simplesmente precisam de mais combustível. O Fogo se orienta para a ação e se parece mais consigo mesmo quando está ocupado ou se ocupa de forma criativa. Este elemento é hipnotizante; ele capta nossa atenção, e o pessoal do Fogo segue seu exemplo com paixão e entusiasmo. O Fogo precisa ser alimentado para continuar a arder, e essas pessoas desejam uma dieta constante de inspiração. Elas são agentes de mudança cujo fervor abre um caminho para o futuro.

Os corpos de Fogo são naturalmente fortes e robustos. Porém, como acontece com todos os elementos, grandes dádivas podem acabar se tornando obstáculos. Quando o Fogo fica fora de controle, queimamos a nós mesmos e aos outros. Acidentes, ferimentos, emergências, raiva, desidratação e acidez também são aspectos do Fogo. E se não for cuidado, o Fogo extingue e tudo o que sobra é um monte de cinzas. Os estilos de vida demasiado quentes e demasiado rápidos podem consumir prematuramente os corpos de Fogo ou deixá-los com condições inflamatórias mais tarde na vida. No autocuidado com o Fogo, queremos garantir que ele sempre permaneça aceso, mas nunca fuja a nosso controle. Quando o Fogo é contido e bem alimentado, o corpo e a mente ficam afiados, brilhantes e cheios de vida.

Como Atender às Necessidades Nutricionais do Fogo

A Astrologia e o corpo são dinâmicos, e você pode ter excesso ou escassez de Fogo, ou Fogo neutro, em qualquer que seja o momento. O que você ingere para manter seu Fogo pode mudar ao longo de sua vida. Independentemente de o intervalo ser de dias, meses ou anos, é provável que você passe por ciclos de alimentação para reduzir ou aumentar o Fogo

A NUTRIÇÃO DO FOGO

Redução do Fogo	Aumento do Fogo
Água em abundância	Água com adição de minerais
Alimentos crus ou levemente cozidos no vapor	Alimentos bem cozidos e bebidas quentes
Alimentos de "cozimento lento", como grãos integrais	Alimentos de "cozimento rápido", como arroz branco e vegetais ricos em amido
Chás refrescantes (camomila, hortelã)	Alimentos tradicionais para a formação do sangue (alimentos vermelho-escuros, beterraba, cordeiro, vísceras)
Frutas ricas em água (frutas vermelhas, laranjas, maçãs, melões, pêssegos, tomates)	Álio (alho, alho-poró, cebola, cebolinha, chalota)
Laticínios de alta qualidade	Especiarias picantes (canela, cardamomo, cominho, cúrcuma, *curry*, gengibre, páprica, pimenta-do-reino)
Limões verdes e amarelos	Proteína animal rica em ferro (carne bovina, frango, peru, sardinha)
Peixes	Vegetais ricos em ferro (amaranto, beterraba, brócolis, couve-galega e outras couves, espinafre, folhas de feijão fradinho, grão-de-bico, lentilha, melaço, quinoa, sementes de abóbora)
Sucos de frutas e vegetais frescos	
Vegetais ricos em água (abobrinha, aipo, alface, cogumelos, pimentões, repolho, pepino)	

Alimentos e Práticas que Podem Perturbar o Fogo
Consumo excessivo de carnes altamente processadas, como bacon ou linguiças
Quantidades excessivas de frituras
Óleos hidrogenados, gorduras trans e qualquer óleo acima do ponto de queima
Quantidades excessivas de álcool
Quantidades excessivas de cafeína, principalmente na forma de bebidas energéticas

ÁRIES

Anatomia de Áries

Áries é muitas vezes descrito como um líder obstinado e visionário e, por isso, não é de surpreender que seja o regente da cabeça, do cérebro e dos olhos. Essas partes do corpo nos permitem não só perceber o mundo, mas também criá-lo. Áries é um signo de ação, assim como os sistemas do corpo humano que ele rege. A rede física deste signo é extremamente rápida, desde os impulsos cerebrais até o nervo óptico e a reação instantânea das glândulas suprarrenais à ameaça. Quase não há espaço entre o impulso e a reação, o que torna este signo igualmente brilhante e ousado.

Modo	Planeta Regente
Cardinal	Marte

- Cabeça, inclusive todos os ossos e músculos do crânio e da face
- Cérebro
- Nervos cranianos
- Olhos
- Maxilar superior
- Dentes da arcada superior
- Glândulas suprarrenais

Nutrição de Áries

Gesto: Resiliência

A energia de Áries é como um raio. Ela relampeja rápida e estrondosamente e logo desaparece. É exatamente disso que você precisa em uma situação que coloque sua sobrevivência em risco. Porém, na nutrição diária, é preciso moderar o Fogo de Áries para que seu resultado seja constante e sustentável. Quando sofre algum desequilíbrio, é comum que o corpo de Áries reaja como se tudo fosse uma emergência. A nutrição que faz bem a Áries comunica ao corpo que tudo está em segurança e que não precisa convocar as tropas. Os principais meios de estabilizar Áries do ponto de vista nutricional são: alimentar o cérebro, regular o açúcar no sangue e nutrir as glândulas suprarrenais, desenvolvendo resiliência ao estresse.

Áries é regido por Marte, o que implica que os nutrientes associados a esse planeta são tipicamente nutritivos para este signo. Marte rege ácidos de todos os tipos, entre os quais aminoácidos e ácidos graxos. Ambos são fundamentais ao suporte do cérebro e à garantia de que ele funcione bem. Em vez de agir como uma tempestade elétrica aleatória, um cérebro saudável de Áries esquenta quando é preciso e se abstém quando não é preciso. Esse é o trabalho de busca de equilíbrio dos neurotransmissores. Os distúrbios de Áries, como a ansiedade e a epilepsia, estão ligados a desequilíbrios nos neurotransmissores. Os aminoácidos são elementos indispensáveis à construção das proteínas, mas também são usados para sintetizar os neurotransmissores. Por propiciarem proteção e aterramento aos neurotransmissores, os ácidos graxos regulam o Fogo de Áries, mantendo intactas as membranas das células cerebrais.

A nutrição equilibrada de Áries é cheia de gorduras saudáveis e de alimentos ricos em proteínas que respaldam a síntese e o funcionamento adequados dos neurotransmissores. Abasteça-se de alimentos clássicos para o cérebro, como folhas verdes, peixes ricos em ácidos graxos, frutos secos, sementes, frutas silvestres, manteiga clarificada ou manteiga orgânica e ovos (não deixe de comer a gema) e procure comer proteína em todas as refeições. O tipo (animal ou vegetal) dessa proteína depende de você, mas também pode depender de seu Fogo estar neutro ou em estado de excesso ou deficiência no momento. Se você estiver numa estação de excesso de Fogo, será melhor consumir uma proporção maior de proteína vegetal, ao passo que o inverso pode ser melhor quando houver alguma deficiência de Fogo. Consulte a tabela "A Nutrição do Fogo", no início deste capítulo, para mais informações.

Antes de correr para experimentar uma dieta rica em gorduras com zero de carboidratos, lembre-se de que a prioridade nutricional de Áries é a resiliência e a moderação do estresse, inclusive do estresse físico. Quando não temos os carboidratos de que precisamos e nossa glicemia (ou seja, nossos níveis de açúcar no sangue) sobem ou baixam rapidamente, nossos corpos estão fisicamente estressados. Isso deflagra a entrada em ação do sistema de emergências do corpo: as glândulas suprarrenais. A adoção de dietas radicais, como a mania de baixo teor de carboidratos, geralmente acaba saindo para esse signo como um tiro pela culatra. As dietas não são apenas estressores mentais, mas também grandes estressores físicos, que desencadeiam no corpo de Áries uma hiper-reação. Em vez disso, comece a ver em cada macronutriente um ator valioso para a administração de sua energia pessoal. Os carboidratos oferecem uma forma rápida e acessível de energia para o cérebro e o corpo, enquanto as proteínas e as gorduras geram permanência e permitem que essa energia persista por mais tempo. A menos que Áries esteja lidando com um desequilíbrio de saúde, na maioria das vezes, obter nas refeições todos os três macronutrientes estabilizará muito a glicemia e manterá sob controle a reação do corpo ao estresse.

Mas comer carboidratos à noite é ruim, não é? Errado. Esse é um mito comum da nutrição. Vamos reformulá-lo: a glicemia e o cortisol têm uma relação inversa. Quando a glicemia cai demais, as glândulas suprarrenais liberam cortisol para elevar os níveis de açúcar. O aumento do cortisol à noite significa sono interrompido e repouso insuficiente do corpo (o cortisol decompõe os tecidos). Para estimular a queda do cortisol à noite, procure comer mais alguns carboidratos estabilizadores: cenoura, abóbora, batata, outros vegetais ricos em amido, feijões e grãos integrais.

Como entra tão rápido em estados de alto estresse, Áries pode não registrar a fome enquanto não estiver desconfortavelmente faminto, irritável ou com dor de cabeça. O estresse pode suprimir o apetite e, com o tempo, o estresse crônico pode silenciar os sinais de fome emitidos por seu corpo. Se esse é você, enquanto estiver aprendendo a moderar o estresse e a familiarizar-se com seus sinais de fome, tenha sempre à mão alguns lanches que sejam rápidos e fáceis de pegar. Não pense em ter paciência nem inteligência para fazer boas escolhas alimentares ou criar uma refeição elaborada quando você já estiver tremendo de fome. Belisque alguma coisa para recuperar a compostura e, só depois, encare a cozinha ou peça uma refeição mais completa partindo de um lugar mais normal e confortável. Outra dica de planejamento é identificar o horário do dia que é mais agitado para você e colocar em vigor uma estratégia alimentar. Se for de manhã, prepare o café da manhã. Se for de noite, sempre planeje o jantar com antecedência para não acabar preso no trânsito com uma fome insuportável. Você também pode recorrer ao uso de serviços de entrega de alimentos frescos, compras de supermercado *on-line* e vegetais pré-cortados ou congelados, assim como encher sua cozinha de eletroportáteis que cozinham rápido a comida, como uma panela de pressão elétrica.

Como Separar Comida e Estresse

Embora às vezes seja inevitável, tente minimizar a ingestão de alimentos no carro ou durante reuniões de trabalho. É importante que Áries seja diligente ao separar comida de estresse para que o corpo não correlacione comida com "perigo". Comece as refeições colocando as mãos nas glândulas suprarrenais e fazendo três inspirações profundas. (As suprarrenais ficam acima de cada um dos rins, na parte superior à região lombar e em ambos os lados da parte inferior da caixa torácica.) Agradeça-lhes por todo o trabalho que fazem para protegê-lo e sinalize para elas que você não está em perigo agora.

A moderação do estresse de Áries talvez inclua também a abstinência de alimentos que promovam em seu corpo uma reação inflamatória. O consumo de alimentos que lhe provocam intolerância ou sensibilidade aumenta o estresse físico e faz soar o alarme adrenal. As reações alimentares tendem a ser mais óbvias para Áries e podem incluir dor estomacal aguda, enxaqueca, dor de cabeça, tontura e alterações de humor; os sinais secundários podem ser aumento da frequência cardíaca ou da temperatura corporal, sudorese e sensibilidade à luz. Embora Áries tenda a adorar cafeína, essa substância pode ser um dos gatilhos desses sintomas. A cafeína cria o que eu considero um falso Fogo. Talvez na hora ela lhe pareça dar uma turbinada, só que, em vez de alimentar o Fogo de Áries, a cafeína cria o efeito de uma colisão seguida de combustão, o que estressa as glândulas suprarrenais. Explore chás de ervas calmantes, como camomila, hortelã e erva-cidreira. Substitutos herbais para o café à base de raízes, como dente-de-leão, bardana e chicória, por exemplo, também são ótimas opções. Se, como eu, você gostar de fazer de seu café matinal um ritual, tente guardá-lo para depois do café da manhã. No mínimo, espere até tomar um copo grande de água e tome seu café combinado com alguma fonte de gordura.

Além de aumentar o estresse, o excesso de cafeína também é desidratante. Embora todos os signos de Fogo possam lutar contra a desidratação, a conexão de Áries com as glândulas suprarrenais torna o consumo de água e o equilíbrio eletrolítico especialmente importantes. Procure beber pelo menos 35 ml de água de seu peso corporal por dia. Talvez seja necessário ajustar essa quantidade conforme o clima e o nível de atividade. Se estiver com sede e fadiga crônicas e não tiver hipertensão, experimente adicionar cerca de ⅛ de colher de chá de sal marinho de alta qualidade a um copo d'água ao acordar ou fazer uma bebida eletrolítica caseira (veja a seguir).

Bebida Eletrolítica de Áries

As bebidas eletrolíticas compradas em lojas geralmente têm muitos corantes, aromatizantes e adoçantes artificiais. Em vez disso, junte todos os ingredientes abaixo numa jarra ou num copo e misture-os para matar a sede de maneira saudável.

- ½ xícara de água
- ½ xícara de água de coco
- Suco de ½ limão
- ⅛ de colher de chá de sal rosa do Himalaia
- De ½ a 1 colher de chá de mel

Movimento de Áries

Gesto: Pico

Áries normalmente não tem muita paciência quando se trata de malhar. Ele detesta resistência e quer que as coisas sejam suadas e eficientes. O movimento rapidamente se transforma em competição e, se houver outras pessoas por perto, Áries certamente vai querer terminar primeiro. Por ser um signo cardinal, Áries inicia as características do Fogo, trazendo chamas do nada. Essa energia é a da ignição e, no mundo do atletismo, isso significa que Áries atinge o desempenho máximo em tempo recorde. Os exercícios clássicos de Áries são extremamente intensos, breves e podem deixá-lo ofegando no chão. Velocistas, lutadores e atletas profissionais conhecem bem essa sensação. Num treino de Áries, o objetivo é fazer o máximo de trabalho possível no menor tempo possível. Isso exige preparação corporal adequada e rotinas simples de abordagem direta.

Não importa se você está fazendo musculação, corrida ou sessões rápidas de Yoga Flow: talvez o aquecimento seja a parte mais importante de uma rotina de Áries. Quando se trata de Áries, é tentador pular essa e ir direto para a parte principal do trabalho do dia. Você pode achar que isso é poupar tempo, mas estará reduzindo significativamente a eficácia de seu treino. Se você partir para o trabalho duro sem preparar devidamente o sistema nervoso, o corpo vai usar o treino como aquecimento e ficar mais vulnerável a lesões (um problema comum deste signo). Dito em termos simples, você pode fazer tudo sem compromisso nem entusiasmo, mas simplesmente não pode trabalhar em seu pico pessoal com o corpo frio e o sistema

Acesse clairegallagher.co/bodyastro para vídeos com exemplos de movimentos de Áries.

nervoso sonolento. Um bom aquecimento deveria deixá-lo ligeiramente suado e com respiração audível.

Os exercícios de Áries podem facilmente tornar-se festivais de suor despropositados que podem parecer bons no momento, mas não o levam a lugar nenhum a longo prazo. Para usar a energia de Áries de forma eficaz, você deve entender a intensidade. Existe a intensidade percebida e a intensidade real: quanto você acha que está trabalhando e quanto você realmente está trabalhando. Para que os exercícios de Áries sejam eficazes, você precisa querer atingir a intensidade real ocasionalmente, em vez da intensidade percebida diariamente. Vamos supor que você vai a um treino de *boot camp* de alta intensidade todos os dias e que esse plano vai muito bem até um pouco antes do fim da semana, quando o excesso de esforço começa a aumentar. Você está cansado, dolorido e desinteressado do treino, mas resolveu fazê-lo de qualquer maneira. Como você já chegou cansado para a aula, não conseguirá atingir seu pico pessoal. Sim, isso vai parecer-lhe extremamente difícil (intensidade percebida) porque você se desgastou ao longo da semana, mas na verdade não é difícil – simplesmente significa que seu corpo não vai conseguir trabalhar em sua capacidade máxima. Ele não se renovou o suficiente para montar a reação fisiológica adequada. Isso é um desperdício de seu tempo e seus recursos.

Para manter a eficácia do movimento de Áries, você precisa usar a intensidade de forma inteligente e com moderação. A longo prazo, isso significa garantir que seu programa seja completo e que você não tente fazer exercícios de alta intensidade todos os dias da semana. Atingir a intensidade máxima real uma a duas vezes por semana por apenas alguns minutos é suficiente. Mais do que isso tende a criar uma cascata hormonal negativa.

Inspiração do Fogo

Como o nome indica, a Inspiração do Fogo é muito revigorante e leva muita energia e oxigênio para a cabeça e o cérebro, regidos por Áries. Eu poderia usá-la como estimulante em uma longa viagem de carro (de olhos abertos!) ou durante aquela sonolência comum após o almoço. Além de expulsiva e purificadora, ela também pode ajudá-lo a livrar-se de estresse físico ou emocional. Mas não a recomendo antes de dormir.

Sente-se confortavelmente com a coluna ereta e coloque as mãos suavemente na barriga. Inspire fundo pelo nariz. Expire rápida e bruscamente pelo nariz enquanto contrai o abdômen. Relaxe a barriga enquanto inspira. A inspiração nasal é rápida, mas deve parecer natural e reflexiva. Repita. Esta respiração é rápida, então siga seu próprio ritmo e comece aos poucos: mesmo dez repetições são muita coisa. À medida que se sentir mais confortável, aumente sua velocidade e trabalhe até chegar a uma rodada de cinquenta. Termine com uma longa inspiração e uma longa expiração.

Força e Condicionamento para Áries

Para a força e o condicionamento de Áries, mantenha tudo quente e eficiente com um trabalho sério de força. Há muitas maneiras de fazer isso, porém uma das minhas favoritas é o treino no minuto (muitas vezes abreviado como EMOM, "cada minuto no minuto"). Por exemplo, dez agachamentos com pesos nos ombros a cada minuto por cinco a dez minutos é um trabalho de força que deixa os músculos ardendo.

Quando se trata de condicionamento, Áries nos desafia a deixar tudo no chão. Uma maneira de fazer isso é com um breve circuito de exercícios (menos de cinco) que você executa o mais rápido possível. Para manter a intensidade alta, escolha exercícios simples que lhe permitam concentrar-se na velocidade, como variações simples de agachamento, levantamento terra, *kettlebell swings*, puxadas altas na barra fixa e talvez pular corda ou correr um pouco. Quando terminar, descanse o suficiente para poder repetir o circuito com intensidade igual ou superior. Se estiver mesmo trabalhando em alto nível, você precisará de muito mais que dez segundos para recuperar-se: neste caso, estamos falando de intervalos de um a cinco minutos.

Corrida para Áries

Nada reflete a energia de Áries com mais perfeição que um *sprint*. Embora os *sprints* possam ter durações de todos os tipos, Áries quer concentrar-se no esforço máximo, o que implica definir um ritmo que você só pode manter por dez a vinte segundos no máximo. Escolha um terreno plano ou uma trilha para manter a velocidade o mais alta possível. Recupere-se totalmente entre os *sprints* para poder atingir essa intensidade várias vezes seguidas. Adicione a isso um pouco da competitividade de Áries e convide um amigo para competir, ou corra contra si mesmo e tente bater seu recorde mais rápido.

Se preferir, use um formato baseado no protocolo Tabata. Defina um temporizador de intervalos para oito intervalos de vinte segundos de trabalho e dez segundos de descanso (quatro minutos no total). Corra o máximo que puder durante os vinte segundos dos períodos de trabalho.

Yoga para Áries

A energia de Áries se reflete mais facilmente em formas vigorosas de *vinyasa yoga*, como *ashtanga*, que tem ritmo rápido e é fisicamente exigente. As aulas de *power* e *fusion* yoga que incorporam intervalos de exercícios cardiovasculares também se incluem no estilo de Áries. Sem dúvida, trabalhar na parada de mão (postura invertida também conhecida como plantar bananeira) seria uma coisa que é a cara de Áries. Mas você também pode imitar Áries em práticas restauradoras voltadas para relaxar as áreas do corpo desse signo, que incluem olhos, rosto e cabeça. Não se esqueça das práticas de respiração também: a Inspiração do Fogo (veja p. 80) certamente se encaixa nos critérios de Áries.

Outros Esportes e Aulas para Áries

- Aulas de *boot camp*
- Aulas de HIIT (treino intervalado de alta intensidade)
- Artes marciais variadas e outros esportes de combate
- Corridas, competições e eventos esportivos de todos os tipos
- CrossFit
- Esportes radicais de aventura que criam uma descarga de adrenalina (especialmente em ambientes quentes e ardentes)
- Malabarismo com aros de fogo e outras atividades que usam chamas de verdade
- Treino militar e tático

Enfermidades de Áries

Áries é um signo muito robusto e suas doenças tendem a ser igualmente robustas. A boa notícia é que, se estiver saudável, Áries tende a adoecer e a recuperar-se com igual rapidez. Seus desequilíbrios imitam a energia guerreira urgente de Marte: surgem de modo fervoroso e súbito e podem ocorrer na forma de um evento ou acidente. Tipicamente, essas condições são agudas e extremas em sua expressão; elas não podem ser ignoradas com facilidade. Como Áries rege a cabeça, esses desequilíbrios tendem a intensificar-se nessa região, mas muitas vezes refletem uma rede muito mais ampla de inflamação no resto do corpo e no estilo de vida. As condições a que Áries está sujeito podem manifestar-se das seguintes formas:

Acne ou erupção cutânea na cabeça, pescoço ou rosto

Anafilaxia

Ansiedade e ataques de pânico

Desidratação

Disfunção adrenal e desequilíbrios de cortisol

Distúrbios neurológicos, incluindo Alzheimer, paralisia de Bell, epilepsia e centenas de outros

Doença mental

Dor de cabeça e enxaqueca

Estresse crônico

Eventos e doenças cerebrovasculares

Febre

Insônia

Insuficiência adrenal (doença de Addison), síndrome de Cushing (hipercortisolismo) e outras doenças das suprarrenais

Lesão cerebral e concussão traumáticas

Problemas de visão, fadiga ocular, dor ocular, lesão ocular e infecção ocular

Propensão a acidentes

Raiva e irritabilidade

Embora seja fantástico nas crises, se estiver criando crises para evitar outra coisa ou para ficar energizado e alerta, Áries precisará fazer alguns ajustes. Caso esteja com algum desequilíbrio, ele pode sentir-se ansioso, deprimido ou frustrado quando não estiver correndo contra o tempo na escola ou no trabalho, mas pode evitar esses sentimentos mantendo-se mais ocupado. Na academia, Áries talvez ache que está se esforçando ao máximo e recebendo o mínimo de benefícios. E, nos relacionamentos, pode iniciar tensões só para dar combustível a seu Fogo. Não há nada de errado em ser um empreendedor agressivo, só que Áries tende a confiar no sistema de emergência do corpo, em vez de realmente aprender a administrar o estresse. Se isso se prolongar demais e o estado de emergência se tornar uma experiência diária, a ocorrência de um clássico de Áries será iminente: colisão seguida de incêndio. No ponto mais baixo desse acidente, Áries pode sentir-se completamente desconectado de sua paixão, motivação e interesse naturais.

Por ser um verdadeiro poço de energia, Áries consegue passar um bom tempo ignorando os sussurros de esgotamento. Isso se complica ainda mais pelo fato de que a sociedade moderna aplaude estilos de vida de alto estresse. Porém, mais cedo ou mais tarde, ele queimará etapas fisiológicas para manter seu corpo funcionando no alto nível que exige. Talvez o problema comece quando ele tiver dores de cabeça, ficar conectado, em vez de cansado, ou se sentir mais irritável que o normal. Mas, no caso de Áries, o complicador é que, quando seu desempenho profissional, criativo ou atlético começa a diminuir, em vez de recuar e perguntar-se do que o corpo está precisando, seu padrão é pressionar-se ainda mais, o que só serve para aprofundar o ciclo de estresse. Alguns podem até pegar trabalho extra, adotar dietas radicais ou exagerar na quantidade de exercícios de alta intensidade para doses mínimas e breves de cortisol e endorfinas. Viver em estado crônico de emergência é esgotar rapidamente os recursos do corpo. Logo, o reparo e a desintoxicação básicos do corpo – para não falar na saúde digestiva e reprodutiva – vão para o espaço porque não são considerados essenciais em tempos de alerta máximo. Em casos extremos, é aí que podem surgir doenças agudas e mais graves que detenham Áries.

Para recuperar seu real poder, Áries precisa sair completamente desse ciclo. Seria contraintuitivo achar que fazer menos permitisse a Áries fazer mais, mas é exatamente assim que este signo funciona. Isso é como o processo inflamatório no corpo. Uma reação inflamatória equilibrada age rapidamente: inicia o processo de cura e depois vai baixando. Mas, quando estamos exaustos, a reação inflamatória se torna ineficaz; ela permanece e pode nunca concluir seu trabalho. É quando a inflamação crônica tão comum a este signo começa a arraigar-se. Do mesmo modo, quando está saudável, o Fogo de Áries é eficaz: ele faz seu trabalho e depois volta à base para reabastecer-se, permitindo-lhe ressurgir novamente empoderado.

Outros Planetas em Áries

Mercúrio em Áries

Mercúrio em Áries reage com rapidez e é possível que tenha uma mente brilhante. Porém, quando trabalha demais, o cérebro pode dar a sensação de estar pegando fogo, ser rápido a ponto de impedir a compreensão ou responder antes que as informações sejam totalmente processadas. O foco nutricional é estabilizar e até desacelerar o funcionamento do sistema nervoso. Para sentir-se estável, este Mercúrio precisa de grandes quantidades de proteína e gordura saudável. A ingestão de cafeína não é recomendada.

Normalmente, este Mercúrio gosta de mover-se depressa, mas se cansa rapidamente e se entedia com facilidade. Se bem posicionado, ele é rápido e coordenado, mas pode tornar-se desajeitado e propenso a lesões se sobrecarregado. Em vez de induzir o estresse, o exercício precisa aliviá-lo, o que significa que o exercício de alta intensidade deve ser usado e programado com cuidado. Este Mercúrio necessita de uma válvula de escape para o estresse que exija muito vigor, como *sprints* ou boxe. Porém, quando utilizada em demasia, pode ser nociva e gerar mais estresse. Em vez de obrigar este Mercúrio impaciente a suportar exercícios demorados ou desacelerá-lo e confundi-lo com movimentos e rotinas complexas, é melhor escolher treinos simples e eficazes.

Vênus em Áries

Para Vênus em Áries, as reações alimentares negativas podem manifestar-se como acne facial, dores de cabeça, congestão, dores nos nervos ou problemas dentários. A conexão entre a função adrenal e a produção de hormônios sexuais é fundamental e, se sobrecarregada, este Vênus pode apresentar desequilíbrios hormonais. A alimentação voltada para a saúde hormonal e adrenal é uma prioridade e, para Vênus em Áries, essa abordagem normalmente exige o emprego de óleos e ácidos graxos terapêuticos.

Este Vênus sabe o que quer e o quer já. Geralmente, há muita pressão para ver imediatamente os "resultados" do exercício, sejam estéticos ou baseados no desempenho. Soluções rápidas, exercícios radicais e dietas podem parecer opções atraentes, apesar de só servirem para afastar esse Vênus daquilo que ele realmente deseja. Essas coisas podem exacerbar os desequilíbrios do cortisol, o que pode corroer a massa muscular magra.

Marte em Áries

Marte em Áries é um metabolizador rápido e talvez precise de mais calorias ou refeições mais frequentes. Os nutrientes regidos por este planeta, como proteínas e ferro, são usados rapidamente, o que talvez exija carboidratos simples em quantidades apropriadas no momento certo. Este Marte não tem muita paciência quando se trata de planejamento alimentar, compras e preparação. Aproveite os aplicativos de planejamento de refeições ou serviços de compras de mercado e concentre-se em refeições simples cujo preparo não exija muito tempo. Tenha sempre à mão água e lanches ricos em proteína. As reações alimentares negativas costumam ser agudas e intensas.

Este Marte é muito competitivo e, muitas vezes, naturalmente atlético. Ele é movido pela urgência, pela vontade de ser o melhor ou por terminar em primeiro lugar. Além disso, se sairá bem na preparação para eventos competitivos ou na estruturação de seus treinos como desafios, corridas ou competições. Experimente competir contra o relógio, recordes pessoais ou um amigo de Fogo. Embora muitas vezes não seja natural, procure ter sempre em mente a longevidade do movimento. Para este Marte, é fácil usar todo o seu Fogo no início da vida e colecionar algumas lesões ao longo do caminho. Modere seus treinos para poder desfrutar do movimento durante toda a sua vida.

Júpiter em Áries

Júpiter em Áries tem muito entusiasmo e propensão à acidez e ao superaquecimento. Este Júpiter pode apresentar sintomas de fígado "quente" e ter um fluxo muito grande de sangue e energia para a cabeça. Isso pode manifestar-se como fogachos, excesso de atividade cerebral, hipertensão, enxaquecas, irritabilidade, insônia e outras indicações de excesso de Fogo. Para este Júpiter, talvez seja útil consumir regularmente alimentos energeticamente refrescantes, como sucos de vegetais e alimentos crus. Os sintomas podem agravar-se pelo calor na forma de excesso de estresse ou de álcool, ou alimentos fritos, gordurosos e condimentados.

Quando inicia um programa de exercícios, este Júpiter pode ficar muito animado no princípio, mas logo perde o interesse ou se empolga com a próxima coisa emocionante que aparece. Ele está sempre em busca daquela centelha inicial de inspiração. Procure trabalhar com esse impulso natural quando criar uma rotina de exercícios. Dê a si mesmo muita variedade e animação em termos de movimentos, sem deixar de ter um plano ou direcionamento abrangente.

Saturno em Áries

Saturno em Áries pode ter dificuldades para obter sangue e oxigênio suficientes para o cérebro, muitas vezes resultando em cognição e coordenação deficientes, dores de cabeça e fadiga. Para compensar essa condição, este Saturno pode priorizar alimentos, ervas e especiarias que estimulem a circulação: experimente canela, alho, gengibre, cebola ou cúrcuma. Saturno geralmente indica áreas de deficiência nutricional e, quando posicionado em Áries, é comum precisar de mais proteínas, ferro, vitaminas do complexo B e aminoácidos.

Este Saturno pode ter dificuldade para alcançar estados de alta intensidade no exercício ou lutar contra o esgotamento atlético mais que outros planetas neste signo. É importante garantir que seu programa de exercícios aumente seu nível de energia, em vez de reduzi-lo. Fadiga, lesões crônicas ou falta de motivação muitas vezes se devem à luta de Saturno com a circulação sanguínea e de oxigênio. Se você estiver em uma estação de fadiga ou recuperação, em vez de alta intensidade, faça do fluxo sanguíneo global sua prioridade no exercício. Além dos exercícios regulares, incorpore explosões de movimento ou inversões ao longo do dia de trabalho para manter-se alerta.

Urano em Áries

Assim como Mercúrio em Áries, Urano em Áries precisa de uma abordagem nutricional estabilizadora que acalme o sistema nervoso. Há possibilidade de fortes dores de cabeça e outras condições agudas e quentes no cérebro, no rosto e no humor. Este Urano tem afinidade com movimento rápido e furioso, mas isso pode conferir-lhe propensão a acidentes.

Netuno em Áries

Para Netuno em Áries, a má saúde digestiva pode manifestar-se como turvação cognitiva, sinusite, sonolência e fadiga. Assim como Vênus em Áries, este Netuno geralmente precisa de nutrição adrenal direcionada, além de poder precisar também de exercícios quantificados para estimulação suave, partindo da dose mínima para a máxima até a determinação da dose personalizada ideal.

Checklist para Nutrição de Áries	*Checklist* para Movimento de Áries
Gesto: Resiliência	**Gesto:** Pico
✦ Desacelere-se para comer	✦ Aquecimento eficaz
✦ Hidrate-se	✦ Breve duração
✦ Modere a cafeína	✦ Competição consigo mesmo ou com outros
✦ Planeje com antecedência	✦ Eficácia e direcionamento
✦ Priorize a proteína	✦ Rápidas explosões no esforço máximo
✦ Tenha lanches e água à mão	✦ Uso inteligente da intensidade

LEÃO

♌

Anatomia de Leão

Leão rege o Sol do corpo: o coração. Nada pode existir sem esse orbe ou órgão vital, e a generosidade e a vontade de brilhar que Leão irradia são o que nos mantém vivos. Em todas as áreas do corpo de Leão circula a vitalidade. O coração e seus vasos levam sangue a todas as células e a medula espinhal e as bainhas de mielina, por sua vez, permitem que os impulsos que sustentam a vida viajem como raios onidirecionais. O Sol é a nossa luz mais altiva e constante e, ao contrário da Lua, nasce inteiro todos os dias. A anatomia de Leão reflete essa integridade e essa constância não apenas no coração, mas também no suporte muscular e na retidão da coluna.

Modo	Planeta Regente
Fixo	Sol

- Coração
- Aorta
- Veia cava
- Sistema arterial (com Sagitário)
- Músculos costais (todos, em especial os do meio das costas)
- Medula espinhal
- Bainhas de mielina dos nervos
- Vértebras torácicas
- Rádio, ulna, pulsos e músculos dos antebraços (com Gêmeos)

Nutrição de Leão

Gesto: Comida Saudável

Quando soube que minha avó era duplamente leonina, os hábitos alimentares deste signo começaram a fazer todo o sentido. Tendo eu mesma muita coisa de Leão, minhas melhores lembranças da vovó são suas exuberantes refeições em família. Estou falando de extravagância acima de qualquer limite: dois pratos principais, cerca de seis acompanhamentos e várias sobremesas, tudo feito em casa com ingredientes caseiros. No Dia de Ação de Graças, vovó fazia uma torta de abóbora só para mim, e me deixava comer quantos ovos fritos quisesse no café da manhã, desde que não contasse nada a papai. A gordura saturada era bem-vinda e farta, e olha que isso era nos anos 1990, quando ainda se pensava que ela causava doenças cardíacas. Todo leonino gosta de ostentar, mas não da forma estereotipada que você imagina. Vovó certamente não era extrovertida, mas aquela mesa de jantar era seu palco. Para Leão, a comida muitas vezes representa uma força magnetizante e centrípeta, destinada a reunir tudo o que ele ama. Leão é o lar do zodíaco.

A comida do coração, tanto do ponto de vista físico quanto do emocional, é a base da nutrição de Leão. Comer para ter saúde cardiovascular é um tópico debatido fervorosamente. Os textos astrológicos mais antigos normalmente dizem que Leão nunca deve comer carne nem qualquer coisa que engorde, mesmo que seja pouco. Porém, à medida que aprofundamos nosso conhecimento nutricional, observamos a mudança na correlação entre gordura e doenças cardíacas. Isso significa que a nutrição da astrologia tradicional estava errada neste caso? Não. Só precisamos ver isso de maneira um pouco diferente.

É verdade que a carne e a gordura, especialmente a gordura animal, promovem aquecimento energético. Também é verdade que Leão é um dos signos mais quentes do zodíaco, e acumular mais calor não faz muito sentido. Independentemente da estação do ano, a nutrição ideal para Leão imita o auge do verão. É farta, divertida, agradável aos olhos e composta principalmente de vegetais e frutas. Um prato de Leão é colorido e cheio de alimentos vermelhos, amarelos e alaranjados – as cores do Sol, seu regente – e também de alimentos verdes, pois o verde representa o centro energético do coração. É natural que a comida do verão seja um pouco mais leve e bem mais refrescante. Portanto, tratar a carne como se fosse um condimento pode funcionar bem para Leão. Isso equivaleria a desfrutar de proteína animal de boa origem uma vez por dia e deixar que outras fontes de proteína, como feijões e legumes, sejam algumas vezes as estrelas do show. Talvez signifique focar em proteínas mais leves, como frango, peixe ou peru, ou simplesmente garantir que sua porção de carne seja do tamanho da palma de sua mão e que a maior parte da refeição seja de vegetais. Abordagens totalmente vegetarianas também funcionam bem, se gorduras e óleos vegetais saudáveis, como abacate, azeitonas, coco, frutos secos e sementes, forem parte importante no menu. Às vezes, Leão é atraído por alimentos crus porque eles são energeticamente refrescantes. Porém, dependendo do resto de seu mapa, o excesso desses alimentos pode dificultar sua digestão. Estou pensando em você, Leão, e vendo combos de Água ou de Virgem. Em vez disso, experimente saladas e pratos que combinem elementos crus e cozidos.

Coberturas Dignas da Realeza

Encha sua despensa com granulados antioxidantes para transformar rapidamente qualquer refeição em um banquete digno de Leão: açaí, sementes de gergelim preto, mirtilo, nibs de cacau, farelo de linhaça, goji berry, tomate-uva, broto de chá verde em pó, grânulos de nori, sementes de romã, pistache, amêndoas fatiadas, lascas de coco tostadas sem açúcar, nozes picadas e assim por diante.

A inclinação natural de Leão por alimentos e patês generosos e calóricos é um exemplo da sabedoria alimentar interior deste signo. Para sentir-se satisfeito, Leão precisa de um toque diário de luxo ou extravagância. Manteiga de verdade, molhos cremosos, temperos e gordura animal terão seu lugar no prato de Leão, se ele assim quiser. Mas Leão também pode criar esse efeito de *upgrade* de outras maneiras. Nem toda refeição de Leão precisa ser elaborada, mas se você se sentir inspirado, use pétalas de flores comestíveis, botões secos de lavanda, cascas de frutas cítricas desidratadas e outros toques de sabor e decoração para criar um efeito dramático. Essas coberturas deliciosas não apenas satisfazem o apetite visual de Leão, mas também têm toneladas de nutrientes que sustentam o Fogo.

A maioria dos desequilíbrios de Leão ocorre quando o Fogo do corpo não circula adequadamente. Leão é propenso a bloqueios físicos ou emocionais do coração à medida que a energia coagula no peito. Embora a doença cardíaca certamente seja uma manifestação disso, vale a pena considerar outras, como desmaios ou depressão. Independentemente disso, quando está preso, o Fogo queima e cria danos celulares em uma área, enquanto o resto do corpo fica sem calor nem nutrientes. A nutrição equilibrada de Leão previne isso incorporando alimentos que relaxam o músculo cardíaco, reparam danos celulares e fazem o sangue, o calor e os nutrientes fluírem por todo o corpo. Muita fibra, alimentos antioxidantes e vegetais ricos em ferro atendem a essas finalidades. Além disso, talvez o magnésio seja o nutriente mais importante de Leão. O magnésio faz centenas de coisas, porém, no reino de Leão, ele regula as contrações de todos os músculos do corpo, incluindo o coração e o músculo liso dos vasos sanguíneos. O aumento de magnésio na dieta por amêndoas, abacate, folhas verde-escuras, sementes de abóbora e até chocolate amargo pode abrir a porta do coração e ajudar o Fogo de Leão a circular mais confortavelmente. Entretanto, abrir o coração não depende apenas do que estamos comendo, mas também de como estamos comendo. Leão se nutre por meio da conexão. Mesmo que você jante sozinho, reserve uma refeição por dia como um momento de autocelebração e conexão com o coração. Leão se nutre também de Sol. Procure fazer suas refeições com o máximo de luz natural possível ou, melhor ainda, coma ao ar livre quando puder.

Alimentação Centrada no Coração

Comece as refeições colocando uma ou ambas as mãos no coração e fazendo o *check-in*. Como é esse espaço? Seu coração tem espaço suficiente? Respire na área atrás do coração e imagine-o expandindo a parte de trás do corpo. Se você sentir congestão física ou emocional no peito ou no abdômen enquanto come, tente colocar um suporte, uma almofada ou até mesmo uma bola de tênis contra a coluna torácica, de preferência logo abaixo das escápulas. Isso o forçará a abrir o peito e criar mais espaço nas áreas do corpo de Leão.

Movimento de Leão

Gesto: Cuidado do Coração

Assim como a nutrição, o movimento de Leão depende da saúde física e espiritual do coração. O exercício cardiovascular é uma parte importante da fórmula de condicionamento físico para este signo, mas se Leão gosta ou não dessa ideia é discutível. Seja como for, tende a haver uma opinião forte sobre o exercício que aumenta a frequência cardíaca – seja amor, ódio, carência ou obsessão. Porém igualmente importante é cultivar a alegria e o contentamento para poder usar o movimento como ferramenta de cura e estabilização do coração energético.

Acesse clairegallagher.co/bodyastro para vídeos com exemplos de movimentos de Leão.

A saúde de Leão é extremamente sintonizada com os ciclos solares e, quando estamos trabalhando com o coração, estamos simbolicamente trabalhando com o Sol. O Sol é uma luz constante e confiável, cujas variações são muito mais simples que os humores misteriosos e caprichosos da Lua. O Sol nasce inteiro e completo a cada dia e, por isso, quando está saudável, Leão o reflete mantendo seu brilho, confiança e magnetismo, em quaisquer que sejam as circunstâncias externas. Comece a pensar no exercício cardiovascular como a construção de seu próprio músculo do nascer do Sol, da capacidade de despertar todos os dias com alegria, contentamento e amor-próprio, independentemente de onde estiver.

Por refletir a constância do Sol, o treino cardiovascular cíclico é essencial para Leão. Entre os exemplos estão pedalar, pular corda, remar, correr, caminhar ou qualquer outra agitação vigorosa e repetitiva do corpo. Esse tipo de movimento mecânico é nutritivo para signos fixos e tem um lugar em seu programa, desde que seja usado intencionalmente. O treino cardiovascular cíclico é ótimo para aumentar o condicionamento físico geral. Também é maravilhoso para criar fluxo sanguíneo global, o que implica que ele promove a circulação de substâncias nutritivas e terapêuticas pelo corpo, tornando-se uma parte valiosa da recuperação. Além disso, simplesmente nos faz sentir bem e pode ser um aliado confiável para levantar-nos o ânimo. Porém não vamos construir um corpo forte, multidimensional e adaptável se contarmos apenas com o movimento cíclico.

Embora possa parecer contraintuitivo, para cultivar a estabilidade solar, precisamos colocar o coração físico em condições extremamente instáveis. A vida é dinâmica, e um coração feliz é variável e adaptável. Uma corrida rápida feita em velocidade constante pela vizinhança não nos levará até lá, mas também não haverá demanda permanente de que o coração funcione em seu limite. Por ser um signo fixo, Leão tende a ficar preso a um tipo ou uma velocidade em termos de exercício. Em vez de realçar as qualidades naturais de Leão, isso as exagera e piora, levando Leão a estados físicos e mentais inflamatórios e lesões por excesso de uso.

Independentemente de gostar de fazer exercícios aeróbicos na aula de dança ou na sala de musculação, Leão prospera com uma abordagem combinada de treino cardiovascular que use ritmos sustentáveis e insustentáveis. O trabalho sustentável é mais lento e pode ser feito por muitos minutos de cada vez. O trabalho insustentável é frequentemente chamado de limiar anaeróbico, no qual você já está lutando para respirar. Esse esforço total só pode ser sustentado por alguns minutos, no máximo. Logo abaixo desse limiar, onde a linha entre sustentável e insustentável começa a confundir-se, está outro modo importante. É aqui que o maior crescimento tende a acontecer quando se trata de Leão, pois ele aprende a controlar seu esforço e a manter um ritmo desafiador sem entrar em exaustão.

Força e Condicionamento para Leão

Como você já sabe, Leão rege as costas. Para manter Leão nutrido e livre de lesões em um trabalho de força mais lento e pesado, o programa de força e condicionamento de Leão geralmente precisa concentrar-se na parte de trás do corpo duas vezes mais que na da frente. Durante a semana de treinamento, faça exercícios de empurrada – como supino e flexões – e o dobro de exercícios de puxada e agachamento – como levantamento terra, remadas, *kettlebell swings* e puxadas altas na barra fixa, por exemplo. Os exercícios de puxada também ajudam a abrir o peito e o coração, algo a que Leão deve estar sempre atento. Para uma rotina de Leão completa, termine mobilizando as costas e a coluna.

O condicionamento ideal de Leão é o modal misto, que equivale a uma combinação de movimentos com peso, sem peso e cíclicos no mesmo treino. Pelo fato de ter Marte e Mercúrio em Leão em meu mapa natal, esse é meu tipo favorito de treino. Além de ser mais interessante, a abordagem mista também introduz alternância na semana de treino e nos protege das lesões repetitivas encontradas com frequência em abordagens exclusivamente cíclicas. Por envolver trabalho com peso, esse estilo condiciona o coração e aumenta a resistência da força. Para começar, crie um circuito com um movimento cíclico, um ou mais movimentos com peso e um movimento com o peso corporal. Lembre-se: o objetivo é trabalhar com ritmos sustentáveis e insustentáveis, e você pode fazer isso com apenas alguns ajustes no formato e na intenção da rotina. Para um trabalho sustentável, seu objetivo é controlar o ritmo. Isso exigirá períodos intencionais de descanso. Para um trabalho insustentável, mande o ritmo para o espaço e procure trabalhar em seu limite pessoal.

Dica profissional: é melhor guardar o trabalho insustentável para a semana do fim da Lua Crescente e os dias que cercam a Lua Cheia, ao passo que o trabalho sustentável é uma boa escolha durante a semana do fim da Lua Minguante e a semana da Lua Nova (consulte o Capítulo 2 para obter mais orientações sobre o movimento do ciclo lunar).

Corrida para Leão

Lembre-se de que Leão é um signo de Fogo fixo, o que implica que tende a gostar de movimentos consistentes, como treino cardiovascular cíclico e estacionário. Uma corrida de trinta minutos em ritmo moderado que você consiga sustentar por pelo menos uma hora ou mais é um exemplo perfeito. Porém, para manter Leão em equilíbrio e aumentando seu desempenho, desafie o coração com velocidades e intensidades variadas. A corrida baseada em tempo (no sentido em que o termo é usado na música, ou seja, duração) é uma de minhas ferramentas favoritas porque ensina Leão a aumentar o ritmo sem se esgotar. Existem infinitas variações de tempo, mas prefiro que as de Leão assumam a forma de um sanduíche: o esforço moderado é o pão que fica em cada lado e o esforço do limite (logo abaixo do ritmo da corrida a toda velocidade, quando você só consegue falar uma ou duas palavras) é o recheio. Adoro essa estrutura porque o coração não consegue parar logo após o desafio; precisa adaptar-se, voltar ao esforço moderado e continuar mantendo o movimento. A duração de cada parte depende de suas necessidades e experiência de corrida. Porém, no caso deste signo, sugiro que sejam iguais.

Além disso, mantenha a teimosia de Leão sob controle e certifique-se de fazer um treino adequado que inclua diferentes tipos de exercício. Fazer uma aula de yoga ou um treino de força para corredores, mesmo que apenas algumas vezes por mês, pode mantê-lo correndo muito mais tempo e muito mais feliz.

Yoga para Leão

Como os outros signos de Fogo, Leão tende a ser atraído por estilos mais vigorosos de prática de yoga, como os que geram calor no corpo. Isso pode ser feito com velocidade de fluxo, escolha de postura, respiração (experimente respirar só pelo nariz) ou temperatura ambiente. Muitas vezes, você encontrará Leão suando em bicas numa aula de hot yoga. Leão, que normalmente já é muito quente, pode ficar ainda mais quente se fizer hot yoga todos os dias. Entretanto, se usar de moderação, este signo terá nessa prática um maravilhoso difusor de fogo. (A energia de Leão tende a ficar presa e precisa de ajuda para empurrar as coisas para fora do corpo, e o suor é um desses veículos.) Com a sala quente ou não, um fluxo carregado de Saudações ao Sol (*surya namaskar*) sem dúvida acerta na mosca com Leão. Outro ótimo fluxo para Leão se concentra nas regências de seu corpo. Incorpore retroflexões, torções de coluna, alongamentos que abram o peito e posturas que abram e apoiem o meio das costas, bem atrás do coração. Algumas partes do corpo que são menos conhecidas como regidas por Leão são os pulsos e antebraços. Fortaleça-os e faça o coração bombear mais forte, trabalhando sua resistência na prancha e flexões de yoga (*chaturanga dandasana*) para o peito.

Outros Esportes e Aulas para Leão

- Animação de torcida
- Aulas de treino em circuito
- Aulas intervaladas com base na frequência cardíaca, como as da franquia Orangetheory Fitness
- Esportes com um elemento performativo (fisiculturismo competitivo, dança, jogos e partidas)
- Métodos de treino de celebridades
- Qualquer movimento que lhe dê alegria
- Ser o capitão da equipe ou líder de qualquer modalidade esportiva
- Treino cardiovascular cíclico de todos os tipos (pedalar, pular corda, remar, correr, caminhar)

Enfermidades de Leão

Os desequilíbrios de Leão ocorrem quando a vitalidade do corpo não circula de maneira adequada. Todos os signos fixos têm propensão a ficar presos, mas quando o Sol do corpo está bloqueado, as coisas podem agravar-se de maneira muito rápida. Quando o coração está temporariamente ofuscado e sua luz está fraca demais, Leão pode sentir-se deprimido, com frio ou debilitado. Mas quando o calor do coração é impedido por muitos anos, podemos ver o acúmulo, o fogo preso e a inflamação da doença cardíaca. De qualquer forma, o calor do coração é inconsistente e, quando sua luz finalmente irrompe, muitas vezes vemos exibições físicas ou emocionais teatrais. As condições clínicas a que Leão está sujeito podem se manifestar das seguintes formas:

Aperto, dor ou desconforto no peito

Colesterol alto

Deficiência de vitamina D

Depressão

Desalinhamentos da coluna vertebral

Desidratação

Desmaios

Desmielinização e neurodegeneração

Doenças cardíacas

Dores nas costas

Insolação

Lesão, compressão ou infecção da medula espinhal

Miliária, queimaduras solares, câncer de pele

Palpitações

Problemas circulatórios

Problemas posturais, escoliose

Taquicardia

Transtorno afetivo sazonal

Vemos o maior indício de que Leão precisa reenquadrar sua relação com a comida e o movimento quando ele começa a abordar essas coisas partir de um falso senso de identidade. Além da vitalidade, o Sol representa nossa identidade. Como Leão é regido pelo Sol, ideias distorcidas de si mesmo e angústia em torno de finalidade e sentido na vida frequentemente surgem como oportunidades de crescimento e se entrelaçam em sua abordagem do bem-estar. Quando está harmonizado, ele reflete as qualidades benéficas do Sol. Sua luz quente e generosa brilha para todos nós. A confiança e a autoconfiança de Leão não são obstáculos, mas sim inspiração para que outros também se sintam assim em relação a si mesmos. Leão é magnético sem ser exigente.

Quando a luz interior de Leão se torna excessiva e ofuscante, muitas vezes vemos ideias inflacionadas de si mesmo. A insegurança de Leão o força a aumentar o brilho, e pode haver chiliques dramáticos, orgulho patológico e fixação em ser o melhor, o mais inteligente, o mais forte, o mais bonito, o mais... tudo. Na alimentação e no movimento, esse comportamento tende a coincidir com a mentalidade do tudo ou nada ou com a devoção excessiva a uma determinada prática. Assim, Leão pode assumir uma postura hipócrita, acreditando que sua maneira de comer e exercitar-se é superior às demais e funciona para todos. Isso também pode manifestar-se como apego obstinado a um protocolo que claramente não está funcionando ou está prejudicando Leão de forma ativa. Talvez Leão seja orgulhoso demais para parar ou simplesmente esteja cego aos danos. No *fitness*, isso em geral aparece como vício em treino cardiovascular ou em autoaceitação, conforme ele tenha ou não feito seu treino. É aqui que começa o processo da doença em Leão, não no protocolo em si, mas no seu apego ferrenho e muitas vezes arrogante à própria abordagem.

Quando há nuvens barrando a luz interior de Leão, vemos ideias deflacionadas de si mesmo. Isso não é melhor nem pior que seu oposto. É igualmente impreciso e arraigado na insegurança. Quando a luz diminui, Leão se abandona e procura brilho em outro lugar. A identidade e o sentido geralmente dependem de outra pessoa ou de um público e também de ele se sentir necessário, aprovado ou desejado. Quando Leão está nesse estado, raramente o autocuidado é dedicado a si mesmo: em geral, ele o dedica a outra pessoa ou, talvez, à manutenção das aparências. Se sofrer rejeição ou perda, este Leão pode achar que preparar uma refeição nutritiva ou fazer exercícios são atividades que não têm nenhum propósito, porque não há ninguém por quem fazer isso. Essas duas distorções ocorrem quando Leão deixa de gerar a própria luz e passa a recorrer a outros para conseguir isso.

Outros Planetas em Leão

Mercúrio em Leão

Mercúrio em Leão é criativo e envolvente, mas seu humor e sua capacidade cognitiva são muito sensíveis às estações solares. Para ele, os nutrientes do Sol, em especial a vitamina D e o magnésio, são extremamente necessários e, por isso, talvez precise também do apoio da fototerapia. Este Mercúrio idealista costuma manter-se apegado e fiel aos ideais alimentares até muito depois do término de sua idade produtiva.

Este Mercúrio é propenso a espasmos musculares relacionados à desidratação, bem como a dores nos nervos dos pulsos e antebraços, muitas vezes arraigadas na parte torácica da coluna. Embora sua capacidade cardiovascular seja naturalmente alta, ele é propenso a sobrecarregá-la e, assim, pode ter taquicardia ou palpitações cardíacas frequentes.

Vênus em Leão

Vênus em Leão adora exibições extravagantes e banquetes generosos, mas está igualmente preocupado com seu poder de atração. Caso se sinta ameaçado, desvalorizado ou invisível, este Vênus pode recorrer desordenadamente a refeições ou exercícios para criar uma falsa sensação de autoestima ou amor-próprio. Às vezes, ele pode sentir-se fraco e precisar de nutrientes extras, como ferro, proteínas ou vitaminas do complexo B, para gerar Fogo e aumentar a força de seu coração.

Vênus em Leão é atraído por modalidades de movimento que sejam divertidas, chamativas e tenham algum elemento performativo, o qual pode ser mais criativo ou mais competitivo. Mais uma vez, é preciso ter cautela com a preocupação excessiva em malhar para obter uma aparência predeterminada. Este Vênus pode sentir tontura ou ter a sensação de estar prestes a desmaiar com esforços extremos e deve prestar atenção à alimentação pré-treino e à ingestão de eletrólitos.

Marte em Leão

Marte em Leão é ultraquente e, por isso, de vez em quando pode precisar de um menu anti-inflamatório personalizado. Essa situação pode agravar-se com a ingestão de grandes quantidades de álcool, café, alho, cebola, especiarias e outros alimentos energeticamente quentes e estimulantes. Por queimar ferro, proteínas e vitaminas do complexo B de forma rápida, ele deve procurar obter quantidades adequadas desses nutrientes.

Motivado pela paixão, este Marte precisa de movimento para encher o coração e inspirar as pessoas. Se ficar sedentário, pode apresentar inquietação, depressão e até hipertensão ou problemas cardíacos mais tarde na vida. Como adora o *frisson* da intensidade, ele pode esforçar-se até o ponto do esgotamento ou da lesão, especialmente na parte das costas. Este Marte fervoroso não pode deixar de ter variedade suficiente em sua abordagem nem fixar-se apenas em estados de alta intensidade.

Júpiter em Leão

Júpiter em Leão tem uma queda pela fartura. Permitir-se a fruição das coisas e reconectar-se com o prazer de comer são comportamentos que protegem a saúde. Só que ele também é capaz de acumular muito calor. Dependendo do resto do mapa, este Júpiter pode ocasionalmente precisar de mais resfriamento ou até mesmo de vegetais crus se comparado a outros posicionamentos em Leão.

Dependendo da localização da casa, Júpiter em Leão se sente muito expandido e estimulado pelo exercício ou totalmente desinteressado, preferindo procurar diversão em outras coisas. Seja como for, esse posicionamento precisa de uma mistura inspiradora de exercícios aeróbicos e anaeróbicos para garantir saúde cardiovascular a longo prazo. Uma competição saudável ou uma boa causa pode fazer este Júpiter se mexer.

Saturno em Leão

Saturno em Leão pode sentir constrição tanto no coração quanto nas costas. Abrir o peito e observar a postura durante as refeições pode ser muito terapêutico. A caminhada lenta após as refeições também é incentivada. Embora talvez seja tímido demais para admitir, este Saturno precisa de criatividade e afirmação reconfortante como qualquer outro planeta em Leão. Use as refeições como oportunidades conscientes para aportar calor e uma conexão mais leve a seu dia.

Por ser bastante avesso ao exercício cardiovascular, talvez este Saturno prefira modalidades cíclicas a treinos de alta intensidade com explosões breves. No entanto, se adequadamente treinado, pode desenvolver muita resistência. Se gostar de exercitar-se, este Saturno tende a levar seu treino muito a sério, devendo vê-lo com mais leveza e fazer movimentos que lhe inspirem alegria. É imensamente importante fortalecer e mobilizar as costas e a coluna para a prevenção de lesões.

Urano em Leão

Urano em Leão pode ter sensações elétricas irregulares no peito e na coluna, como taquicardia, arritmia e espasmos ou fisgadas agudas no meio das costas. É possível que esses sintomas tenham alguma relação com a tireoide. Exercícios de explosão para condicionamento cardiovascular podem ajudar a aliviar o acúmulo de eletricidade estática reprimida. Este Urano tem propensão a superaquecimento repentino e rápido esgotamento dos nutrientes do Sol. Ele precisa de muita água e talvez de altas doses ocasionais de magnésio e vitamina D.

Netuno em Leão

É possível que Netuno em Leão precise de doses extras de nutrientes geradores de Sol e Fogo, como ferro, proteína, magnésio, vitaminas D e A e muitas das vitaminas do complexo B. Talvez seu coração e sua pressão arterial sejam ligeiramente fracos, o que pode contribuir para a sensação difusa de estar prestes a desmaiar. Por causa disso, este Netuno talvez não goste da ideia de exercitar-se, mas promover a circulação e a força, especialmente das costas, ajudará a fortalecê-lo.

Checklist para Nutrição de Leão	*Checklist* para Movimento de Leão
Gesto: Comida Saudável ✦ Abertura e proteção do coração ✦ Autoindulgência diária a um luxo ou extravagância ✦ Foco em nutrientes solares (magnésio, vitamina A, vitamina D) ✦ Foco em vegetais coloridos	**Gesto:** Cuidado do Coração ✦ Abertura do peito ✦ Fortalecimento das costas ✦ Mobilização da coluna vertebral ✦ Movimento que gere alegria e levante o astral ✦ Trabalho cardiovascular variado

SAGITÁRIO

Anatomia de Sagitário

Graças à sua natureza desenfreada e à sua volubilidade, Sagitário é comumente comparado a um incêndio florestal. O calor deste signo gira num turbilhão imprevisível, para cima e para fora em todas as direções. O fato de ser um signo mutável e, além disso, regido por Júpiter confere a Sagitário muito entusiasmo e interesse em consumir a vida de todas as formas possíveis. Sua principal regência em termos do corpo, as pernas, expressa simbólica e fisicamente o desejo de explorar deste signo. Sagitário é aquele que busca, o andarilho e o viajante, e sua anatomia é projetada para fazê-lo mover-se em direção a um destino. Sagitário é onde os sistemas nervosos central e periférico se encontram e onde o impulso se transforma em ação.

Modo

Mutável

Planeta Regente

Júpiter

- Músculos dos quadris, coxas e glúteos
- Pelve, sacro e cóccix (com Escorpião)
- Fêmur
- Plexo nervoso sacral e nervo ciático
- Parte inferior da coluna e medula espinhal (com Leão e Libra)
- Sistema arterial (com Leão)
- Fígado (com Júpiter e Virgem)
- Funções do hemisfério esquerdo do cérebro, entre as quais o julgamento e o raciocínio

Nutrição de Sagitário

Gesto: Exploração

Assim como a energia centrípeta de Leão nos atrai para o centro, a força centrífuga de Sagitário nos inspira a empurrar nossos limites para fora e a explorar. Sagitário é o signo do nômade e do aventureiro, que leva a busca que integra sua natureza para a cozinha. A comida clássica de Sagitário é uma fusão emocionante de culturas e sabores, sem poupar despesas e preparada com um toque casual. Minha avó, que é duplamente sagitariana, legou-me seus genes de culinária astrológica. Somos cozinheiras bagunçadas, intuitivas e multitarefas. Usamos imediatamente todos os eletroportáteis, nunca medimos nada e talvez tenhamos provocado um ou dois incêndios, mas as refeições sempre ficam divinas.

Para manter o interesse de Sagitário pela nutrição, ela tem que ser emocionante. Comer a mesma coisa todos os dias não vai funcionar para este signo curioso. Felizmente, a alimentação saudável não precisa ser monótona. Sagitário se nutre de visões, sabores e cheiros fora da norma. Lembre-se disso quando estiver planejando refeições e fazendo compras. Torne as compras uma experiência divertida e expansiva, frequentando mercados movimentados ao ar livre, feiras de culinária do mundo e fazendas locais. Quando fizer isso, pegue um vegetal ou um ingrediente que você nunca tenha usado. Deixe-se levar pela inspiração e imite esses ambientes vibrantes em casa expondo ervas, especiarias e condimentos coloridas, além de ingredientes a granel em potes ou recipientes de vidro. Sagitário adora esse tipo de experiência e pode atender nutricionalmente a essa necessidade comendo em espaços que lhe inspirem alegria. Além disso, nutre o corpo e a alma quando come ao ar livre. Invista em alguns móveis para o jardim (ou mesmo a varanda), um braseiro ou uma ótima cesta de piquenique.

Vemos o amor de Sagitário à experiência e ao estímulo nas partes do corpo sob sua regência. Sagitário é um ator importante na saúde do sistema nervoso. É um signo muito físico, pois rege a maioria dos músculos e nervos das pernas, mas rege também nossa capacidade cognitiva superior. Quando saudável, Sagitário consegue pegar ideias e conceitos sublimes e trazê-los à terra. A nutrição adequada permite que Sagitário veja as coisas com clareza e objetividade. Porém, sem esse respaldo, seu entusiasmo e seus brilhantes recursos muitas vezes são desperdiçados por falta de planejamento e concentração adequados, excesso de compromissos ou esforço extremo na direção errada. Sagitário costuma expandir-se além de sua capacidade energética. Quando isso acontece, ele pode experimentar uma combinação peculiar de exaustão mental e fadiga e dor do sistema nervoso global. Para evitar isso, mas ainda apoiar a visão grandiosa de Sagitário, a nutrição deve propiciar a construção dos nervos, a limpeza do cérebro e a modulação da inflamação.

Embora todos os signos possam sofrer de ansiedade, Sagitário é o mais propenso a experimentar uma agitação mental que se manifesta como inquietude. No caso deste signo, a linha entre a excitação e o nervosismo é microscópica. Pelo fato de voar tão alto e viajar tão longe, Sagitário precisa da certeza de partir de um lugar de lucidez e com o tanque cheio. De todos os signos de Fogo, talvez Sagitário seja o que exige a dieta mais rica em termos energéticos. Isso geralmente significa quantidades maiores e formas mais densas de proteína e gordura de ovos, laticínios de boa origem e até vísceras. Sagitário precisa de uma grande quantidade de nutrientes regidos por Júpiter, especialmente vitaminas lipossolúveis (A, D, E, K), ácidos graxos essenciais e vitamina B6, que é indispensável para o sistema nervoso. Frutos secos, sementes, óleos, abacate, coco, ovos, laticínios de alta qualidade, aves e peixes gordurosos são benéficos para Sagitário.

Como Propiciar uma Boa Digestão a Sagitário

Assim como o glifo deste signo, a energia de Sagitário é como uma flecha que sempre voa para cima e para fora. Sagitário gasta grande parte de sua energia física pensando no futuro. Porém, para manter uma boa digestão no presente, ele precisa voltar às regências dos membros inferiores do corpo. Comece as refeições saindo da mente superior e entrando na parte inferior do corpo. Mexa os quadris e os dedos dos pés e sinta onde seu corpo está em contato com a cadeira. Melhore ainda mais a digestão de Sagitário fazendo uma caminhada leve ou alongando os quadris, os flexores dos quadris, a banda iliotibial e a região lombar após as refeições.

Para Sagitário, também é importante saber como alimentos específicos interagem com seu sistema nervoso. Em vez de categorizar os alimentos como "saudáveis" ou "não saudáveis", procure relacionar-se com eles como ferramentas estimulantes ou calmantes. Isso é algo extremamente individual, e talvez seja útil ter um diário para anotar quais alimentos excitam ou acalmam seus nervos. Se você precisar de algum tratamento para o sistema nervoso, provavelmente será necessário reduzir os alimentos estimulantes por algum tempo. Porém, no fim, você poderá desfrutar de todos os alimentos com sabedoria. Por exemplo, se você sabe que um determinado alimento lhe dá energia e deixa sua mente afiada, use-o no início do dia e guarde os alimentos calmantes para a noite.

Dores associadas aos nervos nos quadris, na região lombar e nas pernas são muito comuns em Sagitário. Como ocorre com os demais signos de Fogo, às vezes uma abordagem anti-inflamatória personalizada pode ajudá-lo. Nunca se esqueça de que Sagitário rege tanto a mente superior quanto os nervos inferiores, o que significa que eles estão intrinsecamente conectados. Os alimentos (e pensamentos sobre comida!) que agravam a condição de uma das partes agravarão a outra, e os alimentos que nutrem uma das partes nutrirão a outra. Personalize sua abordagem anti-inflamatória com a exploração de alimentos estimulantes e calmantes mencionada acima. Se você estiver se sentindo agitado, a remoção temporária dos alimentos que o estimulam pessoalmente pode acalmar a mente e os membros.

Se a dor ocupar grande parte de sua experiência sagitariana, talvez valha a pena investigar se ela tem alguma causa hepática. O fígado, que é regido por Júpiter, recebe resíduos prontos para serem expelidos do corpo e, quando seu funcionamento está mais lento, podemos sentir-nos pesados e sobrecarregados. Como Sagitário rege alguns de nossos maiores músculos e estruturas, a má função hepática geralmente se manifesta como dor. Você pode colaborar para facilitar o trabalho do fígado comendo hortaliças brássicas (como couve, couve-flor, brócolis e repolho) e folhas verde-escuras amargas, especialmente cerefólio, endívia, chicória, escarola e dente-de-leão, que estão associados a Júpiter e Sagitário. A congestão digestiva – particularmente distensão abdominal, gases e constipação – também pode contribuir para a dor na parte inferior do corpo de Sagitário. As estruturas do intestino grosso, da pelve e dos quadris ficam bem próximas, e a congestão em uma pode pressionar e interferir nas outras.

Movimento de Sagitário

Gesto: Locomoção

O movimento de Sagitário reflete sua natureza exploradora e sua busca de liberdade. Ele é mais feliz quando vive sem limites e precisa sempre da ilusão de liberdade, especialmente ao criar hábitos de movimento. Pelo fato de meu Ascendente ser Sagitário, eu sei bem o que é essa atitude de ir contra o sistema. Para nós, sagitarianos, é comum pularmos de uma coisa para outra. Ficamos realmente interessados e entusiasmados com um esporte ou prática só para abandoná-lo alguns meses depois e pegar a mais nova coisa brilhante. Mas acabei ficando esperta e notei que precisava ter um rodízio consistente de coisas brilhantes, ou seja, minha rotina precisava ser muito variável para manter-me interessada e engajada. Porém, como treinadora, já sei que o movimento aleatório, sem intenção, não funciona.

Acesse clairegallagher.co/bodyastro para vídeos com exemplos de movimentos de Sagitário.

Essa é uma das muitas razões pelas quais desenvolvi meus métodos de *astrofitness*. Eu precisava de um sistema mutável, mas inteligente, que variasse consistentemente em termos de intensidade, abordagem dos movimentos e modalidade.

Sagitário não tem muito interesse nos detalhes. É um signo mais conceitual que se concentra na visão do quadro mais amplo. Se tiver um mapa básico, Sagitário pode atingir o alvo de muitas formas diferentes. Aplicado ao *fitness*, isso implica estabelecer um conceito de programa abrangente, mas com flexibilidade para cumpri-lo da maneira que lhe pareça mais divertida e inspiradora no momento. Existem infinitos meios para obter esse objetivo, mas vamos escolher um exemplo fácil. Digamos que o conceito abrangente de treino seja atingir em uma semana os trabalhos cardiovascular, de força e de flexibilidade. Como e quando você fará isso só depende de você e de seu capricho sagitariano. Em uma semana, você pode ter vontade de fazer levantamento de peso clássico em seu trabalho de força, mas talvez uma aula de yoga *sculpt* lhe pareça mais interessante na semana seguinte. Se o conceito for abrangente, dê a si mesmo a liberdade de brincar e seguir seu impulso.

Outro pilar do movimento de Sagitário é a locomoção. Este signo gosta muito de viajar. Lembre-se de que os principais temas de Sagitário incluem viagens e exploração, sem mencionar seu papel físico em ligar o impulso à ação usando as pernas. Qualquer tipo de movimento ao ar livre – corrida em trilha, corrida de obstáculos, praticar *mountain bike*, *skate*, patinação, esqui – ou qualquer evento atlético cujo destino satisfaça seu desejo de viajar é a cara de Sagitário. Sou conhecida por arrastar todos os meus pesos para fazer uma sessão no quintal (sim, mesmo no inverno cheio de neve do Maine). Sagitário fará praticamente qualquer coisa por uma vista fantástica e uma boa história. Mas como é um signo cujo *momentum* se dirige para a frente, ele tende a mover-se apenas no plano sagital. (Que conexão etimológica interessante!) Os movimentos no plano sagital ou longitudinal nos levam para a frente ou para trás. Clássicos de Sagitário, como correr, pedalar, caminhar e agachar-se, são todos movimentos executados no plano sagital. Porém, para ser equilibrados e livres de lesões, todos os corpos, mas especialmente os de Sagitário, precisam complementar seu movimento sagital com movimento lateral (plano frontal) e rotacional (plano transversal). Falaremos mais a respeito disso nas seções a seguir.

Por trás de tudo isso está um compromisso com o domínio da parte inferior do corpo. As pernas e os glúteos são o domínio estrutural de Sagitário. Se dependesse de mim, todo dia seria dia de perna – a maioria dos atletas sagitarianos concordaria. Essa regência certamente é uma faca de dois gumes. Sagitário pode sentir tanto sua maior força quanto sua maior dor na parte inferior do corpo. Um programa completo de Sagitário leva isso em consideração e se concentra não apenas na força dos membros inferiores do corpo, mas também no equilíbrio entre pernas, posicionamento da pelve, mobilidade do quadril e cuidados com os nervos.

Força e Condicionamento para Sagitário

Um programa clássico de força e condicionamento de Sagitário será bem pesado nos agachamentos. Se você tem muito Sagitário em seu mapa, esse tipo de programa pode parecer gratificante, mas sem técnica nem variação adequadas, ele pode causar muitos problemas na parte inferior do corpo no decorrer do tempo. A maioria dos sagitarianos tem quadríceps fortes, mas glúteos e isquiotibiais fracos, o que deixa a região lombar vulnerável a lesões. Para longevidade de movimentos, incentivo todos os que têm predominância de Sagitário (inclusive eu mesma) a não apenas dedicar algum tempo ao domínio da mecânica do movimento dos membros inferiores do corpo, mas também a dedicar o dobro desse tempo ao fortalecimento dos glúteos e isquiotibiais. Sempre faça um circuito de ativação dos glúteos antes de qualquer trabalho de agachamento. Para proteger os corpos de Sagitário, queremos que nosso agachamento seja um pouco mais focado no bumbum e nos músculos isquiotibiais. Como nos sentamos o tempo todo nos glúteos, podemos nos desconectar deles e não conseguir recrutá-los durante um agachamento. Isolar e ativar os glúteos antes de uma sessão de agachamento ou corrida nos ajudará a restabelecer nossa conexão mental com esses músculos vitais.

Procure fugir ocasionalmente dos levantamentos clássicos incorporando caminhadas, exercícios de rotação e movimentos que mudem de direção a suas rotinas de força. Isso leva o gesto de movimento de Sagitário, a locomoção, para a academia. Lembre-se: seu objetivo é trabalhar nos três planos de movimento. Se conseguir entrar em dois deles de cada vez, melhor ainda. Há muito espaço para criatividade aqui, mas algumas ideias são agachamentos e estocadas com rotação, *kettlebell swings* caminhando, estocadas laterais e *step-ups* laterais.

Corrida para Sagitário

Por ser o centauro celeste, praticamente qualquer tipo de corrida serve para este signo, mas o programa de corrida que o fizer sentir-se livre e flutuante tem o nome Sagitário escrito nele. Sabe aquele ponto em que o corredor tem a sensação de que está prestes a decolar? Essa é a zona de Sagitário. Não se pode forçar essa sensação; ela simplesmente acontece. Mas você pode induzi-la com música propícia, uma ótima vista e terrenos variados. Sagitário se entedia com facilidade. Explore novos parques, trilhas e bairros regularmente.

Para conseguir uma divisão de corrida variada para Sagitário, proponha a seu corpo um desafio extra com o treino em escadas ou ladeiras. Embora os *sprints* em *aclives* certamente possam funcionar aqui, ao contrário dos *sprints* para Áries, os intervalos para Sagitário serão um pouco mais longos e levados um pouco menos a sério. Não deixe que seu treino perca a diversão. Além disso, procure incorporar rotações e movimentos laterais à sua rotina de corrida. Para um toque de Sagitário, trabalhe com movimentos para os lados e treine condicionamento (com exercícios como os de "suicídio" do basquete) e também agilidade (com exercícios como os que vemos os jogadores de futebol fazerem no campo). Saltar sobre troncos e pedras numa corrida em trilha é outra ótima maneira de treinar agilidade.

Yoga para Sagitário

Como os yogues dos demais signos de Fogo, o yogue de Sagitário anseia pelo movimento vibrante, mas também tem um profundo desejo de conectar-se com o divino. Sagitário é o filósofo do zodíaco, e muitas vezes se vê atraído por interseções entre espiritualidade e movimento. O yoga que gera algum calor, mas também permite conexão com uma força maior ou uma causa global, muitas vezes fala de perto a Sagitário.

Os fluxos de Sagitário focam naturalmente na parte inferior do corpo. Qualquer aula que ofereça uma combinação que inclua abertura do quadril, alinhamento do sacro e fortalecimento das pernas é uma aposta certa para este signo. E não se esqueça de reservar um tempo para praticar yoga nidra. Talvez isso não pareça a Sagitário uma escolha natural, mas essa prática de relaxamento profundo é extremamente restauradora para o sistema nervoso.

Outros Esportes e Aulas para Sagitário

- Arco e flecha
- Aula de dança para condicionamento cardiovascular
- Aulas voltadas para pernas e glúteos
- Caminhada
- Ciclismo e *spinning*
- Corrida em trilha
- Corridas de aventura e de destino
- Dança *Freestyle*
- Equitação
- Fusões que aliem *fitness* e cultivo espiritual
- Futebol
- Retiros de yoga exóticos
- *Roller derby*

Enfermidades de Sagitário

Os desequilíbrios de Sagitário provêm tanto do Fogo desenfreado quanto do Fogo não alimentado. Este signo tem níveis altíssimos de calor nas pernas, nos nervos e na mente. Embora isso possa ser energizante e inspirador, se esse Fogo não tiver limites nem saídas, ele se transforma em inquietação, piora e zumbido mental constante. Sagitário tende a ser demasiado otimista quanto à sua capacidade de fazer e, quando exige demais de si durante períodos prolongados, o Fogo acaba por consumir-se. É aí que Sagitário pode sentir-se muito não sagitariano e experimentar exaustão profunda, dor crônica ou sentir-se completamente isolado da inspiração, da liberdade pessoal e do interesse pelo mundo. As condições clínicas a que Sagitário está sujeito podem se manifestar das seguintes formas:

Baixa concentração

Burnout

Ciática, síndrome do piriforme e dores semelhantes associadas a nervos

Doença mental (geralmente tendente a estados grandiosos, hiperativos, maníacos ou inquietos)

Dor e desalinhamento na região da lombar, do quadril e do sacro

Exaustão nervosa

Fratura de pelve ou perna

Hipertensão

Insatisfação

Insônia

Lesão, compressão ou infecção da medula espinhal

Problemas de mobilidade

Propensão para acidentes (em especial nos membros inferiores)

Sensação de que os outros estão se divertindo mais, vivendo melhor ou ganhando mais (FOMO)

Síndrome das pernas inquietas (SPI)

É natural que um signo regido por Júpiter, como Sagitário, se expanda, alcance, estique e teste seus limites. Vejo essa expansão como neutra, nem boa nem ruim, mas sim como o modo operacional padrão de Sagitário. Não é algo que se queira limitar; é algo que se deseja direcionar. A maior parte do sofrimento deste signo vem da expansão em uma direção inábil. Por exemplo, Sagitário magnifica o Fogo, seja ele expresso como felicidade ou como fúria. Ele consegue expandir-se vigorosamente até atingir qualquer estado de ser e, por ser um signo mutável, pode até transitar muito rápido de um para o outro. Além disso, é capaz de experimentar altos altíssimos e baixos baixíssimos num curto intervalo de tempo. Para Sagitário, a habilidade mais importante a cultivar é mirar, direcionar e responsabilizar-se por sua natureza expansiva.

À medida que se for inteirando a respeito do mundo da alimentação e do *fitness*, lembre-se com compaixão de sua tendência a testar os limites das coisas. Nos primeiros anos de exploração do bem-estar, isso é fácil de detectar, pois geralmente parece uma busca feroz. Pode esperar atrações por ideias chamativas, filosofias anticonvencionais e experiências de imersão intensas. Espere ter muita paixão por uma coisa só para sentir-se limitado por ela mais tarde. Espere também o ciclo de entusiasmo, inquietação, insatisfação, tédio e, em seguida, busca de algo novo. Se permanecer inconscientemente nesse ciclo durante anos, um dia provavelmente acordará exausto e nem um pouco mais perto de seu destino. Mas se você participar do ciclo com curiosidade e abertura, ele terá muito a lhe oferecer.

Como você pode imaginar, um estereótipo popular de Sagitário é que ele não persiste até terminar o que começa. Porém, na qualidade de detentora do Ascendente em Sagitário que terminou a maioria das coisas que começou (às vezes, em meu próprio prejuízo), gostaria de dar uma reviravolta criativa nessa noção infundada. O que Sagitário poderia registrar como inquietação, tédio ou excentricidade pode na verdade ser indício de que seu corpo e sua mente precisam de uma pausa ou que você não tem os recursos necessários para continuar nesse momento. Isso nem sempre significa que você esteja no caminho errado e deva procurar algo novo. Em geral, essas sensações são sinais para que você se expanda temporariamente na direção oposta. À expansão de Sagitário para fora, precisa corresponder sua expansão para dentro. Ele precisa ir no repouso tão fundo quanto vai no trabalho. Tão intensamente quanto influencia, precisa deixar-se influenciar. E, por mais que consuma, precisa esvaziar-se. Quando Sagitário pratica isso, aquela coceira desconfortável de buscar, correr e "libertar-se" cede. E, além disso, fica mais protegido do esgotamento e da exaustão.

Dica profissional: perseguir o entusiasmo não tende a promover a saúde de Sagitário a longo prazo. Acreditar que deve sentir-se sempre entusiasmado com um treino ou mesmo com a vida em geral é jogar muita pressão nos próprios ombros. Um sagitariano sábio verificará seu entusiasmo com a mesma frequência com que verifica sua inquietação.

Evidentemente, às vezes uma mudança é justificada. Só não deixe de ver com clareza o que está por trás desse impulso antes de agir. Caso contrário, é provável que o problema principal assuma uma pele diferente. Independentemente do que seja – um novo regime de exercícios, convívio social, objeto material, aula, relacionamento ou apenas seu telefone – sempre pare para perguntar-se: "Por que estou forçando a barra?". A procura compulsiva por algo fora de si mesmo é o maior indício de que Sagitário precisa fazer uma pausa e reargrupar-se.

Outros Planetas em Sagitário

Mercúrio em Sagitário

No caso de Mercúrio estar em Sagitário, mais que o posicionamento de qualquer outro planeta em Sagitário, a saúde mental depende da nutrição. Este Mercúrio é muito criativo, mas tende a estados de nervosismo e agitação extremos. Preste muita atenção em quais alimentos aceleram ou desaceleram a mente. Idealmente, a comida deveria parecer um reconfortante abraço cerebral, cheio de gorduras e proteínas que fomentem a construção dos nervos.

Este Mercúrio tem uma grande necessidade de movimento e consegue processar muita agitação nervosa quando caminha, corre ou usa as pernas de alguma outra maneira. É propenso a dores nos nervos dos quadris, das coxas e da região lombar e, caso não se desacelere o suficiente para aprender como funciona a mecânica de movimento, provavelmente a dor se tornará um problema crônico. Por ser tão inquieto, uma das maiores armadilhas em que este Mercúrio pode cair é pular de um programa de treino para outro.

Vênus em Sagitário

Vênus em Sagitário tem tudo a ver com experiências. Adora uma boa festa ou viagem de fim de semana, e a nutrição pode ficar em segundo plano diante de sua vida social ou do que lhe parecer mais emocionante no momento. Monotonia alimentar é a forma mais rápida de fazer este Vênus perder o interesse em comer. Mas a comida nutritiva não precisa nunca ser sem graça. Para que ele não perca o interesse, as coisas devem ser saborosas e bem apresentadas. Faça da compra e do preparo dos alimentos uma espécie de exploração e vá incorporando regularmente novos ingredientes e receitas.

Vênus em Sagitário sempre me faz pensar nas danças dos anos 1980, época das discotecas. Seja qual for sua opinião sobre a época das discotecas, se lhe perguntassem qual o melhor lugar para malhar, ele certamente responderia: numa rave. (Dança cardiovascular?) Este Vênus se entedia facilmente, então permita-se uma boa variedade de movimentos, sempre tendo em vista um programa de treino mais amplo. E não subestime o poder motivacional das roupas coloridas e da boa música. Se sentir dores no quadril, nas pernas ou nas costas, provavelmente será por causa da falta de força nas estruturas circundantes. Mais alongamento não é a maneira de lidar com a dor de Vênus. Um bom lugar para começar é investigar possíveis discrepâncias de força entre os quadríceps e os glúteos.

Marte em Sagitário

Marte em Sagitário queima alimentos, nutrientes e recursos corporais rapidamente. Aqui, muitas vezes ele precisa de mais proteínas, calorias e refeições mais frequentes que outros posicionamentos em Sagitário. E também reage rápido: se você comer algo que não lhe cai bem, é provável que isso se revele como ansiedade, falta de concentração, insônia, inquietação ou dor nos quadris e nas pernas.

Este Marte é bastante propenso a acidentes e lesões. Fiel ao estilo de Sagitário, ele tende a machucar-se quando pratica esportes ou negligencia seu treino. Para evitar lesões, os aquecimentos são indispensáveis. Por ativar-se facilmente, é melhor programar seus exercícios para o início do dia porque, assim, eles não vão interferir em seu sono. Este Marte é otimista em relação à própria capacidade atlética e precisa observar o equilíbrio entre trabalho e repouso tanto numa rotina quanto num programa inteiro.

Júpiter em Sagitário

Júpiter em Sagitário tem tudo a ver com liberdade. Tudo que é novidade desperta seu entusiasmo, inclusive a última mania em dieta, mas assim que sente sua liberdade espremer-se, seu interesse despenca. Se Júpiter conseguir relacionar-se com a comida como algo que aprimora seu crescimento e aumenta sua liberdade, é mais provável que tenha com ela um relacionamento positivo. A nutrição, como tudo na vida, é uma jornada e pode crescer e mudar com você. Observação: talvez o fígado precise de algum suporte nutricional extra.

Júpiter em Sagitário gosta de traçar planos grandiosos, e isso geralmente vale também para as metas do condicionamento físico. Se ele não atingir o objetivo, não é por falta de entusiasmo nem de visão; geralmente é por falta de planejamento adequado. Este Júpiter sabe aonde quer chegar, mas pode precisar de ajuda com as etapas do dia a dia. Não tenha medo de contratar um treinador experiente que materialize sua visão auspiciosa definindo os detalhes.

Saturno em Sagitário

Em vez de estabelecer uma relação expansiva e exploratória com a comida, Saturno em Sagitário costuma lutar para crer que não há nenhum problema no fato de a comida ser saborosa e divertida. Talvez tenha receio de aventurar-se e experimentar coisas novas ou se apegue à "verdade" e ao dogma alimentar de outros, em vez de confiar nos seus próprios. Em um nível puramente físico, este Saturno pode precisar da ajuda de enzimas ou tônicos amargos para a digestão de gorduras.

É possível que Saturno em Sagitário tenha experiência de má circulação, fraturas nos membros inferiores do corpo, desalinhamentos do quadril e da coluna vertebral, artrite ou fraqueza nas pernas. É importante mobilizar e promover o máximo possível de abertura e fluxo sanguíneo para os glúteos, quadris e coxas. Em geral, para mitigar depressão, decepção e sensação de estar preso, bastará movimentar as pernas. Às vezes, esse Saturno tem medo de exercícios vigorosos e pode limitar-se a modalidades que nunca o desafiam nem o fazem suar a camisa. Mas é igualmente provável que ele se dedique demais a uma meta sublime que lhe exige que vá além de seus limites.

Urano em Sagitário

Como Mercúrio, Urano em Sagitário precisa que a alimentação e o movimento funcionem como ferramentas de equilíbrio e proteção dos nervos. O uso terapêutico de óleos e ácidos graxos pode colaborar para aliviar o desconforto causado por dores nos nervos e energia espástica, além de estados mentais frenéticos. Os membros inferiores do corpo têm propensão a lesões e irritações nervosas, porém o uso frequente das pernas é benéfico porque funciona como uma via de descarga para a agitação elétrica do corpo ou da mente.

Netuno em Sagitário

Se Netuno em Sagitário não estiver devidamente nutrido, sua experiência física e mental pode dar a impressão de não ter raízes, como se estivesse fora do corpo. Alimentos ricos em gorduras e proteínas que constroem os nervos são essenciais. Vale a pena saber que Netuno pode usar a comida para alterar ou fugir de estados mentais confinantes. Em termos de condicionamento físico, talvez os pulmões precisem de fortalecimento intencional com exercícios cardiovasculares feitos com regularidade. Além disso, qualquer dor nos membros inferiores provavelmente se deve à fraqueza muscular dos glúteos ou das pernas.

Checklist para Nutrição de Sagitário	*Checklist* para Movimento de Sagitário
Gesto: Exploração	**Gesto:** Locomoção
✦ Comida como aventura	✦ Ativação dos glúteos
✦ Conexão com a parte inferior do corpo nas refeições	✦ Domínio da parte inferior do corpo
✦ Foco em alimentos estimulantes/calmantes	✦ Espaço para a espontaneidade
✦ Foco em nutrientes de Júpiter (vitaminas A, B6, D, E, K)	✦ Movimentos de caminhada e rotação
✦ Gorduras e proteínas mais densas	✦ Uso de todos os três planos de movimento

capítulo quatro

CORPOS DE AR

Signos: Gêmeos, Libra, Aquário
Qualidades: Quente, Úmido

O Ar se revela por meio do relacionamento. Ele é invisível e não se dá a conhecer fora de suas interações com o mundo exterior. Nossa experiência do Ar se processa por meio da observação daquilo que viaja levado por ele ou o recebe. Nós vemos o Ar quando o vento faz as folhas tremularem, transporta pássaros e insetos ou agita o oceano. Recebemos o Ar por meio do som, do cheiro e da respiração. Sentimos seu movimento constante e sua constante relação com os demais elementos como clima. O comportamento do Ar é complexo e irregular. Às vezes, é uma brisa; às vezes, um furacão. Pode ser leve e amplo ou pesado e úmido. Pode ter apenas uma direção ou ser espontâneo demais para nossa capacidade de entendê-lo e prevê-lo.

Na astrologia ocidental, as qualidades do Ar são calor e umidade. Embora essas qualidades nos ensinem que esse é o comportamento básico do Ar, sempre convém abrirmos espaço para suas muitas variações. Todos nós já sentimos um vento frio do sul ou um vento quente do norte, e já sentimos umidade em todos os tipos de temperatura. O Ar pode ter muitas qualidades. Porém o que suas qualidades tradicionais nos dizem é que seu trabalho original consiste em acelerar e combinar. O calor acelera as coisas e a umidade as funde. O Ar é um conector rápido. Partindo dessa premissa, é fácil ver por que o Ar se associa à comunicação, tanto no mundo quanto no corpo. O ar quente sobe e se espalha, como a energia da primavera, uma nova ideia, uma euforia repentina, uma gargalhada, uma fofoca ou um vídeo que viraliza.

O Ar está associado a qualquer parte do corpo que envie ou receba informações. O sistema nervoso troca mensagens com o mundo exterior. Os pulmões recebem oxigênio e expelem dióxido de carbono. Os vasos transmitem sangue fresco e recebem sangue cansado, enquanto inúmeros outros dutos conectam nossos órgãos uns aos outros. Falar, ouvir e processar todas as informações sensoriais é uma das funções do Ar. E, assim como a atmosfera tenta criar equilíbrio fazendo a alta pressão descer para a baixa pressão, o elemento Ar rege o equilíbrio entre gases e os sistemas do corpo.

O Ar tem problemas quando envia e recebe demais ou de menos e também demasiado rápido ou demasiado lentamente, ou talvez quando receba a mensagem inteiramente errada. Quando o Ar é rápido demais, podemos nos sentir ansiosos, esquecidos ou imprevisíveis. Quando ele é superabundante, podemos nos sentir inchados ou fora da realidade, como se fôssemos um cérebro flutuando fora do corpo. Quando o Ar está lento ou não o temos em quantidade suficiente, é possível que nossa circulação fique fraca, o que nos expõe à sensação de frio, fadiga e vazio. Pessoas cujo mapa astral tem muito Ar podem sentir que seus sintomas vêm e vão como o vento ou que seu estilo de vida segue o padrão irregular da brisa. As recomendações relativas à alimentação e ao movimento para os signos de Ar destinam-se a criar estabilidade e, ao mesmo tempo, dar ao Ar bastante espaço para voar e flutuar.

Como Atender às Necessidades Nutricionais do Ar

Lembre-se de que a Astrologia e o corpo são dinâmicos, e você pode ter excesso ou escassez de Ar, ou mesmo Ar neutro, em qualquer que seja o momento. O que você ingere para manter seu Ar pode mudar ao longo da vida. Independentemente de o intervalo ser de dias, meses ou anos, é provável que você passe por ciclos de alimentação para reduzir ou aumentar o Ar.

A NUTRIÇÃO DO AR

Redução do Ar	Aumento do Ar
Água mineral Grãos integrais (arroz, quinoa) Laticínios Óleos e molhos Pratos de cozimento lento que aquecem e reconfortam Proteína animal rica em ferro (carne bovina, frango, peru, sardinha) Raízes alimentícias Refeições frequentes Sal marinho Sementes e frutos secos Vegetais que fortalecem o sangue (beterraba, folhosos verde-escuros, vegetais vermelho-escuros, melaço, sementes de abóbora)	Água naturalmente gaseificada ou com gás Alimentos levemente cozidos no vapor ou crus Gorduras vegetais (coco, oliva) Álio (alho, alho-poró, cebola, cebolinha, chalota) Aves Ervas verdes frescas e perfumosas (endro, hortelã, orégano, salsa, manjericão, alecrim, tomilho) Folhas e brotos Hortaliças brássicas (brócolis, couve-flor, couve-galega e outras couves) Sucos de frutas e vegetais frescos Todos os alimentos de cor verde naturalmente viva ou escura

Alimentos e Práticas que Podem Perturbar o Ar
Comer diante de aparelhos eletrônicos Disruptores endócrinos (como BPA, pesticidas, ftalatos, fitoestrogênios) Excesso de cafeína Óleos acima do ponto de queima Tudo que provoque inchaço e gases desconfortáveis

GÊMEOS

Anatomia de Gêmeos

Embora todos os signos de Ar tenham uma função na comunicação do corpo, o de Gêmeos é o mais óbvio e externo. Por ser mutável e regido pelo veloz Mercúrio, ele é extrarrápido, extracurioso e extraflexível. O corpo de Gêmeos explora o mundo exterior e rapidamente relata suas descobertas. A anatomia deste signo não se interessa muito em julgar o que carrega; ela é apenas a mensageira.

Modo	Planeta Regente
Mutável	**Mercúrio**

- Sistema nervoso periférico
- Clavícula, escápula, úmero
- Costelas superiores
- Traqueia, lobos superiores e tubos dos pulmões
- Músculos e nervos dos ombros, braços, punhos, mãos e dedos
- Capilares
- Tubos, túneis, dutos, canais (brônquios, túnel do carpo, trompas de Eustáquio, trompas de Falópio, traqueia, duto deferente, ureteres, uretra)
- Fala e audição (com Touro)

Nutrição de Gêmeos

Gesto: Adaptável

Na nutrição astrológica, meu interesse é otimizar as qualidades naturais de cada signo usando a comida. Minha intenção nunca é tornar Gêmeos menos Gêmeos, mas sim um Gêmeos mais aperfeiçoado e potente. Gêmeos é como um pássaro ou abelha: voa rapidamente de um lugar para outro, recolhe as delícias que encontra e logo voa para outra coisa. Gêmeos tende a lamentar muito o fato de ser mutável quando, na verdade, sua adaptabilidade é seu ponto mais forte. Meu intuito é sustentar o voo de Gêmeos para torná-lo ainda mais eficiente e para que recolha e faça o que realmente importa para seu bem maior. Isso implica criar uma prática de nutrição que tenha um padrão básico que ainda seja extremamente adaptável e facilmente alterável para combinar com o objeto de desejo que Gêmeos tiver em vista no momento.

Gêmeos adora variedade e, quando se trata de criar hábitos que deem suporte ao corpo, queremos que Gêmeos saiba que esses hábitos também podem ter variedade. Para este signo, a única constante é a mudança e, ao contrário da crença popular, mudança e saúde certamente podem coexistir. A rotina deste signo é ser diferente dia a dia, momento a momento. Forçá-lo a ser de outra forma é obrigá-lo a viver privado de sua essência, o que nunca conduz à verdadeira saúde. Ajuste o ambiente para adequar-se à sua essência; não ajuste sua essência para adequar-se a seu ambiente. Por ter um corpo de Gêmeos, é melhor esperar que seu humor para a comida mude rapidamente e não considere isso um problema. Os verdadeiros problemas só surgem quando você está em pleno voo, quase sem gasolina, e não dispõe de nada que possa lhe dar sustentação. Flexibilizar a nutrição é o que convém a Gêmeos, o que significa alimentos variados, sabores distintos, combinações infinitas, cores gloriosas e a liberdade de consumi-los quando, onde e como quiser.

Mas antes de estar pronto para decolar, Gêmeos precisa criar alguns hábitos básicos de nutrição. Depois que eles se consolidarem, Gêmeos poderá transformar-se e mudar o quanto quiser, com a certeza de que seus hábitos nutricionais entrarão em cena como uma rede de proteção quando for preciso. Um desses hábitos pode ser parar regularmente para fazer um exame corporal rápido. Uma das frustrações alimentares de Gêmeos que vejo mais comumente é a clássica "perda total": ele fica tão interessado no que quer que esteja à sua frente que pode nem perceber que está com fome enquanto não sentir desconforto por estar faminto. Para esse signo, a cura pelos alimentos quase sempre coincide com a reprogramação dos sistemas mental e nervoso, quando Gêmeos aprender a fazer uma pausa e depois ler seus sinais sutis e reagir adequadamente a eles.

Quando distração, falta de concentração, baixa produtividade, dores nos nervos, dores de cabeça ou ansiedade começam a surgir, é hora de pousar para se reabastecer. Esses sinais não existem para confinar Gêmeos, mas para solicitar uma atualização de *status* que o autorize a sair e tornar a voar.

Como Sustentar a Digestão de Gêmeos

A melhor maneira de dar sustentação à digestão de Gêmeos é propiciar repouso à mente e aos nervos. Quando estiver comendo, faça apenas isso. Procure fazer o possível para comer longe da tela. Em geral, isso é difícil para Gêmeos, mas provavelmente é a prática que mais o favorece. Em vez de vibrar externamente, flutue internamente e divirta-se percebendo as centenas de sensações que acontecem em seu corpo enquanto você come. Comece as refeições com uma prática rápida de respiração. Gêmeos rege a inspiração. Inspire fundo, expandindo a barriga, e segure por cinco a dez segundos; expire num grande suspiro de boca aberta. Faça isso três vezes.

Gêmeos também pode preparar-se para um voo mental mais alto com o que põe em seu prato. A nutrição ideal de Gêmeos fortalece os nervos e o cérebro e promove uma carga extra à atividade mental. Em geral, isso implica uma base de gorduras e proteínas energeticamente mais leves e, depois, carboidratos inteligentes para uma turbinada conforme a necessidade. Encha seu prato de alimentos que o façam se sentir alerta, mas que também lhe deem combustível de efeitos duradouros. Gêmeos quer voar, e refeições fartas e pesadas podem causar-lhe desconforto. Embora possam ser diferentes para cada um, gorduras vegetais, muitos alimentos verdes e proteínas animais mais leves costumam estar na lista de alimentos de sustentação básica desse signo. Qualquer que seja o último modismo, descubra qual o horário e a dosagem de alimentos que realmente respaldam seu desempenho. Eles não precisam parecer-se com os de ninguém. Se você luta contra o efeito de "perda total" de Gêmeos, experimente combinar carboidratos com gordura e/ou proteína para uma experiência energética mais fluida.

Quando uma cura mais profunda se faz necessária, às vezes devemos criar espaço para o sistema nervoso relaxar, removendo temporariamente alimentos e bebidas superestimulantes. Para Gêmeos (e, nesse aspecto, todos os signos), a remoção consciente de alimentos não é o objetivo final, mas sim um meio de liberar largura de banda para a cura da mente e do sistema nervoso. Depois que essa base é estabelecida, Gêmeos geralmente pode tolerar todo e qualquer alimento, contanto que com moderação. Os geminianos maduros conhecem a verdadeira liberdade alimentar: não há alimentos "bons" nem "ruins", pois qualquer alimento que venha da terra é valioso. Também é possível respaldar o sistema nervoso de Gêmeos tornando o planejamento e as compras alimentares menos estressantes. Gêmeos não é do tipo que faz um cardápio imenso e compra tudo o que vai precisar de uma só vez. É mais provável que vá ao mercado algumas vezes por semana ou mesmo diariamente. Mas, para o funcionamento ideal do sistema nervoso, Gêmeos precisa pelo menos de um plano, mesmo que não seja rígido. Permita-se planejar e comprar apenas em intervalos viáveis; a cada três dias é um bom ritmo para Gêmeos.

Você também pode fomentar a liberdade alimentar de Gêmeos configurando sua despensa e seu cardápio para maximizar a adaptabilidade. Gêmeos se supera quando a questão é adaptar o que chamo de alimentos da "paleta em branco" para encaixar-se no que mais lhe agradar comer no momento. Um alimento da paleta em branco é algo preparado com uma receita básica que você possa mudar e transformar infinitamente, dependendo do que estiver com vontade de comer no momento. Exemplos são: *congee* (mingau de arroz chinês com proteínas ou vegetais), *kitchari* (prato da dieta ayurvédica que mistura grãos e especiarias), sopa, farelo de aveia, *smoothies*, granola, almôndegas, refogados, variações de torradas, couve-flor (qualquer uma; existem muitas variedades). Considere uma prioridade ter à mão os itens básicos de sua paleta em branco e, então, vá comprar o produto ou condimento que falta para adequar as refeições a seu humor alimentar do momento. Assim que se familiarizar com o padrão básico, Gêmeos será um mestre do malabarismo com comida, o que vai tornar rápida e fácil a criação de refeições caseiras (outro item básico da nutrição de Gêmeos). Esse signo geralmente prefere métodos de preparação e utensílios de cozinha que funcionem ultrarrápido ou que lhe permitam concentrar-se em outras coisas.

Movimento de Gêmeos

Gesto: Brincalhão

Assim como a nutrição, o movimento de Gêmeos celebra e refina sua natureza adaptável. Como uma brisa, Gêmeos flutua daqui para lá, girando rapidamente. Todos os signos mutáveis podem ser desleixados (sim, até mesmo Virgem) ou magistrais em sua mutabilidade. O modo como Gêmeos aborda o exercício vai intensificar um lado ou o outro. Embora o condicionamento físico de Gêmeos possa parecer brincadeira e diversão na superfície, um atleta desse signo jamais se dispersa; na verdade, ele é um especialista em diversidade. Isso é possível por meio de movimento multidirecional, complexidade, engajamento mental e variedade inteligente de movimentos.

Acesse clairegallagher.co/bodyastro para vídeos com exemplos de movimentos de Gêmeos.

No exercício, é comum o movimento numa direção. Corrida, caminhada, agachamentos, estocadas e flexões restringem o corpo a uma única pista. Como Sagitário, o signo que é seu par, Gêmeos nos lembra que todos os planos de movimento valem a pena. Quando desenvolvemos demais uma direção ou um movimento, acabamos ficando vulneráveis e fracos se, de repente, precisarmos nos mover de uma maneira nova. O movimento de Gêmeos é multidimensional e desafia o corpo a manter sua integridade e sua força em qualquer posição criativa e estranha na qual ele possa encontrar-se. Imagine a destreza de um tenista de classe mundial ou um *running back* de futebol americano. Eles treinam de maneira consciente sua perícia e suas habilidades multidimensionais para saltar, girar, acelerar e desacelerar rapidamente.

O engajamento mental e a complexidade do movimento também são pilares de condicionamento físico de Gêmeos. Podemos ver isso em combinações de movimentos de várias etapas, movimentos técnicos de alta habilidade e esportes que exigem coordenação avançada entre os olhos e as mãos. Não se esqueça de que Gêmeos rege os braços e as mãos. Por essa razão, todos os esportes e movimentos que recrutem essas áreas e também exijam processamento sensorial rápido são regidos por Gêmeos. Se não se sentir mentalmente estimulado por seu treino, Gêmeos perderá o interesse. Se os esportes técnicos não forem sua praia e você estiver se sentindo preso em sua prática de movimento, vá a uma aula em grupo ou convide um amigo. A conexão social é uma das principais motivações de Gêmeos.

Lembre-se de que Gêmeos rege também os pulmões, as vias respiratórias e os capilares sanguíneos, o que significa que a respiração e o treinamento cardiovascular têm grandes papéis a desempenhar. A energia astrológica se expressa num espectro. No caso de Gêmeos, isso pode significar que a respiração pesada seja natural e confortável para alguns, enquanto outros lutam contra uma mecânica respiratória deficiente ou asma induzida por exercícios. Para ambos os extremos do espectro, aprender a usar a respiração como força estabilizadora no exercício é extremamente importante. Seja utilizando a técnica *bracing*, ou contraindo os músculos em séries intervaladas o máximo que puder, preparando o abdômen para um agachamento pesado ou controlando a respiração durante uma sessão de yoga flow, a respiração é o passaporte de Gêmeos para atingir o domínio.

Força e Condicionamento para Gêmeos

Um programa bem projetado de força e condicionamento para Gêmeos é flutuante, mas funcional. Como os demais signos mutáveis, Gêmeos anseia por estímulo e variação na abordagem de seu treinamento. Fazer três séries de dez agachamentos é uma receita infalível para induzir esse signo a perder o interesse rapidamente. Em vez de apenas agachar, coloque os pés em posições escalonadas, use peso irregular, acrescente limites ou pivôs e incorpore a rotação. Meu programa favorito para Gêmeos é o treinamento funcional. Em esssência, o movimento funcional nos prepara para situações da vida real, como pegar seu gato no chão, alcançar a prateleira mais alta e girar o corpo para pegar alguma coisa que está lá ou carregar mantimentos escada acima. Além de divertido e mentalmente engajante, o movimento funcional treina o corpo para a variedade. Incorpore trabalho de força com apenas um dos membros, movimentos contralaterais e movimentos assimetricamente carregados como, por exemplo, levantamentos terra com uma só perna, rotações de torso com agachamento e halteres e estocadas com um haltere acima da cabeça e outro ao lado do corpo. Esse tipo de treinamento também obriga Gêmeos a desacelerar, pensar e estar totalmente presente para aquilo que tem à sua frente. No condicionamento, peço a Gêmeos que inspire um pouco de ar e desafie os pulmões com treinamento pliométrico e explosivo. Alguns exemplos populares são agachamentos com saltos, saltos com contração do abdômen e flexões de braços batendo palmas.

Corrida para Gêmeos

Embora eu não tenha dúvidas da existência de maratonistas geminianos no mundo, a energia desse signo se expressa melhor em eventos de atletismo que incorporem corrida, salto e arremesso: salto em distância, salto em altura, salto com vara, corrida com obstáculos e arremesso de disco, para citar algumas possibilidades. Fora da pista, *freerunning* e *parkour* podem despertar o interesse de Gêmeos. Mesmo se você for um corredor de longa distância dedicado, incorporar um pouco da brincadeira de Gêmeos à sua rotina o tornará mais rápido e poderoso. Não se preocupe, você não precisará perder o fôlego para colher os benefícios. Incorporar movimentos para os lados, saltos com caixa pliométrica, pedalada invertida e exercícios de aceleração e desaceleração resolverá o problema.

Exercício de Aceleração para Gêmeos: Largada em Queda

A fase de aceleração é a parte inicial de um *sprint*. A largada em queda é um exercício popular que ensina os corredores a acelerar enquanto mantêm o corpo no ângulo adequado. Como o nome já indica, você vai "cair" em seu *sprint*. Fique de pé com os pés juntos. Incline todo o corpo para a frente, mantendo os tornozelos, quadris e ombros alinhados. Quando tiver ido o mais longe que puder, caia em seu *sprint* e acelere rapidamente por cerca de dez metros. Experimente as quedas no início de uma corrida ou como parte de um treino de *sprint*. O número de repetições depende de você, mas comece com dez, intercaladas por tempo de recuperação.

Yoga para Gêmeos

Uma prática equilibrada para Gêmeos dará suporte às mãos, aos braços, ao sistema nervoso e aos pulmões. O *pranayama* (respiração yogue) e outros tipos de práticas de respiração são remédios perfeitos para esse signo. Como o sistema nervoso de Gêmeos fica superestimulado com facilidade, sugiro práticas de respiração mais lentas que criem estabilidade e uniformidade. Uma de minhas favoritas é a respiração quadrada, na qual a inspiração, a expiração e o espaço entre ambas são uniformes. Por exemplo, inspire lentamente pelo nariz contando até quatro, prenda a respiração e conte até quatro, expire pela boca contando até quatro e volte a prender a respiração contando até quatro. À medida que se sentir confortável, poderá voltar à respiração mais longa. Além dos pulmões, cuide do fortalecimento e da mobilidade dos pulsos, mãos e braços. O equilíbrio do corpo nos braços é algo que Gêmeos adora trabalhar, além de explorar o aerial yoga e outros tipos de yoga que o deixem suspenso no ar.

Outros Esportes e Aulas para Gêmeos

- Asa delta
- Aulas em grupo e reuniões informais para discussão de movimentos
- Boxe
- *Break dance*
- Esgrima
- Esportes com raquete (tênis, tênis de mesa, *squash*)
- *Frisbee*
- Ginástica
- Handebol
- Malabarismo
- Paraquedismo
- *Softbol* e beisebol (especialmente arremesso)
- Trapézio
- Vôlei
- *Windsurf*

Enfermidades de Gêmeos

A maioria das condições médicas de Gêmeos surge quando há um nó ou um bloqueio em sua rede de informações. As vias de informação de Gêmeos incluem os nervos, os vasos sanguíneos e as vias aéreas. A compressão de um nervo, mãos frias e respiração superficial são exemplos de sintomas de Gêmeos quando se vê diante de problemas. No entanto, no mundo de hoje, é mais comum vermos volumes incalculáveis de dados fluindo pelos canais desse signo, o que pode distrair e irritar seu corpo. As condições clínicas a que Gêmeos está sujeito podem se manifestar das seguintes formas:

Ansiedade

Digestão nervosa

Distúrbios da fala e da linguagem

Dormência, formigamento, fraqueza e dor relacionada aos nervos nos ombros, braços, mãos, pulsos ou dedos

Infecção de ouvido, zumbido, perda auditiva

Má circulação e oxigenação sanguíneas

Maus hábitos respiratórios

Distúrbios do processamento sensorial

Neuropatia periférica

Problemas pulmonares e infecções diversas (asma, pneumonia, bronquite)

O jogo mental de Gêmeos é excepcionalmente forte, e ele tende a pensar demais na maioria das coisas, inclusive na saúde. Na raiz de muitos problemas de alimentação e movimento está a falta de lucidez. Quando isso ocorre, não é porque Gêmeos não tenha as respostas, mas porque tende a buscar as respostas de outros em detrimento das suas próprias. Gêmeos é um colecionador, e não há absolutamente nada de errado nisso. Mas quando Gêmeos se afasta de seu saber interior com muita frequência para coletar mais e mais informações do mundo exterior, seu caminho a seguir torna-se nebuloso. A sobrecarga de informações tende a prender esse signo num círculo mental que só consiste em pensar e nada em fazer, ou a dispersar sua energia e diluir seus esforços fazendo demasiadas coisas ao mesmo tempo.

Quando a energia de Gêmeos fica presa em círculos, o volume da tagarelice mental sobe ao máximo e ele pode se deixar consumir por opções, preocupações, lembranças, medos ou apenas ruídos: como uma canção ou um *jingle* de rádio que você não consegue mais tirar da cabeça. Quando fica preso na mente, Gêmeos deixa a ação para trás. Tanto no *fitness* quanto na nutrição, essa é a diferença entre pensar num exercício e fazer um exercício ou pensar numa refeição e preparar essa refeição. Quando está preso assim, Gêmeos se agita furiosamente no mesmo lugar, processando suas informações em ciclos que criam ainda mais agitação.

Quando sua energia se dispersa, Gêmeos pode parecer muito ocupado e voltado para a ação, mas na verdade ele pode estar fazendo tudo, menos a única coisa que precisa ser feita. Na alimentação e no movimento, isso pode se manifestar como pular de coisa em coisa e de abordagem em abordagem. Essa é a maneira mais rápida de não chegar a lugar algum. E essa energia dispersa também pode ser confundida com pedir a opinião de todos para não levar em conta a sua própria. Lembre-se de que Gêmeos rege o sistema nervoso periférico. É como se esse signo tivesse pequenos tentáculos que constantemente sondassem seu entorno. Nada mais típico de Gêmeos que pedir uma lista de livros, um bom artigo ou a pesquisa mais recente. E, embora estar informado seja extremamente importante, quando se vir pedindo conselhos aos amigos ou às mídias sociais antes mesmo de refletir a respeito, considere o fato um indício de que está na hora de tornar a recolher esses pequenos tentáculos. Comprometa-se a verificar seu ambiente interior com a mesma frequência com que examina o exterior.

Se Gêmeos se sentir preso ou disperso, a resposta é: raramente, ou nunca, mandar a mente calar a boca. O trabalho da mente é nos informar. Ela não está fazendo nada de errado quando compartilha seus pensamentos. Muitas vezes, escapar da tagarelice mental é, literalmente, um passo físico. Na próxima vez que essa tagarelice começar, coloque as duas mãos logo abaixo das clavículas, na parte superior dos pulmões. Respire fundo e pergunte a seu corpo: “Qual é o próximo passo?”. Observe que eu disse “pergunte a seu corpo”, não a sua mente. Faça o que quer que lhe venha primeiro, mesmo que seja algo tão simples quanto “Tome um gole de água”. Em seguida, pergunte novamente. E de novo. Espere que a mente tenha má vontade e lhe diga como isso é inútil. Porém, se feitas de maneira consistente, mesmo pequenas ações criarão mais clareza e cultivarão a confiança na experiência vivida. Para Gêmeos, informações claras são sempre preferíveis a mais informações.

Outros Planetas em Gêmeos

Mercúrio em Gêmeos

Mercúrio em Gêmeos é curioso, mentalmente ocupadíssimo e pode se esquecer de comer e de beber em intervalos regulares. Quedas na glicemia ou fome e sede podem disfarçar-se de nervosismo ou ansiedade. Evite chegar a esse ponto definindo um alarme suave como um lembrete para fazer uma pausa regular para uma rápida avaliação do corpo.

Para esse planeta, o exercício é sempre um bem-vindo organizador do pensamento e purificador. Dê a si mesmo uma boa combinação de rotinas que exijam presença absoluta e rotinas que lhe permitam distrair-se mentalmente. Não negligencie a força da parte superior do corpo e preste atenção extra à mobilidade dos ombros e pulsos para prevenir a dor nos nervos da parte superior do corpo comumente sofrida por Mercúrio em Gêmeos.

Vênus em Gêmeos

Para Vênus em Gêmeos, uma espécie de borboleta social, a comida é um veículo para bate-papos. Esse Vênus é do tipo que prepara um ótimo *brunch* e acaba com fome porque conversar foi muito mais animado que comer o suficiente. O humor para comer muda com frequência, e Vênus em Gêmeos tende a fazer compras conforme surgirem o desejo e a necessidade. Isso pode lhe causar problemas devido à sua propensão a oscilações glicêmicas. Questões nutricionais podem se manifestar como problemas de pele nos braços e nas mãos ou como reações respiratórias.

Assim como a comida, o exercício costuma ser outra oportunidade de socializar. Vênus em Gêmeos adora brincar, e o condicionamento físico pode assumir a forma de jogos, partidas esportivas e caminhadas com os amigos. Às vezes, há mais diversão que trabalho, mas Vênus geralmente não se importa. A parte superior do corpo é vulnerável à dor, porém, na maior parte dos casos, ela pode ser evitada ou aliviada com fortalecimento adequado e terapia postural.

Marte em Gêmeos

Marte em Gêmeos é um dos metabolizadores mais rápidos do zodíaco. O sistema nervoso consome muita energia e pode beneficiar-se com refeições mais frequentes e estabilizadoras. Marte em Gêmeos pode ser agravado por poluentes atmosféricos e propenso a condições respiratórias de natureza quente e urgente. Procure informar-se sobre alimentos que podem contribuir para a tensão pulmonar, como laticínios, doces e carnes gordurosas ou de origem duvidosa.

Na maior parte do tempo, Marte em Gêmeos é um atleta natural. Muitas vezes, aprecia aquela sensação de perda do fôlego e pode gostar de esportes extremamente cardiovasculares que lhe permitam viajar e explorar, como corrida ou ciclismo. Como a maioria dos planetas em Gêmeos, esse Marte é propenso a dores nos braços e nos ombros. Porém, em vez de fraqueza, isso geralmente é devido ao excesso de uso, lesões ou acidentes.

Júpiter em Gêmeos

Como carrega consigo a essência de um balão de ar quente, Júpiter em Gêmeos talvez precise de suporte nutricional para ficar conectado à terra. Ele precisa de uma combinação de alimentos leves e de impacto positivo no corpo, como raízes. Gorduras e minerais de alta qualidade também são necessários para acalmar os nervos e dar a esse Júpiter, às vezes excessivamente exuberante, alguns limites.

Júpiter em Gêmeos adora grandes quantidades de ar fresco e limpo e, como outros planetas em Gêmeos, pode ter mais interesse pelo exercício aeróbico. É importante manter esse interesse porque os pulmões e o sistema circulatório são prioridades na saúde de Gêmeos. Mas, para evitar voar alto demais, esse Júpiter deve incorporar algum trabalho de sustentação de peso. Movimento pliométrico e movimento explosivo de levantamento de peso podem ser compromissos divertidos.

Saturno em Gêmeos

Saturno em Gêmeos geralmente precisa de ajuda para fazer o ar e o sangue circularem pelo corpo e para relaxar os nervos. Uma dieta equilibrada e rica em nutrientes que se concentre em alimentos que auxiliam a circulação, como beterraba, pimenta-caiena, canela, alho, cebola e cúrcuma, pode ser útil. Durante as refeições, preste muita atenção à postura e à respiração, bem como à qualidade do ar. Problemas nutricionais e reações alimentares podem manifestar-se como dores semelhantes à da artrite nos braços, pulsos ou mãos.

Saturno em Gêmeos está associado a uma sensação de travamento ou restrição nos pulmões e no peito. Em termos de movimento, isso pode surgir como asma, intolerância ao exercício ou simplesmente má mecânica respiratória. Um programa de exercícios de suporte pode incluir técnicas e métodos de respiração consciente para aumentar gradualmente a capacidade pulmonar. Posturas que revertem o fluxo sanguíneo, como inversões, também podem ser úteis.

Urano em Gêmeos

Como Mercúrio em Gêmeos, Urano em Gêmeos é extremamente ansioso e propenso a nervosismo, estresse e condições neurológicas. Ele pode achar que parar tudo para cuidar de suas necessidades físicas é meio chato, mas comida e movimento programados regularmente mantêm esse Urano fora da zona de perda total. A respiração rítmica e a mobilidade da parte superior do corpo são focos importantes de seu movimento.

Netuno em Gêmeos

Netuno pode debilitar o corpo de Gêmeos, seja por meio dos pulmões, dos braços, dos nervos ou da cognição. Netuno em Gêmeos aparenta não ter ar suficiente e pode ajudar a "oxigenar" o corpo com vegetais frescos, sejam amarelos, vermelhos ou verdes. O treino cardiovascular misto e intervalos respiratórios controlados são muito úteis para ampliar a capacidade pulmonar, como, por exemplo, corrida sem sair do lugar por um minuto seguida por algumas rodadas de respiração quadrada (consulte a página 125). Este Netuno é muito sensível aos poluentes do ar, então faça o possível para exercitar-se em ambientes limpos e claros.

***Checklist* para Nutrição de Gêmeos**	***Checklist* para Movimento de Gêmeos**
Gesto: Adaptável	**Gesto:** Brincalhão
✦ Abrace seu humor alimentar	✦ Boa forma funcional
✦ Atente aos sinais sutis do corpo	✦ Coordenação entre olhos e mãos
✦ Crie uma despensa adaptável	✦ Fortalecimento pulmonar
✦ Dê suporte ao sistema nervoso	✦ Motivação social
	✦ Movimento diversificado em vários planos

LIBRA

Anatomia de Libra

A principal função física de Libra é manter o equilíbrio do corpo. Tendemos a pensar no equilíbrio como um estado estático, porém ele é uma função extremamente dinâmica que requer coordenação e ajustes finos constantes. Manter a homeostase é um processo que envolve vários órgãos e muita filtração, destilação, secreção e excreção. Libra rege muitos ciclos interconectados e *loops* complexos de *feedback*. Embora possa não parecer muito do lado de fora, o "equilíbrio" de Libra consiste em aumento e queda contínuos de sangue, água e hormônios.

Modo	Planeta Regente
Cardinal	Vênus

- Mecanismo homeostático (coordena muitos órgãos e inclui o equilíbrio ácido-base do sangue)
- Rins
- Glândulas suprarrenais (com Áries e Marte)
- Bexiga urinária, ureteres e uretra (com Escorpião)
- Músculos da região lombar, coluna lombar e nervos lombares
- Ovários e testículos (com Escorpião)
- Trompas de Falópio (com Gêmeos)
- Veias (com Aquário)
- Compleição

Nutrição de Libra

Gesto: Equilíbrio

Não importa onde você more no mundo, o tempo de Libra ocorre num equinócio, seja de outono ou de primavera. Esse momento do ano em que a luz e a escuridão são iguais é a origem da associação de Libra ao equilíbrio. Libra rege as transições entre todas as polaridades, das quais a existente entre escuro e claro é apenas uma. Até mesmo seu glifo nos lembra um nascer ou um pôr do sol. Luz e escuridão não podem existir sem o outro, e librianos maduros valorizam igualmente ambos os lados de qualquer polaridade. Equilíbrio é uma palavra muito frequente no espaço da saúde, e acho que diversas vezes é usada de uma maneira que provoca vergonha, como se estivesse sempre fora de nosso alcance. Porém Libra mostra que o equilíbrio é um ciclo de eterna agitação, não um esforço extenuante de dois lados. A nutrição que sustenta Libra permite-lhe definir sua própria experiência de equilíbrio e confiar nela, independentemente da aprovação externa, além de dar espaço para que essa experiência mude com o tempo.

A definição do equilíbrio nutricional para si mesmo começa quando você percebe o lugar onde internalizou julgamentos alheios em relação à saúde e se permite questioná-los. Talvez você se surpreenda, mas a alimentação desordenada de Libra se expressa muito como a de Virgem. Um dos símbolos de Libra é o juiz e, em vez de desenvolver uma voz neutra diante dos alimentos, muitas vezes ele se aferra a sistemas que os categorizam ou moralizam, como contar pontos, macronutrientes e calorias ou aderir a listas de alimentos "liberados" e de alimentos "traiçoeiros". Isso pode até parecer bom durante um breve período, mas, em última análise, o afasta do verdadeiro poder de Libra: saber que você pode confiar em seus próprios desejos e preferências alimentares sem entrar em desconforto mental ou físico.

Vamos inventar uma polaridade: de um lado, está a comida que você quer e, do outro, a que você acha que "deveria" comer. Quando Libra rejeita o que quer e opta pelo que considera mais "aceitável", acaba criando um efeito bumerangue. Isso pode manifestar-se como alimentação reativa, exercício compensatório (no qual você "trabalha" para perder o que ganhou comendo) ou outro tipo de autopunição. Os clientes de Libra geralmente me dizem que não têm autocontrole nem força de vontade quando se trata de comida. Quando conhecem um pouco de Astrologia, até fazem uma piada sobre o fato de serem regidos por Vênus (o planeta do prazer). Mas essa sensação de perda de controle diante da comida geralmente decorre de uma longa privação dos prazeres venusianos graças à suposição de que essa privação os tornará mais amáveis, aceitáveis ou justos. E se, afinal, eles se permitirem o que querem, seu juiz alimentar interior os enche de culpa, o que simplesmente aprofunda ainda mais o efeito bumerangue de Libra. Cultivar a neutralidade na conversa sobre comida é um passo fundamental para curar a relação de Libra com os alimentos.

Definir o equilíbrio nutricional para si mesmo também significa respeitar os ritmos e transições diárias de seu corpo, como sono/vigília, fome/saciedade, trabalho/descanso e assim por diante. Porém, para respeitar essas transições, você precisa saber quando elas ocorrem. Quando você internaliza durante muito tempo julgamentos em relação à saúde vindos de fora, pode ficar bem difícil identificar suas próprias transformações físicas e até suprimir sinais biológicos de fome! *Isso não é culpa sua.* Do ponto de vista da terapia nutricional, se você se sentir desconectado de seu ritmo alimentar natural, a criação de um ritmo temporário pode ajudar a reconectá-lo. Experimente fazer refeições consistentes, no mesmo horário todos os dias, mesmo que não se sinta fisicamente faminto, até que essa sensibilidade interna torne a se ativar. Em essência, isso é controlar o açúcar no sangue, que é um dos melhores meios não só de manter as transições de Libra mais amenas, como também de evitar o desenvolvimento de desequilíbrios hormonais e outras condições associadas a esse signo.

Falando em açúcar no sangue, por ser regido por Vênus, Libra tem muita sintonia com doces e carboidratos (Vênus rege açúcares, carboidratos, laticínios e frutas). Isso não significa que os carboidratos sejam "bons" ou "ruins" para Libra; significa apenas que Libra reage aos carboidratos, ao sabor doce e à manipulação de ambos com muita força. Portanto, não tenha medo dos carboidratos! Mas, se estiver enfrentando algum dos problemas de saúde de Libra, talvez você perceba que combinar carboidratos de baixo índice glicêmico com uma proteína ou gordura mais densa propicia uma experiência física mais harmoniosa. Como Libra é o signo da igualdade, consumir carboidratos, proteínas e gorduras em todas as refeições tende a ser uma aposta certa. Se você quiser levar esse desenho do prato libriano um passo adiante, tente colocar todos os cinco sabores – amargo, salgado, *umami*, azedo e doce – em seu prato. A propósito, a maioria dos grãos e raízes tem sabor doce, embora seu paladar talvez não registre isso no início. Mastigue lentamente tubérculos, grãos, feijões e outros carboidratos e conheça seu sabor doce.

Harmonia Digestiva

Libra digere se o ambiente for harmonioso. Claro, não é realista esperar o tempo todo controle total sobre o ambiente em que come, mas faça o que puder para gerar estabilidade em seu corpo antes de pegar o garfo. A harmonia é um estado interno e, assim como o treinamento de um músculo, sua capacidade de cultivá-lo vai ficando mais forte com a prática. Comece as refeições colocando as mãos na região lombar e respirando algumas vezes com inspiração e expiração iguais. Reserve alguns instantes para admirar as cores do que está em seu prato, sentir os aromas, o modo como a luz o atinge. Tente encontrar um pouco, por menor que seja, de beleza.

É mais provável que Libra faça escolhas alimentares que o favoreçam quando o ambiente não apenas transmite harmonia, mas também é visualmente harmonioso. Minha mãe, que é libriana, nunca vai dormir deixando pratos sujos na pia. Isso não é porque ela tenha um TOC por limpeza, mas porque gosta tomar seu café da manhã numa cozinha limpa. Encha seu entorno de doçura e talvez se surpreenda ao ver como isso aumenta a sensação de satisfação com sua comida. Libra se nutre de boa iluminação e comida que pareça tão deliciosa quanto seu sabor. Faça as refeições com luz natural, luz indireta ou luz de velas sempre que possível. Divirta-se preparando sua comida e invista em eletrodomésticos, pratos, utensílios e copos que lhe alegrem o coração.

Como Libra tem um papel tão importante no equilíbrio hormonal, é importante também ficar atento aos disruptores endócrinos. No mundo moderno, esses produtos químicos são encontrados em quase todos os lugares, mas principalmente em cosméticos, produtos de higiene pessoal, produtos farmacêuticos, pesticidas, alimentos processados e embalagens de alimentos. Uma das maneiras mais fáceis de evitar desreguladores endócrinos na cozinha é livrar-se dos recipientes plásticos para alimentos e usar recipientes de vidro ou cerâmica, que não são nocivos ao meio ambiente nem ao corpo. É importante que todos os signos se conscientizem e façam escolhas informadas sobre a exposição a produtos químicos, mas Libra é especialmente vulnerável a seus efeitos. Faça sua pesquisa, leia os rótulos e, se tiver condições, compre orgânicos.

Movimento de Libra

Gesto: Simetria

Quando desperta, Libra valoriza uma vida que seja boa. Cada tarefa, cada hábito, cada conversa, cada refeição e até cada treino se torna uma tela para um projeto de vida harmonioso. Com as ferramentas certas, Libra pode tornar-se um adepto equilibrado, sábio e completo da atividade física verdadeiramente. O ponto fraco de Libra muitas vezes é motivado pelas aparências. Para esse signo, é fácil relacionar-se com o movimento unicamente como meio de alteração do físico e de ascensão social distorcida. Se você for um dos librianos que valorizam a aparência, não há necessidade de lamentar essa sua parte, pois ela é simplesmente um aspecto de seu DNA venusiano. Mas tenha muito cuidado para não cair na armadilha de Libra, que é confundir "ter boa aparência" com sentir-se bem. Essa mentalidade pode levá-lo a evitar completamente o movimento ou da se envolver em ciclos exaustivos de exercícios e dieta, como se fosse um ioiô.

Acesse clairegallagher.co/bodyastro para vídeos com exemplos de movimentos de Libra.

Exercitar-se sempre pode dar trabalho, mas se não trouxer prazer nem melhorar a vida, não vai funcionar para Libra. Para que o movimento seja uma ferramenta de harmonização de Libra, você precisa aproveitar a simetria e a escala, além de aprender a encontrar o ponto ideal.

Libra é representado por uma balança e seu trabalho consiste em manter a homeostase. Em um cenário de movimento, isso implica fazer o que for preciso para criar simetria em sua estrutura. A estrutura simétrica cria mais facilidade no corpo, o que promove uma sensação boa. Lembre-se de que encontrar o equilíbrio é um processo dinâmico que exige toneladas de microajustes. Do mesmo modo, a criação da simetria não decorre da execução de movimentos simétricos e bilaterais. Ela ocorre quando os movimentos são assimétricos e desiguais. O movimento de Libra, como o balé e o surfe, parece suave e gracioso, mas requer muito equilíbrio. Para desenvolver essa habilidade e a ilusão de simetria, os métodos do treinamento de Libra geralmente precisam isolar e dividir o corpo em metades: superior e inferior ou esquerda e direita.

A busca de Libra pela homeostase também ensina que podemos ter o melhor de dois mundos: um programa de treinamento que gera benefícios físicos e traz mais alegria para nossa vida. Esse é o ponto ideal, um lugar mágico no qual há estresse suficiente numa sessão ou num programa para promover crescimento, mas também descanso suficiente para que esse crescimento floresça. O treinamento eficaz nos desafia, mas nos deixa alertas, inspirados e mais disponíveis para o resto de nossa vida. Procure fazer regularmente um balanço de sua rotina de exercícios para ter certeza de que ela ainda está contribuindo para o equilíbrio de sua vida como um todo, em vez de atrapalhá-lo. Seu ponto ideal de exercício nunca será o mesmo de outra pessoa e é aí que entra o conceito de escalonamento de Libra. Os exercícios devem ter uma intenção. Eles não são aleatórios, mas sim engenhosamente projetados para provocar no corpo um efeito específico. Nosso corpo é extremamente distinto, e o modo como criamos esse efeito desejado está relacionado a nosso nível de condicionamento físico e a nosso histórico de movimento. Dimensionar um exercício permite que cada corpo sinta a intenção de uma rotina, ajustando variáveis como peso, equipamento, horários de treino, tempos de descanso e complexidade dos movimentos. Em vez de menos eficaz, o dimensionamento de um exercício o torna mais eficaz porque configura a dose do exercício tendo como base o seu corpo.

Vamos supor que a intenção de uma sessão seja a resistência de força, por exemplo. A pessoa A já treina há cinco anos e tem ótima forma para agachamentos. Eu dou a ela três séries de vinte agachamentos com barra e uma carga moderadamente pesada. A pessoa B está treinando há seis meses e mal está começando a sentir-se confortável com uma barra nas costas. Se eu prescrevesse à pessoa B o mesmo tipo de agachamento, o mesmo número de séries e o mesmo peso, perderia toda a intenção da sessão de treinamento. Ela estaria trabalhando no máximo de seu nível pessoal, nem chegaria a terminar a primeira série e ficaria muito frustrada após a tentativa. O resto da semana de treinamento provavelmente ficaria comprometido porque seu corpo estaria dolorido e cansado demais em razão dessa sessão.

Podemos pegar essa mesma ideia e aplicá-la a qualquer movimento. Você não poria um aluno que mal começou o curso de balé em sapatilhas de ponta nem pediria a um novato no yoga que fizesse um equilíbrio de braço. Há progressões inteligentes que propiciam preparo. Quando não há senso de dimensionamento, a sessão acaba perdendo a arte e a magia. Se continuar fazendo isso, você sobrecarrega o corpo e sabota a si mesmo, contribuindo assim para os desequilíbrios hormonais de Libra. Mesmo que tenha treinador ou frequente aulas para grupos, é você quem sempre define sua capacidade escalar. Você nunca precisa fazer um exercício como está escrito. É simples: basta fazer menos repetições ou menos uma série, ou mesmo acrescentar trinta segundos extras de descanso. Na verdade, trabalhar dentro de sua capacidade lhe dará respaldo para crescimento mais rápido e também mais sustentável.

Força e Condicionamento para Libra

A maior parte do trabalho de força de Libra é unilateral, o que implica isolar um membro ou um lado de cada vez, como no levantamento terra com uma só perna, agachamento com uma só perna e levantamento de haltere com um só braço. Podemos criar ainda mais desafios de equilíbrio incorporando os movimentos contralateral (braço oposto, perna oposta) e ipsilateral (mesmo braço, mesma perna). Por exemplo: segurando um *kettlebell* sobre a cabeça com o braço esquerdo, subir numa caixa com a perna direita seria um movimento contralateral; segurando um *kettlebell* sobre a cabeça com o braço esquerdo, subir numa caixa com a perna esquerda seria um movimento ipsilateral. Ambos são valiosos no treinamento de força de Libra e oferecem ao corpo um desafio singular. Também podemos acrescentar uma pitada de Libra aos movimentos bilaterais fazendo agachamentos em superfícies irregulares ou usando pesos diferentes nos lados esquerdo e direito, por exemplo.

Além disso, não deixe de treinar igualmente os pares de agonistas e antagonistas. Refiro-me aos pares musculares localizados em lados opostos de um membro, como o bíceps e o tríceps ou os quadríceps e os isquiotibiais. Um atua como motor principal enquanto o outro é passivo. Tendemos a trabalhar um mais do que o outro (geralmente aquele que podemos ver no espelho), o que pode criar desequilíbrio, dor e mau funcionamento ao longo do tempo. Porém, independentemente do que você faça em uma sessão, a intenção de Libra é deixar um pouco de gasolina em seu tanque pelo resto de sua vida. Seu treino deve sustentar sua energia, em vez de esgotá-la.

Corrida para Libra

Libra valoriza o lazer. Este sinal nos relembra como criar espaço para a diversão em nossa prática de movimento. Seja qual for sua ideia de diversão na corrida, ponha-a em prática: seja convidar um amigo, ouvir uma música nova, participar de um desafio da mídia social ou treinar para inscrever-se num evento real de corrida não competitiva. Os corredores sérios de Libra não devem deixar de abrir espaço para corridas de lazer que reforcem seu engajamento no esporte. Além disso, preste atenção ao equilíbrio de força entre os quadríceps e os isquiotibiais, bem como o equilíbrio entre tipos de terreno, como, por exemplo, trabalhar em descidas tanto quanto em subidas.

Yoga para Libra

Aqui não há surpresas: para Libra, o fluxo se concentrará principalmente em posturas de equilíbrio, desde Meia-Lua a Dançarina, até paradas de mão avançadas. A região lombar também é um importante foco: sessões inteiramente focadas ou encerradas com posturas que restauram a região lombar são muito benéficas para Libra. Este signo geralmente fica travado no quadrado lombar, um músculo da lombar que se estende aproximadamente da parte inferior das costelas até o alto da pélvis. As posturas de abertura lateral também podem ser muito úteis para esse problema.

Estenda o conceito de equilíbrio até a inclusão do equilíbrio yin/yang, ou escuro/claro, em toda a sua prática. Você só pratica formas yin (mais frescas, calmantes e restauradoras) ou só formas yang (mais quentes e vigorosas) no yoga? A que você atribui isso e como pode levar as duas formas a um equilíbrio apropriado?

Outros Esportes e Aulas para Libra

- Balé
- *Barre Fit*
- Esportes para duplas
- Fisiculturismo competitivo
- Pilates
- *Slackline*
- *Stand-up paddle*
- Surfe
- Treinamento de equilíbrio com bosu e bolas
- Tênis

Enfermidades de Libra

Os problemas de Libra se desenvolvem quando os contínuos altos e baixos do corpo perdem sua regularidade: demais, de menos, demasiado rápido, demasiado lento são condições médicas comuns em Libra. Os problemas de Libra tendem a ser mais complexos do que parecem por causa da dança de hormônios que esse signo orquestra. Quando uma parte está desligada, é provável que outra também esteja. Essas condições raramente surgem do nada; elas levam tempo para se desenvolver. Libra consegue suportar muita assimetria antes que o problema seja perceptível. Embora nem sempre seja o caso, suas queixas frequentemente remontam a viver um estilo de vida assimétrico ou tolerar a desarmonia por demasiado tempo. As condições clínicas a que Libra está sujeito podem se manifestar das seguintes formas:

Acne hormonal ou outras alterações cutâneas

Ciclo que alterna perda e ganho de peso (efeito "sanfona")

Cistite intersticial

Desequilíbrio hormonal

Desequilíbrios de cortisol

Dificuldade na regulação de fluidos e da pressão arterial

Incapacidade de regular a temperatura corporal

Infecções do trato urinário e micção difícil ou frequente

Infecções sexualmente transmissíveis

Infertilidade

Lombalgia, fraqueza, espasmos

Má circulação venosa, varicoses, microvarizes, varizes

Oscilações dos níveis de glicemia

Problemas ovarianos (cistos, síndrome dos ovários policísticos, anovulação)

Problemas renais de todos os tipos, inclusive infecções, mau funcionamento, cálculos renais e outras doenças

Resistência à insulina, distúrbios do metabolismo dos carboidratos, diabetes

A comparação é um dos obstáculos mais comuns à saúde de Libra. Quer se manifeste como julgamento, crítica, indecisão ou autoconstrangimento, a comparação crônica é um meio infalível de fazer Libra se sentir desequilibrado e longe do estado harmonioso que representa. Libra é um signo relacional que aprende muito com seu reflexo nos outros, mas pode ficar preso num penoso jogo de validação exterior e espelhamento. Existem infinitas maneiras pelas quais isso pode se manifestar em sua nutrição e condicionamento físico, como confundir ideias culturais de beleza com valor, relacionar-se com o movimento como símbolo de *status*, julgar a própria dieta melhor ou menor que a do amigo, pensar que todo mundo o observa na academia, negligenciar sua sabedoria interior para seguir a rotina de exercícios do parceiro ou suportar a enxaqueca de um drinque depois do expediente para que os colegas de trabalho não o julguem.

Libra sabe agradar as pessoas naturalmente e nos ensina sobre igualdade, gentileza e tato. Porém, se calibrar sua escala interna pela de outra pessoa, pode esquecer-se das próprias necessidades para manter a paz ou as aparências. É assim que o signo que se supõe ser o modelo do equilíbrio muitas vezes se sente e, assim, acaba parecendo ser o mais desequilibrado do zodíaco. Libra pode alcançar a cura física quando deixar de lado a escala imprecisa da aprovação exterior e se tornar seu próprio juiz compassivo.

Gosto de pensar na energia saudável de Libra como uma bela onda senoidal. Possui cristas e vales distribuídos de modo uniforme. Idealmente, o corpo e o estilo de vida de Libra flutuam fácil e naturalmente. As transições são redondas, suaves e confortáveis. Ele tem trabalho. Tem repouso. Tem prazer. Tem disciplina. Precisa de solidão. Precisa de companhia. Para Libra, todos os lados são verdadeiros e valiosos. Mas quando Libra se aferra ao perfeccionismo, ao prazer ou ao medo de não corresponder a uma determinada expectativa, sua experiência do corpo se transforma numa montanha-russa irregular, cheia de pontas agudas. A energia despendida para defender essa imagem, ideia ou relacionamento é tamanha que tudo se torna totalmente exaustivo. Libra pode ficar preso num pico de intensidade, num vale de letargia ou oscilar de forma violenta entre ambos. Ele vai sofrer ciclos invertidos de todos os tipos, como horários radicais de trabalho, ritmos circadianos interrompidos, curvas irregulares de cortisol e oscilações debilitantes de humor e energia. Lembre-se de que o equilíbrio é um processo dinâmico, oscilante. Livrar-se da natureza oscilante de Libra não o deixaria mais perto do equilíbrio. Todos nós passamos por períodos edificantes nos quais predomina a luz ou a escuridão, assim como ocorre no ano sazonal. É preciso muito esforço para combater essa situação. Em vez disso, a cura de Libra geralmente ocorre quando ele surfa na onda. À medida que Libra desenvolve compreensão e compaixão por suas flutuações, elas se tornam mais suaves, amenas e confiáveis.

Outros Planetas em Libra

Mercúrio em Libra

Tanto no condicionamento físico quanto na nutrição, a comparação constante de Mercúrio em Libra pode mantê-lo completamente imóvel ou oscilando entre as abordagens. Ele se alimenta do intelecto e pode ver todos os lados de qualquer coisa, incluindo os prós e os contras de qualquer abordagem alimentar ou programa de exercícios. E bem pode ver-se preso deliberando (ou talvez pesando e medindo obsessivamente os alimentos) e monitorando quantas calorias são queimadas ao longo do dia. Este Mercúrio se beneficiará muito se descer da mente e desenvolver um relacionamento profundo com sua escala interna, ou sua experiência corporal vivida, e os fatos físicos.

Mercúrio em Libra pode ter irritação urinária que varia de infecção frequente a incontinência. Dores nervosas na região lombar também são comuns e podem ser aliviadas melhorando a integridade do assoalho pélvico e aprendendo a ativar os glúteos e os músculos abdominais inferiores.

Vênus em Libra

Vênus em Libra fará praticamente qualquer coisa para manter tudo correndo em paz, com tranquilidade, na superfície. Ele é capaz de perseguir a própria ideia de perfeição ou a de outra pessoa, só para mais tarde encontrar-se num dos extremos de uma gangorra hormonal. Verifique regularmente se não está ignorando suas necessidades físicas para sustentar uma imagem, uma reputação ou talvez as necessidades de outra pessoa. Desequilíbrios hormonais são comuns, e a nutrição de Vênus em Libra normalmente protege e repara esses fluxos e refluxos cíclicos. Este Vênus pode ter uma predileção especial por açúcar que aumente durante períodos de estresse relacional. A doçura é terapêutica para esse posicionamento, mas o excesso de açúcar pode agravar quaisquer outras condições subjacentes.

Vênus em Libra normalmente não gosta de exercícios agressivos, suarentos nem barulhentos; prefere modalidades de movimento graciosas e artísticas, como dança ou yoga. Se acontecer de ser um rato de academia, muitas vezes fará as coisas mais difíceis parecerem fáceis como uma dança. De vez em quando, esse Vênus se exercita para obter uma determinada aparência ou para ascender socialmente e talvez precise de ajuda para reparar e aprofundar sua relação com o movimento.

Marte em Libra

Marte parece um pouco esquisito quando se considera a harmonia de Libra. Este é o posicionamento que tem mais probabilidade de vacilar rapidamente entre os picos e vales da onda de Libra. Ele não tem certeza de como gerenciar a própria energia e talvez pense demais e procrastine ou se exceda e se esgote. Marte em Libra precisa de nutrição que seja simples e estabilizadora. Não lhe dê muitas opções. Nutra as glândulas suprarrenais e defina horários regulares para as refeições, pois isso ajudará Marte a se manter estável. Dê água suficiente aos rins porque eles são propensos a inflamações e sofrem mais o impacto do estresse de Marte. As reações alimentares podem se manifestar como desconfortáveis quedas e surtos de energia ou irritação da bexiga.

Devido a sua natureza agressivamente vacilante, os exercícios de escala são extremamente importantes para Marte em Libra. Você deve equilibrar e sustentar a energia desse Marte, em vez de esgotá-la com um projeto de treino errado. Procure exercitar-se no início do dia, quando o cortisol está em seu pico natural. Este Marte é propenso a lesões nas costas, então reserve bastante tempo para aquecer-se e suar um pouco antes de iniciar um movimento mais vigoroso.

Júpiter em Libra

Júpiter em Libra normalmente adora comida e muitas vezes tem uma queda por alimentos regidos por Vênus, como açúcar, chocolate, assados, frutas e laticínios. Encontrar prazer na comida é uma parte importante do autocuidado deste Júpiter, mas manter o nível de açúcar no sangue sob controle também. Jantar no café da manhã é um dos meus truques favoritos de Júpiter em Libra. Talvez seja útil para este planeta fazer uma refeição grande e saborosa no início do dia para definir um tom nutricional estabilizador para as horas seguintes.

Júpiter em Libra pode ser relaxado quando se trata de condicionamento físico. O movimento que tem um componente social, como esportes coletivos ou uma liga esportiva comunitária, talvez lhe pareça mais interessante do que ir à academia. Como a circulação pode ser um pouco frouxa, Júpiter pode fazer muitas caminhadas e reverter o fluxo sanguíneo frequentemente com inversões fáceis, como pernas para cima da parede. Cultivar a força lombar também é muito importante; portanto, não deixe de incluir levantamento terra, bom dia, remadas e flexões sempre que puder.

Saturno em Libra

Os bloqueios aportados por Saturno ao bem-estar de Libra tendem a vir na forma de decisões ou de relacionamentos. Este Saturno é propenso à fadiga quando se trata de decisões relativas a comida e exercícios. Ter opções demais é o meio mais rápido de esgotá-lo, o que acaba levando-o a pegar o que for mais fácil ou a pular inteiramente a nutrição ou o movimento. Planeje com antecedência para não ter que tomar decisões alimentares após um dia agitado e veja na noite anterior qual a rotina de exercícios que fará no dia seguinte. Simplifique e peça ajuda se precisar. Este Saturno costuma ter pouca autoconfiança, e um pequeno conselho para a paz do espírito pode fazer-lhe muito bem. Muitas vezes, Saturno em Libra sente-se responsável por manter seus relacionamentos. Se levar isso a extremos, ele é capaz de acabar suportando maus hábitos e padrões de saúde para manter tudo intacto.

Saturno em Libra tem propensão a rigidez crônica na região lombar, muitas vezes exacerbada por glúteos fracos. Trabalho de força, mobilidade, alongamento e terapias corporais para abrir e fortalecer as áreas de Libra muitas vezes são necessários. Se outros fatores de risco estiverem presentes, Saturno em Libra pode sofrer de mau funcionamento dos rins, além de inflamações e cálculos renais.

Urano em Libra

Um pouco como Marte em Libra, Urano em Libra pode ver-se oscilando entre excesso de esforço e a exaustão. Urano costuma interferir na estabilidade dos ciclos de Libra, perturbando a menstruação, o apetite, o sono e o nível de energia. Muitas vezes, do ponto de vista da nutrição, a regulação do açúcar no sangue é o melhor lugar para começar. Urano é propenso a dores lombares espasmódicas, porém talvez encontre mais alívio no fortalecimento dos abdominais que no alongamento.

Netuno em Libra

Como ocorre com Vênus em Libra, o sabor doce é terapêutico para Netuno em Libra. Só que, no caso deste Netuno, o excesso de açúcar em qualquer forma pode provocar muita fadiga ou irritabilidade. Os rins podem ficar um tanto vulneráveis, especialmente mais tarde na vida. Preserve sua função a longo prazo mantendo a pressão arterial e a glicemia numa faixa saudável. O movimento agressivo pode não atrair Netuno, mas talvez ele se sinta motivado por um ambiente bonito ou pela música.

***Checklist* para Nutrição de Libra**	***Checklist* para Movimento de Libra**
Gesto: Equilíbrio ✦ Associe carboidratos a proteínas e/ou gorduras ✦ Cultive a neutralidade na conversa sobre comida ✦ Defina o equilíbrio para si mesmo ✦ Equilibre a glicemia ✦ Faça refeições em horários regulares ✦ Fique atento aos disruptores endócrinos ✦ Procure ambientes harmoniosos	**Gesto:** Simetria ✦ Contribui para o equilíbrio geral da vida ✦ Dimensionar e modificar ✦ Diversão e lazer ✦ Movimento unilateral, contralateral e ipsilateral ✦ Suporte da região lombar ✦ Treinamento de equilíbrio

AQUÁRIO

Anatomia de Aquário

Além dos próprios músculos, ossos e tendões, as partes do corpo regidas por Aquário são mais como campos de potencial. São aqueles pulsos mágicos, flashes de vivacidade e consciência, que nos tornam humanos. Creio que, à medida que a ciência moderna e a sabedoria das medicinas tradicionais se complementam e se validam, mais e mais partes serão adicionadas à lista de anatomia de Aquário. Por exemplo, vamos dar um salto à frente e colocar nessa lista o misterioso funcionamento do sistema fascial e os meridianos invisíveis - mas muito reais - da acupuntura e o sistema de chakras. Se isso retiver uma carga, o empurrar para além de categorias anatômicas, for um pouco estranho e não puder ser rigorosamente determinado pelo ensaio clínico randomizado, provavelmente é Aquário.

Modo

Fixo

Planetas Regentes

Saturno (tradicional)

Urano (moderno)

- Músculos, ossos e tendões da parte inferior das pernas
- Tornozelos
- Circulação venosa (com Vênus e Libra)
- Sangue (com Peixes)
- Oxigenação do sangue e do corpo
- Todas as cargas elétricas, íons, nós e correntes do corpo
- Corpo energético (com Peixes)
- Bastonetes e cones dos olhos

Nutrição de Aquário

Gesto: Autonomia

Você sabe como é um batimento cardíaco em um eletrocardiograma? Ele é um exemplo perfeito da energia de Aquário. É agitado e irregular, mas o ritmo é repetitivo. Cada aquariano tem um ritmo elétrico, ou fluxo de vida, claramente distinto do seguinte. Aquário é regularmente irregular. Ele é contraste vivo. Isso não é algo que se deve consertar com nutrição, mas sim algo que se deve melhorar. Quando come para melhorar seu próprio ritmo ou fluxo, você não para de cantarolar no domínio aquariano do potencial elétrico no qual se sente mais feliz. Gosto de chamar esse domínio de gênio.

Agora, antes que outros signos se ofendam, quero deixar bem claro que todos nós temos acesso ao gênio. Porém, para Aquário, essa conexão com o gênio é sua tábua de salvação. O ar carregado antes de uma tempestade, o pensamento emocionante que lhe dá arrepios, ideias que transbordam em sua mente no chuveiro: é para essas coisas que Aquário vive. Você pode chamá-las como quiser: criatividade, inspiração, fluxo, eu superior, Fonte, Deus, Ciência ou Universo. Entretanto, sem esse canal, o corpo aquariano murcha. Proteger seu gênio mantendo livre esse canal é sua prioridade nutricional número um.

Sal para Centrar-se e Reiniciar

A menos que você tenha pressão alta, o sal é seu amigo saturniano. Ele o centra e serve como condutor para seu ritmo elétrico. Torne-se um conhecedor de sal. Colecione diferentes tipos, cores e tamanhos de grãos e experimente sais defumados e especiais. Quando usado externamente, o sal reinicia Aquário, limpando a energia estática externa e tornando a colocá-lo em contato com a energia da Fonte. Crie um esfoliante corporal com sal ou banhe-se com sal de Epsom regularmente. Dica profissional: isso também vale para o outro signo de Saturno, Capricórnio.

Proteger seu gênio é um conceito bastante abstrato (típico de Aquário), então vamos dar algumas dicas: Aquário adora viver na mente e, muitas vezes, é na mente que ele se supera. Porém, ocasionalmente dá a impressão de ser distraído, distante e indiferente, como se estivesse aqui, mas na verdade sem estar *aqui*. Ele está em outro lugar, buscando esse domínio do gênio. Essas características provêm de seu regente planetário moderno, Urano, o planeta do avanço e do progresso. Contudo, se quiser mesmo residir no cobiçado mundo da genialidade, das ideias brilhantes, dos momentos de satisfação por encontrar a solução para um problema difícil e dos avanços que vêm para ficar e fazem a diferença,

Aquário precisa prestar uma homenagem a seu outro regente, Saturno. O que traz o gênio à terra? Saturno. O que requer gênio e o transforma em livro, pintura, música, descoberta médica, revolução social ou empreendimento inédito? Saturno. O que mantém Aquário livre? Por mais estranho que pareça, Saturno, o planeta dos limites e da sensatez, do realismo e da estabilidade mental e emocional. E então, aquarianos, ainda estão se contorcendo de nervosismo? Porém, quando juntamos Urano e Saturno, o que obtemos é autoridade pessoal. A autoridade pessoal é a base da saúde aquariana e o que preserva um canal livre de obstruções para o gênio.

Qualquer coisa que crie estática nesse canal não está dando respaldo a Aquário. A estática se assemelha a muitos dos sintomas de desequilíbrio na página 134. Mas talvez uma pista melhor seja ter dúvidas a respeito de si mesmo e pensamentos como: "Tenho tantas ideias, mas nunca faço nada com elas"; "Nunca termino o que começo"; "Não posso confiar em mim mesmo"; "Sou tão inconsistente". Então, quais alimentos criam estática no canal? Pode não ser nada relacionado à comida! Atribuir especificidades nutricionais a Aquário é não apenas difícil, pois nenhum aquariano come as mesmas coisas, mas é a maneira mais rápida de criar uma relação alimentar disfuncional. Dizer a Aquário o que, quando ou quanto comer substitui a autoridade pessoal, alimenta a dúvida e cria mais estática.

A autoridade pessoal exige o estabelecimento de limites nutricionais, algo que também é conhecido como desenvolvimento de autonomia alimentar. Isso significa simplesmente ser seu próprio especialista quando se trata de alimentar seu corpo. Também pode significar dizer a um parceiro, um familiar ou até mesmo um profissional de saúde que seus comentários sobre seu corpo e suas escolhas alimentares não são bem-vindos. Pode significar dizer a um amigo que você gosta muito dele, mas não quer ouvir nada sobre sua nova dieta. Autonomia alimentar significa desafiar regras e normas dietéticas e desenvolver sua própria definição de saúde. E significa também estabelecer limites em torno de seus próprios pensamentos sobre tudo que diga respeito aos alimentos e à alimentação. Lembre-se de que Aquário pode ficar preso na mente e muitas vezes reage ao corpo como se fosse um computador. A fome pode ser refutada com pensamentos como: "Mas ainda não está na hora de comer". Ou "Eu não posso estar com fome; acabei de comer". Isso é a mente tomando o lugar do corpo. A preocupação e o pensamento obsessivo com a nutrição também criam estática e o separam do gênio. Todas essas coisas consomem uma quantidade excessiva de energia mental que pode ser usada em algo mais gratificante ou vital.

Ser autônomo em relação aos alimentos pode parecer radical ou até assustador. Talvez você tenha receio de entrar em rebelião alimentar e nunca mais voltar. Acredite em alguém que tem Lua em Aquário e viveu isso na pele: isso não vai acontecer. E, se você se rebelar por um tempo, lembre-se de que a rebelião é uma resposta aquariana normal e saudável à violação de seus limites. É um sinal para investigar onde você, outra pessoa ou a cultura do "bem-estar" anulou sua autoridade pessoal. E, além disso, a autonomia alimentar não é antissaúde. Quando se aborda a comida partindo de um lugar de autonomia, existe a opção de usar sua experiência pessoal de estática como guia. Em última análise, Aquário é motivado por tudo o que respalda seu gênio e preserva sua clareza mental e sua criatividade. Na maioria das vezes, e somente depois que a autonomia alimentar tiver sido plenamente adotada, Aquário descobrirá que consumir alimentos ricos em nutrientes na maioria das vezes fará exatamente isso.

Refeições para Limpeza do Canal

Trate as refeições como oportunidades para limpar a estática e reconectar-se com seu gênio interior. Comece as refeições conectando-se com o frescor e a renovação que lhe aporta sua comida. Absorva sua energia, oxigênio e clareza; segure a inspiração por um momento e, em seguida, solte-a pela boca com um grande suspiro. Repita quantas vezes quiser. Como os aquarianos são extremamente sensíveis a campos eletrônicos e magnéticos, deixe seu telefone, *laptop* e outros dispositivos eletrônicos em outro cômodo enquanto estiver comendo. E não se pressione a socializar, a menos que queira. Você nunca sabe o que pode passar por seu cérebro durante uma refeição a sós.

Repetindo, as especificidades do que pode gerar clareza ou estática no canal serão diferentes para cada aquariano, mas é hora de minha Lua em Aquário falar de algumas observações pessoais. A clareza do canal pode ser preservada bebendo muitos litros de água (adicionar limão e sal marinho é recomendado para a maioria dos aquarianos), estabilizando a glicemia, fazendo suas refeições em horários regulares e comendo proteínas (macronutrientes de Saturno) e alimentos verdes. Prepare alguma coisa em grande quantidade a cada semana que possa usar como uma injeção rápida de oxigênio ou combustível de jato de volta ao gênio. Isso pode ser de cor verde, leve em energia e de sabor vibrante. No caso de alguns aquarianos, a estática pode criar-se no canal pela ação de aditivos alimentares, corantes e produtos químicos; adoçantes sintéticos; excesso de álcool; excesso de cafeína; combinação pobre de alimentos; horários irregulares nas refeições; comer diante das telas e deficiências nutricionais não tratadas (no caso de Aquário, quase sempre é vitamina D, ferro e vitamina B12). A ingestão de alimentos aos quais você tem sensibilidade ou intolerância também pode ser uma grande fonte de estática. Mas lembre-se de que, para Aquário, o verdadeiro culpado geralmente não é a comida em si, mas a interferência de alguma outra coisa.

Seja curioso sobre aditivos, resíduos de embalagem e processamento, como bisfenol A (BPA), glutamato monossódico (MSG), tartrazina, ceras para frutas e qualquer coisa vaga, como "sabor". E não se esqueça de pensamentos e juízos alimentares inúteis! A energia sutil também é capaz de perturbar a clareza de Aquário. Não lave frutas, legumes e verduras só com água; use uma solução de água, vinagre e suco de limão para pulverizá-los ou mergulhá-los. Não se trata apenas de sujeira ou pesticidas: a comida já foi tocada por muitas mãos, e você não tem espaço para a energia estática de outras pessoas.

Movimento de Aquário

Gesto: Pressão/Liberação

Se todos os signos de Ar fossem padrões climáticos, Aquário teria a pressão atmosférica mais alta. Essa pressão vem de sua natureza fixa e de seu regente Saturno, o planeta do peso e da restrição. Mas também há o aspecto uraniano de Aquário, que lhe confere a necessidade de ser ilimitado, explosivo e livre. Ser aquariano às vezes parece algo muito dissonante, mas na verdade essas qualidades são interdependentes, em vez de mutuamente exclusivas. Quando Saturno e Urano se combinam, eles criam um avanço. Aquário é como uma mola sob tensão, absorvendo energia para criar liberação. Quanto maior for a tensão, maior será a liberação.

Vemos essa marca aquariana em esportes que exigem que o atleta gere pressão e depois se catapulte bem alto no ar, como na enterrada do basquete ou no salto sobre a mesa da ginástica artística. Como Aquário é regido por extremos opostos planetários, os esportes aquarianos geralmente levam ou expõem o corpo a extremos. Essas modalidades de movimento também tendem a desafiar a força e a propriocepção dos tornozelos, como se pode ver na patinação no gelo.

No condicionamento físico de Aquário, quero treinar a capacidade desse signo de romper barreiras e avançar. Sem energia inovadora em nosso mundo, não teríamos eletricidade, internet, medicina moderna nem grandes obras de arte. Aquário faz a humanidade progredir, mas se não souber suportar a tensão, não vai avançar muito. Para avançar até o domínio uraniano do gênio, você precisa treinar no domínio pressurizado da disciplina de Saturno. No condicionamento físico, ajudo Aquário a dominar sua energia inovadora criando ambientes de tensão física e mental e, em seguida, pedindo-lhe que se liberte.

Força e Condicionamento para Aquário

Em força e condicionamento, há inúmeras formas de gerar pressão no corpo, mas uma das técnicas mais eficazes consiste em aumentar o tempo sob tensão, ou quanto tempo um músculo está sob tensão durante uma série. No condicionamento físico de Aquário, o objetivo é aumentar esse tempo o máximo possível para criar a pressão, a compressão e a fadiga muscular de Saturno.

Acesse clairegallagher.co/bodyastro para vídeos com exemplos de movimentos de Aquário.

Você pode fazer isso com longas contrações isométricas ou desacelerando exercícios dinâmicos com um ritmo. Procure fazer de sessenta a noventa segundos sob tensão por série. Por exemplo, dez levantamentos terra com agachamento em ritmo regular poderiam levar vinte segundos. Mas se eu lhe pedisse que desacelerasse cada parte dos levantamentos – levando três segundos para baixo, uma pausa de dois segundos na parte inferior e dois segundos para cima –, dez repetições levariam setenta segundos no mínimo. Se os seus pesos forem altos o suficiente, é provável que as duas últimas repetições sejam extremamente difíceis. A tensão foi criada, e seus músculos estarão queimando.

Mas essa é só a parte saturniana da equação. Depois que a pressão é construída, você precisa avançar. Também aqui, existem inúmeras maneiras de fazer isso, mas um exemplo fácil é fazer um exercício pliométrico (salto) imediatamente após sua longa série de construção da tensão. Isso pode exigir a execução de uma série de agachamentos com peso corporal após os setenta segundos de agachamento com peso. Você também pode seguir qualquer contração isométrica com um *sprint* ou emparelhar qualquer exercício lento de aumento de pressão com trabalho de velocidade. Outros exemplos são *sprints* resistidos, levantamentos explosivos, como o arranque ou o *clean and jerk**, movimentos balísticos de *kettlebell* e pliometria com pesos. Pense em testar seu salto vertical depois de fazer um monte de levantamentos de peso morto, saltos com caixa segurando um haltere, pular corda com um colete com peso ou jogar um saco de areia o mais longe que puder.

Corrida para Aquário

Para criar o efeito de liberação da pressão na corrida para Aquário, você pode usar a resistência de várias formas. Os *sprints* resistidos são meus favoritos. Você pode fazer isso colocando uma faixa de resistência em volta da cintura e fazendo com que um amigo a segure enquanto você corre no lugar o mais rápido possível, usando um paraquedas ou simplesmente fazendo *sprints* em colinas e permitindo que o terreno seja sua resistência. Porém, em vez de parar

* Exercício com barra composto de dois movimentos. (N. da T.)

imediatamente após o término do *sprint*, abandone a resistência e continue. Essa é a parte da liberação, que ensina Aquário a atingir um limite e depois avançar para o outro lado.

Não deixe também de mobilizar os tornozelos, alongar as panturrilhas e romper todas as aderências ao redor das tíbias regularmente. Assim como romper o tendão de Aquiles, torcer o tornozelo é uma lesão muito comum em Aquário. Certa vez, esta autora cuja Lua é em Aquário torceu as laterais externas de ambos os tornozelos numa corrida.

Yoga para Aquário

Talvez kundalini seja a mais aquariana das tradições yogues. Com um trabalho de respiração desafiador, cânticos e posturas bastante rápidas e repetitivas feitas por longos períodos, essa prática certamente acumula pressão no corpo. Seu objetivo é despertar a energia (*kundalini shakti*), armazenada em forma de espirais na base da coluna vertebral, e levá-la até o alto da cabeça. Acredita-se que isso traga uma espécie de avanço ou despertar e maior autoconsciência, além de permitir o livre fluxo da energia vital. Mas não é só a prática física que é aquariana: até mesmo as palavras usadas para descrever as práticas da kundalini, como tecnologia, são realmente muito aquarianas.

Como Aquário tende a lutar contra a má circulação, as rotinas de yoga também devem incluir muitas inversões para ajudar o sangue a voltar para o coração. Mesmo que goste de fazer sua prática mais tarde, comece sua manhã com uma caminhada curta ou uma minissessão de movimento para fazer o sangue circular. A má circulação cria um bloqueio entre Aquário e seu gênio pessoal, e ele costuma sentir-se mais alerta e conectado após o exercício.

Outros Esportes e Aulas para Aquário

- Aulas de ginástica de salto
- Basquete
- Esportes que usam tecnologia
- Patinação no gelo
- Patins
- Rotinas de ginástica de solo
- Salto em altura, salto em distância
- Salto sobre a mesa de ginástica
- Trampolim, cama elástica, *jump*
- Treinamento de privação de oxigênio
- Treinos em frio extremo ou em grandes altitudes

Enfermidades de Aquário

Se há algo que este signo é, esse algo é contraste. Regidos pelos opostos planetários Saturno e Urano, muitos dos males de Aquário ocorrem quando seu potencial elétrico, sua energia, seu sangue, sua água ou seu ar fica preso até explodir de forma irregular e inesperada. Saturno contém. Urano liberta. Qualquer coisa que tenha restrições, oscilações, saltos ou flua em sentido inverso é uraniana. Qualquer coisa que apresente depressão, deficiência, pressurização ou retenção é saturniana. Essas condições geralmente se alimentam umas às outras. Um exemplo simples: a fadiga e a desidratação de Saturno podem acabar explodindo como uma cãibra uraniana. Se for aquariano, você tem a tarefa excepcional (mas factível!) de aprender a conviver com sua anatomia polarizada para não sentir estranhamento nem desconforto por estar em seu próprio corpo. As condições clínicas a que Aquário está sujeito podem se manifestar das seguintes formas:

Anemia

Ansiedade social

Condições cardiovasculares, especialmente as elétricas

Depressão, transtorno bipolar

Desidratação e desequilíbrio eletrolítico

Edema e inchaço, retenção de líquido

Energia, humor, estado mental ou interesse extremamente variáveis

Esclerose múltipla

Lesões, dor ou fraqueza na parte inferior das pernas ou tornozelos

Má circulação (coágulos sanguíneos, mãos e pés frios, telangiectasias e varizes)

Pressão arterial baixa, tonturas, desmaios

Reações bruscas, assusta-se facilmente

Sensibilidade a eletrônicos, luzes artificiais, sons, odores, produtos químicos, mudanças no clima

Sinusite

Sobrecarga do sistema nervoso

Tiques, espasmos e cãibras no músculo esquelético, liso ou cardíaco

Visão deficiente

Anteriormente, falei sobre o fato de Aquário ter uma corrente elétrica, um fluxo de vida próprio que precisa ser abraçado e nutrido. A energia de Aquário não tende a circular pelo corpo lenta e suavemente. É mais como uma série irregular de *sprints* com 100% de esforço do início ao fim, pontuada por períodos de recuperação. Muitos dos problemas de alimentação e condicionamento físico de Aquário surgem do manejo incorreto ou da supressão desse fluxo autêntico. O fluxo autêntico é um conceito vasto que diz respeito a tudo, de relacionamentos a opções de estilo e carreira. Porém, no contexto da saúde, o fluxo autêntico se refere aos padrões singulares de sua energia física e atenção mental. Talvez esse padrão esteja invertido, de cabeça para baixo ou contrário à "rotina matinal perfeita" daquele especialista em bem-estar ou ao horário de trabalho das 9 às 17 horas, mas funciona perfeitamente para você. A saúde floresce quando Aquário se inclina para esse ritmo pessoal e desenvolve hábitos que se encaixem nele. Se suas práticas nutricionais vão contra seu fluxo autêntico, é apenas uma questão de tempo até você rebelar-se contra elas ou começar a se sentir mal. Pois é, a inautenticidade é uma coisa tão penosa para este signo que pode contribuir para a doença.

Aquário geralmente aprende a suprimir seu fluxo autêntico desde cedo, muitas vezes quando começa a frequentar a escola e percebe que seu fluxo é um pouco diferente. Quando suprime seu fluxo autêntico, ele sofre uma perda de autoridade e liberdade pessoal. Lembre-se: para Aquário, autoridade pessoal não é só uma boa ideia; é uma necessidade primordial. Quando ele se vê privado dessa autoridade, os alarmes do corpo passam a soar e uma cascata de rebeldia e autopreservação começa a jorrar. Claro, alguns aquarianos podem se rebelar contra injunções externas, mas nunca se esqueça de que este signo é regido por Saturno. A autorrebelião é igualmente provável. É possível que Aquário tente suprimir o próprio fluxo se acreditar que isso é a única maneira de encaixa-se, ser bem-sucedido, permanecer saudável, manter o emprego, ser amado e assim por diante. Não importa a forma que possa assumir, a rebelião é sintoma de um aquariano cuja autoridade pessoal foi anulada.

Essa luta entre autoridade pessoal e normas sociais é o complexo pano de fundo da saúde de Aquário. No exercício e na nutrição, isso pode manifestar-se como hábitos de autocuidado inconsistentes e instáveis, mas não tem nada a ver com falta de força de vontade. A rebelião e a autossabotagem surgem com tanta frequência no caso deste signo porque, a princípio, o desenvolvimento de hábitos de saúde pode ser registrado como uma perda perigosa da liberdade pessoal. Mas, na verdade, se você adotar hábitos saudáveis que fomentem seu fluxo autêntico, eles poderão colocá-lo em pleno comando de seu poder e de sua liberdade pessoal.

Por outro lado, talvez Aquário se rebele e preserve uma ilusão de liberdade pessoal por ser um extremista da boa forma ou da dieta. Ser diferente e especial também é uma forma de rebelião (e uma piscadela para Leão, o signo que é o par de Aquário). Eu fiz as duas coisas, mas por ter Lua em Aquário e Sol em Virgem, meu padrão era ser especial no campo da saúde. Aos 20 e poucos anos, pratiquei por muito tempo uma dieta radical. Olhando para trás, fica claro que eu não estava escolhendo esse "estilo de vida" porque ele me reafirmava e me fazia sentir bem. Eu estava tão despojada de autoridade pessoal em outra área da vida que o extremismo alimentar se tornou meu meio de tentar recuperá-la. Depois que recebi a ajuda de que precisava e pude exercer minha autoridade no domínio apropriado, meus hábitos de saúde se regularam.

Quando despertada, a energia aquariana é menos rebelde e mais purista: é purista em sua necessidade de ser ela mesma e de viver em seu próprio fluxo. Essa autodevoção é seu hábito de saúde mais importante e, quando se consolida, tudo o mais se encaixa e o grito de rebelião se torna mais como uma comichão na nuca. É simplesmente um mensageiro que o lembra de verificar como está seu fluxo.

Outros Planetas em Aquário

Mercúrio em Aquário

Às vezes, ter Mercúrio em Aquário é como uma espécie de tempestade elétrica na mente: muito brilhantismo e muita inteligência, mas a inconsistência acaba sendo desconfortável. Problemas nutricionais podem aparecer ou contribuir para mudanças bruscas no estado mental. Para manter a estabilidade deste Mercúrio, é preciso nutri-lo a intervalos regulares. Como provavelmente ele vai refutar essa ideia, comece aos poucos: estabeleça lembretes. Talvez este Mercúrio se sinta melhor se tiver uma programação alternativa de trabalho, exercícios e alimentação. Tudo bem se sua agenda for "irregular" e distinta da de todos os demais. Basta torná-la a sua agenda regular e segui-la à risca.

O exercício pode ser uma ferramenta útil de estabilização e processamento mental. Este Mercúrio tende a gostar de movimentos rápidos nas pernas e, por isso, talvez decida correr, patinar ou jogar basquete. É importante que isso seja equilibrado com bastante trabalho de fortalecimento de uma só perna de cada vez e de propriocepção do tornozelo. Cãibras na parte inferior das pernas são comuns. Beber muita água é essencial, e a suplementação de eletrólitos é frequentemente necessária.

Vênus em Aquário

Vênus em Aquário geralmente precisa de ajuda para oxigenar o corpo e tende a se dar bem comendo muitos alimentos crocantes, frescos e da cor verde. A regulação do açúcar no sangue com alto teor de proteínas e fibras pela manhã pode ajudar a regular também a flutuação do interesse e da atenção. Este Vênus gosta de ser um pouco excêntrico e talvez tenha preferências singulares em termos de comida. Ou, se o elemento Terra estiver muito presente no resto do mapa, este Vênus pode ser bem seletivo e muitas vezes é um consumidor muito consciente. A forma como os trabalhadores são tratados, como os alimentos são feitos ou cultivados e seu impacto no meio ambiente são importantes para Vênus.

A circulação deste Vênus pode ser um tanto fraca. Há possibilidade de retenção de líquido, frieza nas mãos e nos pés, "vasinhos" e varizes ou fadiga por falta de fluxo sanguíneo. Embora você possa não sentir vontade, experimente o treino pela manhã ou, pelo menos, faça uma caminhada rápida para estimular a circulação e evitar essa "fadiga de Ar" ao fim do dia. Coloque os pés para cima e inverta o fluxo sanguíneo com frequência. Como seus tornozelos são suscetíveis a lesões, priorize o trabalho de equilíbrio.

Marte em Aquário

Marte em Aquário muitas vezes se beneficia com o consumo de alimentos que purificam o sangue ou auxiliam o fígado, como beterraba, frutas silvestres, brássicas, alho, gengibre, açafrão e qualquer coisa de cor verde-escura. Talvez este Marte seja um tanto desafiador e se recuse a manter rotinas regulares de autocuidado ou a aceitar conselhos de outras pessoas para melhorar a saúde. Sem problemas: em vez de pensar nos hábitos de nutrição como coisas que o prendem ou escravizam, procure vê-los como comportamentos que, afinal, tornam sua vida mais livre.

Como acontece com a maioria dos posicionamentos em Aquário, muito do impulso e da energia de Marte está na mente, e o exercício é uma ferramenta útil para fazê-lo retornar ao corpo físico. Este Marte tende a gostar de exercitar-se sozinho e a interessar-se mais por rotinas breves de movimentos rápidos que envolvam o cérebro, em vez de uma corrida ao redor do quarteirão. O exercício explosivo pode ser liberador e inspirador.

Júpiter em Aquário

Júpiter em Aquário é propenso a inchaço, gases e outras formas de ar pressurizado, como sinusite. Este Júpiter está sempre disposto a experimentar qualquer abordagem nova, ligeiramente estranha e alternativa para resolver suas preocupações. Embora adore reunir conhecimentos, muitas vezes a verdadeira resposta está mais perto de casa. A liberdade e a autoridade pessoais são extremamente importantes para esse planeta. Comprometa-se a usar seu próprio saber interior para filtrar todas as novas informações e conselhos sobre saúde antes de agir. Para guiar-se, confie na sabedoria de seu corpo físico e energético.

O espírito e o estado mental deste Júpiter reagem muito ao exercício. A respiração pesada é especialmente terapêutica e pode tirá-lo de qualquer desânimo. Porém, se só fizer exercícios cardiovasculares, ele pode sair flutuando como um balão de ar quente. Júpiter precisa equilibrar-se com bastante treinamento de resistência. Combinações divertidas de exercícios com pesos e explosões cardiovasculares são uma boa pedida.

Saturno em Aquário

Saturno em Aquário é propenso a ter o sangue frio e fraco e pode precisar de mais ferro, vitamina D, alimentos que aqueçam, proteína animal e sal do que outros posicionamentos em Aquário. Ele é bem capaz de ser o purista de mente e corpo e de ter necessidades dietéticas muito peculiares ou pensamentos e julgamentos rígidos com relação aos alimentos. E também pode ter algum medo de assumir totalmente o próprio poder e a própria autoridade. Às vezes, isso o leva a seguir restrições e regras dietéticas mais do que deveria. Quebre suas próprias regras de vez em quando.

Muitas vezes, Saturno em Aquário sente rigidez, fraqueza ou artrite nas pernas ou nos tornozelos em algum momento da vida. Isso geralmente é uma consequência de má circulação, frio ou deficiências nutricionais a longo prazo. São necessárias todas as facetas da boa forma aquariana para manter este Saturno forte, mas não inflexível e teimoso. Concentre-se na mobilidade e na força dos tornozelos, no alongamento das panturrilhas e na combinação de técnicas de pressurização com movimentos leves e explosivos.

Urano em Aquário

Como ocorre com Mercúrio em Aquário, os padrões de alimentação, trabalho, sono e exercícios de Urano em Aquário podem ser vistos como extremamente irregulares por quem está de fora. Embora o corpo geralmente prospere com base na regularidade, se Urano for um ator proeminente em seu mapa, parte da manutenção de sua saúde também significa aceitar esse padrão exclusivo e deixar que ele seja expresso e até aprimorado. Urano está frequentemente envolvido em lesões nos tornozelos e nas panturrilhas, ou ruptura do tendão de Aquiles. Alongue, mobilize e lubrifique regularmente os tendões da parte inferior das pernas e da sola dos pés.

Netuno em Aquário

Netuno pode tornar o sangue de Aquário fraco tanto em substância quanto em circulação. Inclua no cardápio muitos alimentos ricos em minerais que fortificam o sangue. Faça caminhadas frequentes e use pausas de inversão e movimento para manter o sangue e o oxigênio em movimento por todo o corpo. Mantenha a força de seus tornozelos e pernas com treino de equilíbrio e de resistência trabalhando com uma só perna de cada vez.

Checklist para Nutrição de Aquário	*Checklist* para Movimento de Aquário
Gesto: Autonomia	**Gesto:** Pressão/Liberação
✦ Alimente seu gênio ✦ Faça refeições longe de eletrônicos ✦ Lave bem todos os vegetais ✦ Questione pensamentos e regras alimentares ✦ Sal interno e externo ✦ Seja seu próprio especialista	✦ Abertura de canais de energia ✦ Criação de tensão ✦ Força e propriocepção do tornozelo ✦ Pliometria e explosividade ✦ Promoção da circulação

capítulo cinco

CORPOS DE TERRA

Signos: Touro, Virgem, Capricórnio

Qualidades: Frio, Seco

Para entender o elemento Terra, basta olharmos para o que está sob nossos pés. Na teoria astrológica, a Terra é fria e seca, mas na natureza há muitos diferentes tipos de Terra. Alguns certamente são frios e secos, mas outros são quentes e férteis, arenosos, rochosos ou cobertos de flores silvestres. As plantas e as árvores também são uma forma de Terra. As palavras frio e seco indicam a finalidade energética da Terra, que é criar um lugar sólido sobre o qual possamos construir nossa vida. A Terra nos sustenta, abriga e alimenta.

Frio e seco também sugerem aquilo que os três signos de Terra regem no corpo. Esses signos supervisionam todas as estruturas duras que nos mantêm de pé, nos protegem e dão forma a nossa carne. Outras partes do corpo regidas pela Terra nos permitem receber de nossos alimentos a nutrição, que claramente provém da Terra. A Terra dá ao corpo força, estrutura, resistência e nutrição.

Se o seu corpo tiver predominância de Terra, muitas vezes é vital replicar a estabilidade e a regularidade da Terra em seu autocuidado e estilo de vida. Os corpos de Terra prosperam quando se sentem seguros e protegidos, e quando podem ver-se nos padrões naturais do mundo a seu redor. O cuidado de corpos assim geralmente é muito prático e rítmico. Essas pessoas estão em extrema sintonia com o plano físico e precisam reconectar-se frequentemente por intermédio da incorporação completa dos sentidos: paladar, olfato, visão, audição e tato, além do fazer e do criar. Afinal, um dos superpoderes da Terra é a manifestação, e a ela devemos tudo o que sabemos.

Riqueza, abundância e fertilidade também são conceitos essenciais da Terra. A Terra é rica. Seus minerais, óleos e metais criam reinos e *status*. Além de segurança e proteção, os corpos de Terra prosperam cultivando um profundo senso de autoestima e valores. Claro, em última análise, essa riqueza vem de dentro, mas também é extremamente terapêutica e nutritiva para os corpos de Terra poderem interagir sem vergonha com a abundância, o dinheiro, os objetos físicos e os recursos.

Como Atender às Necessidades Nutricionais da Terra

Lembre-se de que a Astrologia e o corpo são dinâmicos, e você pode ter excesso ou escassez de Terra, ou mesmo Terra neutra, em qualquer que seja o momento. O que você ingere para manter sua Terra pode mudar ao longo da vida. Independentemente de o intervalo ser de dias, meses ou anos, é provável que você passe por ciclos de alimentação para reduzir ou aumentar a Terra.

A NUTRIÇÃO DA TERRA

Redução da Terra	Aumento da Terra
Alimentos levemente cozidos e cozidos no vapor	Açúcares naturais (mel, tâmaras, xarope de bordo)
Ervas frescas (alecrim, estragão, salsa, sálvia, tomilho)	Caldos, ensopados e sopas
Especiarias picantes (anis-estrelado, pimenta-da-jamaica, canela, cardamomo, cominho, cravo, cúrcuma, mácide, noz-moscada)	Colágeno
Formas mais magras de proteína (aves, peixes)	Comida simples e bem cozida
Suco fresco de limão	Formas mais densas de proteína (carne vermelha, cortes mais gordurosos)
Vegetais com baixo teor de carboidratos (abobrinha, aspargos, brócolis, couve-flor, folhosos verde-escuros)	Gorduras e óleos vegetais não hidrogenados (abacate, coco, linhaça, oliva)
	Laticínios
	Legumes, frutos secos, sementes e grãos macerados em água ou germinados
	Tubérculos e abóboras duras (*squash*)

Alimentos e Práticas que Podem Perturbar a Terra
Adoçantes não nutritivos e alcoóis de açúcar (agave, aspartame, eritritol, xarope de milho com alto teor de frutose, sorbitol, estévia, sucralose, xilitol)
Grandes quantidades de ervas e especiarias picantes (excesso de alho ou de gengibre, raiz-forte, misturas de curry picante, páprica picante, pimentas demasiado ardidas)
Hortaliças brássicas cruas (brócolis, couve-flor, couve)
Milho comercial
Proteína animal excessivamente gordurosa
Grãos que contenham glúten

TOURO

♉

Anatomia de Touro

As áreas do corpo de Touro podem ser divididas em duas categorias principais: as coisas que nos permitem interagir com o prazer, a beleza e o mundo físico e as estruturas rítmicas que criam estabilidade e regularidade no corpo. A Terra de Touro embala o cérebro, mantém a cabeça ereta e regula nosso metabolismo e temperatura por meio da tireoide. Mas Touro também é governado pelo planeta Vênus, o principal indicador de prazer, sensualidade, amor e doçura na Astrologia.
Vênus enriquece Touro com essas qualidades e as correlaciona com os sentidos, que nos permitem experimentar os prazeres da vida.

Modo	Planeta Regente
Fixo	Vênus

- Occipital
- Cerebelo
- Ouvidos
- Mandíbula
- Língua
- Dentes inferiores
- Vértebras cervicais, pescoço e trapézio superior
- Garganta e cordas vocais
- Glândula tireoide
- Os sentidos

Nutrição de Touro

Gesto: Prazer

A nutrição de Touro propicia regularidade aos ritmos corporais e circulação constante de energia, mas também deixa amplo espaço para o prazer e a satisfação em comer. Quando está nutricionalmente saciado e sua energia, emoções e digestão estão fluindo de maneira livre, Touro é extremamente construtivo e irrefreável. Para manter Touro em movimento, concentre-se em equilibrar seu nível de glicose no sangue, aumentar o consumo de fibras e nutrir o metabolismo.

Touro é regido por Vênus, o planeta do açúcar, dos amidos e dos carboidratos. Todos os signos regidos por Vênus têm uma história sobre açúcar para contar e a de Touro, além de envolver seu fraco por doces, normalmente abrange a regulação do açúcar no sangue. Devido à natureza fixa e acumuladora deste signo, é mais provável que seu nível de açúcar no sangue seja alto do que baixo, embora tanto um quanto o outro sejam possíveis. De qualquer modo, Touro pode achar que se sente mais estável consumindo maiores quantidades de proteína e gordura em comparação com carboidratos. Eu encorajo meus clientes de Touro a tentar começar o dia com uma refeição saborosa e rica em proteínas e gorduras: uma rápida mistura de ovo e vegetais com abacate, batata-doce ralada e frita com espinafre e salsicha ou até mesmo sobras do jantar são apenas algumas ideias. Isso mantém a energia tinindo e define o tom nutricional do dia. Comer alimentos salgados no início do dia geralmente deixa as papilas gustativas (regidas por Touro) prontas para buscar alimentos ricos em nutrientes mais tarde. Definir o tom dá a Touro um bom empurrão na direção certa e, uma vez criado o *momentum*, ele tende a permanecer no curso.

Vênus e Carboidratos: uma História de Amor

Os planetas regem os macronutrientes. Saturno e Marte regem a proteína, Júpiter rege a gordura e Vênus rege os carboidratos. Por serem regidos por Vênus, tanto Libra quanto Touro são sensíveis aos carboidratos. Não quero dizer que eles tenham intolerância a carboidratos (embora isso seja possível às vezes) nem que os carboidratos sejam "bons" ou "ruins" para eles, mas sim que os carboidratos têm um efeito significativo sobre seu corpo e humor, seja para torná-los mais ou menos agradáveis. Estes signos geralmente precisam ficar mais atentos aos tipos de carboidratos que consomem e como se sentem depois de ingeri-los. Também é importante que Touro e Libra pensem criticamente quando se trata de conversas sobre alimentos que vilanizam os carboidratos, em vez de permitir-se decidir com base em suas próprias experiências físicas. Entre alguns de meus carboidratos favoritos para os signos de Vênus incluem-se batata-doce, abóbora e massas à base de leguminosas. E, quando fizer um doce (os signos de Vênus precisam de um pouco de satisfação na vida!), opte por adoçantes nutritivos, como mel, xarope de bordo, melaço ou frutas.

Repetindo, graças à doce Vênus, Touro normalmente adora comida. O prazer é um pilar da saúde de Touro, porém o mesmo se aplica à moderação. Para a saúde a longo prazo, descobrir onde o prazer e a nutrição se cruzam é uma prioridade de Touro. As refeições equilibradas de Touro podem ser simples e cheirar a terra, mas são ricas em sabor, experiência e amor. É como um mercado de produtos da roça, farto, cheio de texturas, odores, cores e sons. Touro pode adorar uma refeição decadente, mas na alimentação diária, algo tão simples como trocar ervas secas por frescas pode satisfazer esse signo regido por Vênus. Use o máximo possível de ingredientes locais frescos para adicionar um elemento de decoração diária e não tenha medo da gordura. Exceto por qualquer alergia alimentar, usar manteiga de verdade, queijo de verdade, açúcar de verdade (sim, eu disse isso!) e ovos inteiros sacia Touro e muitas vezes evita que ele enfie o pé na jaca depois.

Não importa o que Touro esteja comendo, o prazer e a nutrição podem ser aumentados dez vezes pela maneira como ele o come. Embora tenda a comer depressa, desacelerar a experiência alimentar com arranjos de mesa, velas, música e conversa é imensamente terapêutico para este signo. Mesmo algo tão pequeno como tomar o café de manhã na caneca mais fofa do armário é uma boa experiência de nutrição para Touro. Recrute seus sentidos e torne a culinária uma experiência alegre que envolva seu corpo inteiro. Touro não se sente nutrido apenas pela degustação, mas também por ver, tocar, cheirar e ouvir as cenas da cozinha. Como Touro rege os dentes inferiores e a mandíbula, a mastigação também faz parte da cura alimentar desse signo. Isso inclui o clássico conselho de mastigar lenta e completamente. Porém como não é raro que Touro tenha dificuldade para mastigar, isso também significa tratar os padrões de dor no rosto ou na articulação temporomandibular e as emoções subjacentes que possam acompanhá-los.

Às vezes, a digestão de Touro se torna lenta e retentiva. Faça um experimento com o *timing* e a energia de alimentos que o deixem alimentado e o mantenham bem, porém sem se sentir estufado. Talvez descubra que comer porções menores com mais frequência ou a intervalos mais longos entre as refeições criam essa sensação para você. Porém não deixe de verificar se está ingerindo calorias totais suficientes. Outra entrada útil que faz circular a energia de Touro seria a fibra. O aumento da fibra ajuda a melhorar e regular a motilidade e o movimento intestinal, que geralmente é onde Touro encontra um obstáculo. As melhores fontes de fibra para Touro são vegetais e feijões, mas se precisar de ajuda para aumentar o consumo de fibras, tente incorporar criativamente cascas de *psyllium*, sementes de chia ou linhaça. Esses três ingredientes são facilmente adicionados a *smoothies*, aveia, granola, pudins e assados. Beber água quente com limão, chá de ervas, caldo ou outras bebidas quentes ao longo do dia é mais um truque para Touro.

Embora não seja verdade para todos, o hipotireoidismo pode afetar algumas pessoas com predominância de Touro em algum momento da vida. A tireoide é como o termostato do corpo e, quando está lenta, as coisas ficam mais lentas. O hipotireoidismo, mesmo subclínico, costuma estar na raiz de outros sintomas de Touro, como metabolismo lento, fadiga e constipação. Se precisar de suporte mais direcionado à tireoide, aumente os alimentos que contêm iodo, zinco e selênio, como algas marinhas, peixes, ovos e castanhas-do-pará. Reduzir alimentos ricos em goitrógenos também pode ser necessário por um tempo, pois eles podem bloquear a função normal da tireoide. Porém, se você optar por isso, convém consultar um médico porque muitos alimentos que contêm goitrógenos também são muito nutritivos e comuns, como mandioca, hortaliças brássicas, soja, morango e batata-doce.

Movimento de Touro

Gesto: Lentidão e Constância

O movimento de Touro mantém consistência dos ritmos do corpo dando apoio ao metabolismo. Touro se supera no trabalho lento e constante que exige longas distâncias ou longos períodos de tempo. Para Touro, o atletismo está menos para o aumento da frequência cardíaca que para o acúmulo lento do calor. Quando o objetivo é acelerar o metabolismo, a maioria das pessoas vai direto para os exercícios de cardio de alta intensidade, mas Touro nos ensina uma maneira melhor. Uma parte frequentemente negligenciada do suporte ao funcionamento adequado do metabolismo é a Neat (Non-Exercise Activity Thermogenesis) ou termogênese da atividade sem exercícios físicos formalmente programados. Aumentar a Neat é algo tão simples e corriqueiro quanto subir as escadas, fazer jardinagem, executar tarefas, trabalhar de pé (em vez de sentar-se a uma mesa) ou estacionar mais longe da entrada da loja. Simplesmente se mover mais durante o dia é muito nutritivo para a saúde de Touro.

Acesse clairegallagher.co/bodyastro para vídeos com exemplos de movimentos de Touro.

O outro principal meio de manter o metabolismo funcionando bem a longo prazo é construir massa muscular magra. A massa muscular magra é metabolicamente ativa, o que significa que consome mais energia, mesmo em repouso. Só que não podemos construí-la fazendo exercícios de cardio. Ao trabalhar com pessoas com predominância de Touro, normalmente as aconselho a trocar sua proporção atual de trabalho cardiovascular e trabalho de força. Por exemplo, em vez de fazer exercícios de cardio três vezes por semana e exercícios de resistência apenas uma vez, quero que elas se concentrem na força três vezes por semana e façam exercícios de cardio uma vez. Todos os signos do zodíaco precisam de exercícios de cardio, mas um corpo de Touro tende a se sentir mais apoiado com o aumento do trabalho de força.

Às vezes, é difícil para Touro começar uma rotina de exercícios. Isso faz sentido se considerarmos a energética fixa deste signo, mas é totalmente viável e pode se transformar num trunfo. Touro pode levar algum tempo para fazer seu aquecimento, mas tende a ter um ponto de inflexão: depois que ele supera o aclive inicial da formação do hábito, o controle passa ao *momentum*. É tão difícil fazer um taurino parar quanto começar. Antes de começar, é importante lembrar que a regularidade faz parte da fórmula de sucesso de Touro. O excesso de variedade e mudanças podem sobrecarregar Touro no início. A constância é muito mais valiosa para este signo do que extremos e complexidades. É aconselhável começar com uma rotina semanal que possa ser repetida e que vá progredindo gradualmente ao longo do tempo. No dia a dia, se você se sentir devagar e desmotivado para malhar, prometa a si mesmo fazer um aquecimento. Depois do aquecimento, você vai querer continuar.

Força e Condicionamento para Touro

Para Touro, o levantamento de peso é simples e direto. Escolha um programa de força clássico que se concentre nos principais levantamentos (agachamento, levantamento de peso morto, *overhead press* para desenvolvimento dos ombros) com altas cargas e descanso suficiente entre as séries. Embora o levantamento de qualquer peso possa condicionar o corpo e tornar os iniciantes mais fortes, o verdadeiro trabalho de força é feito com poucas repetições (cinco ou menos por série) e muito peso. Independentemente de a carga ser pesada ou moderada, faça um grande esforço. Se puder, flerte com o fracasso e arrisque-se no final de cada série, ainda mantendo a boa forma. Escolha pesos ou totais de repetições que tornem muito difíceis as últimas duas ou três repetições. Se você não precisar de cerca de dois minutos de descanso após as séries de força, é sinal de que o peso ou as repetições precisam ser ajustados.

Se não quiser fazer levantamentos superpesados, sem problemas: você pode criar um efeito taurino usando pesos moderados e ferramentas de treinamento, como tempos, pausas, ritmos e retenções de movimento. Essas ferramentas colocam o corpo sob tensão por longos períodos e são muito eficazes na construção de força e músculos. Os tempos são prescrições de tempo do movimento, assim como um metrônomo marcaria o tempo na música: por exemplo, levando três segundos para entrar e sair de cada agachamento. Movimentos lentos e controlados são extremamente desafiadores. As faixas de resistência são outra maneira divertida de inserir a energia de Touro em qualquer sessão de suadeira. Quer sejam usadas com ou sem pesos, as faixas elásticas acrescentam aquela clássica sensação taurina de estar preso na lama a qualquer movimento e exigem maior estabilização e concentração. Se quiser adicionar variedade a seu trabalho de força, brinque com alguns outros equipamentos taurinos, como correntes, pedras, martelos, pneus, cangas, sacos de areia e trenós. Qualquer coisa que lhe exija arrastar-se, rastejar, labutar, puxar ou empurrar é muito taurina.

Corrida para Touro

Como Touro se nutre pelo mundo natural, corra com a maior frequência possível ao ar livre – ou, melhor ainda, em florestas ou parques florestais. Por ser um signo fixo de Terra, Touro provavelmente se sentirá atraído por longas e lentas corridas de meio-fundo. Isso é maravilhoso para Touro, mas é importante que você mude as coisas ocasionalmente para que este signo não acabe ficando preso na mesma rotina. Falei sobre *sprints* resistidos na seção de Aquário (outro signo fixo), mas a corrida resistida é minha maneira favorita de desafiar Touro sem lhe pedir que se mova rápido demais. Esse exercício será menos uma corrida que uma marcha ou trabalho árduo. Por exemplo, corra com um colete ou mochila de peso ou, se tiver acesso a um trenó para CrossFit, puxe-o ou empurre-o em seu quintal ou num campo local. Longas caminhadas e trilhas em meio à natureza também são ótimos complementos para um programa de corrida para Touro.

Yoga para Touro

As práticas lentas que se concentram em longas retenções de postura são mais o estilo de Touro. Você pode incluir longas posturas restauradoras, mas também tente desafiar-se com poses prolongadas em pé e de equilíbrio. Lembre-se: para Touro, lento não necessariamente significa fácil. É muitas vezes com lentidão que Touro constrói a maior coragem. Incorpore regularmente alongamentos, automassagem e cuidados adequados com as áreas do corpo regidas por Touro, incluindo a parte superior dos ombros, pescoço, mandíbula e occipital. Um ambiente de prática que envolve os sentidos com música, plantas, objetos sagrados e incenso de origem responsável geralmente mantém Touro inspirado e comprometido.

Outros Esportes e Aulas para Touro

- Arremesso de machado
- Caminhada
- Corrida *cross-country*
- Corrida na lama
- Esqui *cross-country*
- Futebol
- Jardinagem e reparos de quintal
- Levantamento básico
- Marcha com carga
- *Power walking*
- Treinamento e competições de atletismo de força (*Strongman*)

Enfermidades de Touro

Do corpo ao espírito, a queixa mais comum de Touro é sentir-se bloqueado. Touro é um signo fixo de Terra, o que significa que se move pelo mundo de maneira constante, imutável e sem meios-tons. Essas são qualidades valiosas de Touro, a menos que a Terra se torne rígida ou lamacenta demais e faça a vida parar de maneira incômoda. Um corpo de Touro provavelmente comunicará desequilíbrio por meio de estados físicos e mentais estagnados ou incapacidade de criar estabilidade no corpo. Quando entra em desequilíbrio, Touro adora acumular coisas com muito apego, mesmo que, com o tempo, essas coisas ou comportamentos se tornem tóxicos e autossabotadores. Enterrar o sofrimento, guardar rancor ou qualquer outra forma de apego psicológico impede que a energia do corpo circule livremente e pode contribuir para os sintomas e condições listados abaixo.

Cervicalgia (dor no pescoço)

Desregulação do açúcar no sangue

Constipação

Disfunção da articulação temporomandibular (ATM)

Dor de dente

Dor de garganta, amigdalite, afonia

Dores e infecções de ouvido

Fadiga acompanhada da sensação de peso no corpo

Males da tireoide

Repressão emocional

Sinusite e congestão nasal

Os clientes de Touro geralmente relatam que seu desafio de saúde número um é a "autoindulgência". Embora superficialmente possa parecer consumir mais comida ou álcool, muitas vezes isso requer uma exploração mais profunda. Ceder a padrões restritivos de pensamento ou comportamento, como o que podemos ver na ortorexia ou na obsessão por exercícios, é igualmente comum. A autoindulgência não se define por aquilo que se consome, mas por como isso está sendo consumido. É um ciclo de comportamento em que o consumo se tornou compulsivo. Independentemente do que Touro esteja consumindo de forma compulsiva – comida, bebida, televisão, exercícios ou pensamentos –, o desequilíbrio de comportamento é o mesmo.

Quando Touro está num padrão autoindulgente, geralmente é sinal de fraca conexão com o corpo. Por ser regido por Vênus, Touro se sente satisfeito e nutrido por habitar o corpo físico. A satisfação provém de experimentar algo plenamente, e a experiência plena requer presença e incorporação. Quando Touro perde essa profunda conexão sensorial, o consumo compulsivo o mantém na busca insaciável por mais. Quando Touro expande sua ideia do que significa estar satisfeito e se deixa alimentar por todas as experiências sensoriais a seu redor e dentro de si, o consumo compulsivo gradualmente se cura.

A estagnação é outra experiência comum de Touro. Esta é uma desaceleração ou um bloqueio desconfortável do fluxo no corpo, na mente, no espírito ou na vida. Embora ela possa decorrer de muitas coisas, para Touro, a estagnação é muitas vezes um produto do consumo compulsivo de longo prazo, da recusa em transformar mágoas emocionais do passado ou do apego teimoso a uma maneira de exercitar-se ou comer, mesmo que esteja causando danos. O fluxo de Touro é naturalmente lento e relaxado, mas quando está completamente bloqueado, tudo começa a recuar e a se acumular, criando sofrimento mental e físico. Pode levar anos, mas quando as coisas atingem um ponto crítico, a frustração pode levar um taurino normalmente calmo a destruir o bloqueio de maneira abrupta e deselegante. Às vezes, esse avanço é exatamente o que ele precisa. Entretanto, com mais frequência e sobretudo quando se trata do corpo, é um processo confuso e disruptivo que poderia ocorrer de uma maneira mais confortável. Se você tem recorrido cronicamente a esse efeito escavadeira para obrigar-se a mudar, é sinal de que pode estar operando num padrão taurino desequilibrado de retenção e purgação.

Para evitar a repetição desse ciclo de comportamento na saúde ou em qualquer outra área, será útil para Touro tornar-se amigo de sua tendência natural a resistir. Na consulta, ao explorar a resistência à mudança, muitas vezes ouço as pessoas de Touro se descreverem como "preguiçosas", mas isso sempre provou ser uma autocrítica imprecisa e inútil. A resistência é uma informação importante para Touro, e resistir à resistência raramente revelará o caminho a seguir. Em vez disso, gostaria de incentivá-lo a relacionar-se com a própria resistência, abraçá-la, experimentar as sensações associadas a ela no corpo e lhe perguntar o que ela precisa. Sob a resistência, muitas vezes você descobrirá que se sente sem apoio, como se não pudesse confiar no próprio corpo ou em si mesmo ou que, talvez, seu conceito de autoestima precise de alguma atenção. Embora contraintuitivo, tratar a resistência como uma amiga sábia e cuidar do que subjaz a ela aos poucos moverá Touro para a frente em sua jornada de saúde, dissolvendo obstáculos e evitando o efeito escavadeira.

Outros Planetas em Touro

Mercúrio em Touro

Mercúrio em Touro pode precisar de ajuda extra para se manter claro e alerta. Comida para o cérebro e para começar o dia estrategicamente com proteínas e gorduras é uma prioridade nutricional. Embora Mercúrio tenda a ser sensível à cafeína, esse posicionamento pode beneficiar-se de estimulantes com moderação. Pausas mais longas ou caminhadas suaves entre as refeições podem ajudar a melhorar a função cognitiva deste Mercúrio.

Mercúrio em Touro costuma se mover de modo lento e deliberado. É importante interromper regularmente o movimento lento e constante com um pouco de trabalho de velocidade, seja o de força de velocidade usando pesos ou o de rapidez e agilidade com o peso corporal.

Vênus em Touro

Vênus em Touro provavelmente enfrentará muitas oportunidades de relacionar-se com o prazer e a saciedade de maneiras novas e mais incorporadas. A natureza suave e licorosa de Vênus torna-o mais propenso ao hipotireoidismo e à resistência à insulina em comparação com outros posicionamentos em Touro.

Talvez este Vênus não tenha interesse em exercitar-se ou ache que sua tolerância a exercícios mais intensos é baixa. Muitas vezes, construir massa magra com treino de resistência é necessário para manter o corpo de Vênus saudável, porém o movimento que o conecta com a natureza, a beleza e a sensualidade é nutritivo para sua alma.

Marte em Touro

Tanto na nutrição quanto no exercício, Marte em Touro estará mais bem servido quando fica longe de extremos e adota uma abordagem consistente e constante. Porém saiba que este Marte também é capaz de ser muito teimoso e de continuar fazendo coisas até muito depois de elas terem parado de beneficiá-lo. Estagnação e níveis de energia lentos são comuns.

A dor no pescoço tende a atormentar Marte em Touro. É importante levar o equilíbrio à parte superior do corpo com quantidade igual ou maior de movimentos de puxar (remadas, flexões, levantamento terra) que de movimentos de empurrar. Aquecimentos mais longos e trabalho de força pontuado com rápidos movimentos de explosão também são recomendados.

Júpiter em Touro

Como Vênus em Touro, é importante para Júpiter em Touro explorar os temas da saciedade e do prazer de comer. Porém ele também é propenso a acúmulos, como constipação, bócio ou resistência à insulina. Procure saber como diferentes alimentos ricos em carboidratos o fazem se sentir, tanto física quanto mentalmente. Caso seja financeiramente possível, mantenha a comida simples, mas gaste o dinheiro extra em ingredientes locais de alta qualidade para colocar este Júpiter dentro dos limites, mas ainda em contato com sua natureza opulenta.

Caso se dedique no treino, este Júpiter pode ficar extremamente forte. Se ainda não tiver começado, o levantamento de peso é bastante recomendado para manter o metabolismo funcionando.

Saturno em Touro

Saturno em Touro pode evitar ceder aos sentidos e, em vez disso, "entregar-se" a pensamentos de medo ou de apego a padrões alimentares rígidos. Este Saturno é propenso a rotinas de saúde e pode sentir medo dos alimentos e forte resistência interna à autonutrição. O aumento do consumo de fibras é muito importante para manter este Saturno solto, tanto física quanto emocionalmente.

Como Marte em Touro, este Saturno pode sentir dores crônicas no pescoço, no occipital e nos ombros que talvez criem barreiras ao movimento. No entanto, se treinado e alimentado de maneira adequada, pode tornar-se uma verdadeira potência. Pelo fato de ser propenso à estagnação, a mobilidade e a flexibilidade devem ser incorporadas regularmente à sua rotina.

Urano em Touro

Se Urano em Touro tiver sido provocado, é possível que dor de dente ou nevralgia facial dificultem muito a obtenção de nutrição suficiente, exigindo uma dependência temporária de alimentos pastosos. Este Urano pode oscilar entre extremos, seja na tireoide, no cólon ou em outra área de Touro. Se contribuir para essa disrupção, a comida pode ter alguma relação com Vênus (como, por exemplo, glúten, ovos, açúcar e laticínios). No condicionamento físico, este Urano tem um talento especial para a força explosiva.

Netuno em Touro

Se Netuno em Touro for um ator proeminente em seu mapa astral, isso pode contribuir para sintomas de hipotireoidismo. Netuno pode permitir que as coisas "vazem", e pode haver falta de nutrientes necessários ao funcionamento adequado da tireoide, entre os quais iodo, selênio e zinco. Como Vênus em Touro, talvez este Netuno prefira exercitar-se com movimentos bonitos e sensuais.

Checklist para Nutrição de Touro	*Checklist* para Movimento de Touro
Gesto: Prazer	**Gesto:** Lento e constante
✦ Alto teor de fibras, proteínas e gorduras saudáveis	✦ Apoiar o metabolismo
✦ Curiosidade pelos carboidratos	✦ Aumentar a Neat
✦ Líquidos quentes	✦ Embrenhar-se na natureza
✦ Manter a energia constante	✦ Focar na força
✦ Permitir a satisfação	✦ Movimento lento e controlado

VIRGEM

Anatomia de Virgem

Regido pelo veloz Mercúrio, Virgem é de um tipo de Terra que é ocupado e hábil em organizar, coordenar, separar e assimilar. Virgem é um signo mutável, o que implica que não só é Terra em movimento, mas também se destaca na transformação de material. No corpo, vemos Virgem transformar a forma do material terrestre o tempo todo por meio do milagre da digestão. Esse sistema complexo, formado por múltiplos órgãos, é exatamente o tipo de coisa que Virgem adora orquestrar e também onde se encontra a maior parte da anatomia deste signo.

Modo

Mutável

Planeta Regente

Mercúrio

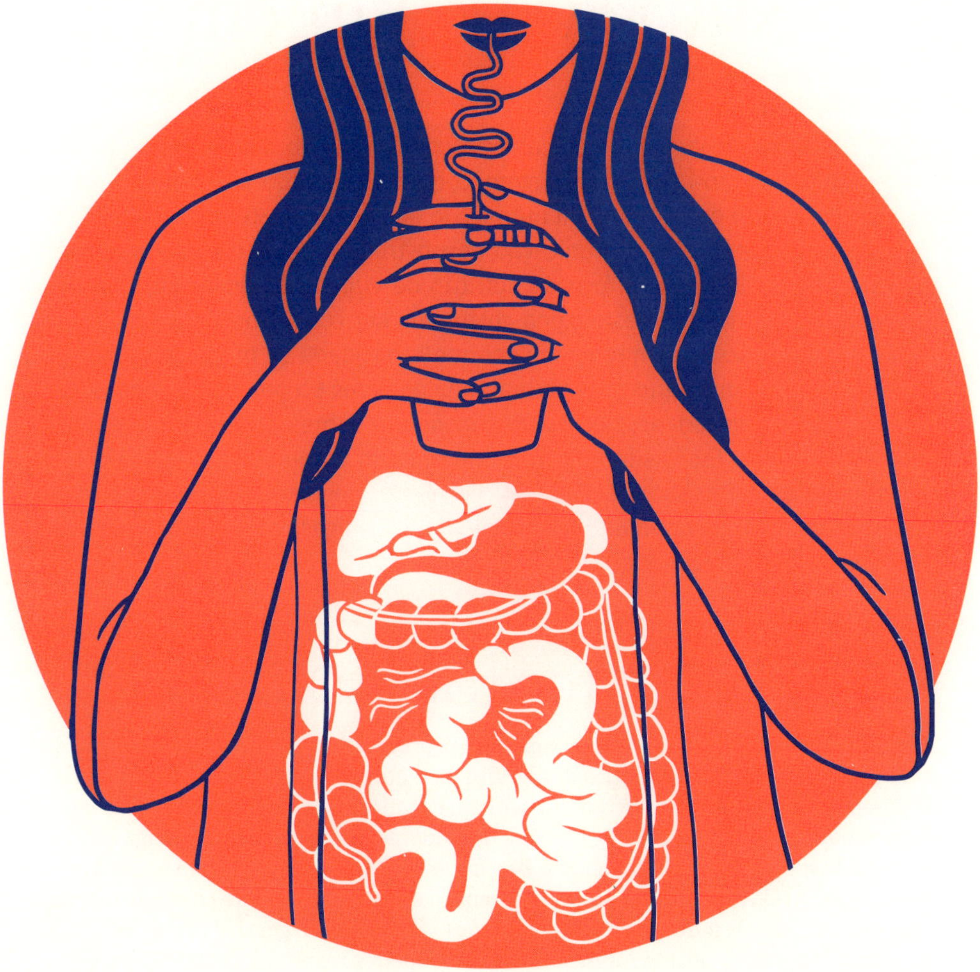

- Diafragma
- Mesentério
- Fígado
- Baço
- Pâncreas (especificamente sua função secretora de enzimas)
- Intestino delgado
- Sistema nervoso entérico e eixo intestino-cérebro
- Sistema imunológico gastrointestinal (com Peixes)
- Sistema nervoso simpático
- Cólon ascendente

Nutrição de Virgem

Gesto: Instinto

A base da saúde de Virgem é sua conexão com a intuição. A intuição é um profundo conhecimento interior de Virgem, o qual se estende até muito além da comida. Porém, no que se refere à nutrição, o eixo intestino-cérebro é uma peça vital. Manter esse eixo de comunicação desobstruído e apoiado igualmente em ambas as extremidades é o foco da nutrição de Virgem. Os primeiros sinais de desequilíbrio nutricional deste signo costumam ser cognitivos, esteja ele consciente disso ou não. Virgem tem uma enorme capacidade de produzir e executar. Contudo, por ser um signo tão cerebral, muitas vezes só percebe que foi longe demais quando ansiedade, nervosismo, insônia e sobressalto se tornarem sua experiência diária. Esses sintomas indicam que um ou ambos os lados do eixo intestino-cérebro precisam de mais fortalecimento e regularidade. Se esse padrão persistir sem controle por muito tempo, os sintomas digestivos clássicos se tornarão mais óbvios e acentuados.

Como Sustentar a Digestão

Já que Virgem rege o abdômen, a respiração profunda é uma maneira fantástica de começar as refeições. Essa prática ajuda Virgem a entrar num estado parassimpático de repouso e digestão, algo que tende a ser bem desafiador para este signo. Sente-se ou deite-se de maneira confortável e coloque delicadamente uma mão na barriga e outra no peito. Inspire pelo nariz, fazendo a barriga encher-se como um balão em todas as direções, até mesmo na parte das costas. Deixe o ar sair suavemente com um suspiro, seja pelo nariz ou abrindo a boca, o que for mais relaxante. Em geral, Virgem precisa de um pouco mais de quietude intencional do que apenas respirar fundo três vezes. Se puder, pare e faça três minutos de respiração abdominal antes de servir o prato.

O regente de Virgem, Mercúrio, está sempre em movimento, coletando informações e estabelecendo conexões. Isso faz de Virgem o signo inteligente e completo que adoramos, mas também o provoca a tornar as coisas simples excessivamente complexas. Como grande parte da saúde nutricional de Virgem está no interior da mente, sempre é bom evitar que ela o sobrecarregue nutricionalmente. Comida também é informação. Quando aborda a comida como informação que pode aumentar ou reduzir um estado mental complexo, você pode notar que suas escolhas alimentares e os intervalos entre as refeições começam a mudar. Talvez comer refeições menores e mais frequentes ajude. Virgem geralmente relata sentir desconforto quando come demais de uma só vez. Grandes porções podem parecer obstruir e confundir o delicado processo digestivo de Virgem porque, de repente, há tanto para fazer e tantos detalhes para quebrar. Isso pode criar estresse físico e mental e resultar em má absorção.

Outra maneira de ajudar Virgem a evitar a sobrecarga nutricional é fazer refeições simples, com até cinco ingredientes. Repetindo, isso garante que você dará ao abdômen o máximo de apoio possível para separar, organizar e quebrar a comida que recebe. Refeições simples também podem trazer paz mental a Virgem porque o pensamento e a preparação envolvidos são menos complicados. Simplificar os alimentos não significa apenas reduzir o número de ingredientes, mas também focar em sabores e texturas básicas. Em geral, Virgem gosta de comida picante, só que esse tipo de comida pode não lhe cair bem e talvez seja melhor para este signo consumi-la em doses menores e pouco frequentes. Idealmente, é desejável que o mínimo possível de extremos dietéticos entre no sistema digestivo de Virgem, seja em termos de sabor, textura, quantidade ou frequência.

Virgem prospera quando a comida está quente, foi longamente cozida e é fácil de digerir. Embora uma dieta focada em vegetais seja uma opção comum deste signo de Terra, os alimentos crus raramente o favorecem. Embora Virgem possa gostar da ideia de alimentos crus, sua digestão costuma estressar seu corpo e sua mente. Crie saladas quentes aquecendo, refogando ou grelhando levemente os folhosos e cobrindo-as com hortaliças e proteínas assadas. Quando comer uma salada crua, pique as verduras finamente com uma tesoura de cozinha e use um molho ácido que inclua vinagre de maçã ou suco de limão fresco para ajudar na digestão. A nutrição líquida é outro alimento básico de Virgem. Por nutrição líquida, não quero dizer dietas líquidas nem jejuns líquidos. Em vez disso, refiro-me a nutrição líquida quente, satisfatória e rica em nutrientes, com gordura, proteína, carboidratos e calorias adequados. Quando a digestão de Virgem está sobrecarregada, alimentos mais macios podem propiciar a quebra de complexidade que ele muitas vezes deseja. Entre os bons exemplos de nutrição líquida para Virgem, estão caldos, sopas, ensopados e misturas de ingredientes diversos. Sucos frios e *smoothies* não são recomendados em grandes quantidades para este signo, mas você pode torná-los mais favoráveis a Virgem bebendo-os em temperatura ambiente, trocando frutas congeladas por frescas ou usando uma base vegetal neutra cozida no vapor, como couve-flor.

Embora todos os signos do zodíaco possam sofrer de alergias, sensibilidades ou intolerâncias alimentares, Virgem tende a ser um dos mais suscetíveis. E a Astrologia pode ajudar a identificar quais alimentos são problemáticos. Por exemplo, embora os grãos tradicionalmente pertençam a Virgem, muitos virginianos (e nativos de seu par zodiacal, Peixes) são extremamente sensíveis ao glúten. Você pode encontrar mais informações sobre Astrologia e sensibilidades alimentares no Capítulo 7. Mas a Astrologia é ainda mais útil na identificação dos órgãos ou sistemas do corpo que podem precisar de apoio quando se trata de curar sensibilidades. Ela também é útil para identificar as histórias, medos ou juízos relacionados a alimentos que possam estar desencadeando uma reação alimentar. Ao investigar a raiz das sensibilidades de Virgem, nunca descarte o estresse, mas também converse com seu médico sobre o fígado, a produção de bile e sua capacidade de digerir gordura. Todo mundo precisa de gordura saudável, mas notei na prática que Virgem tende a lutar com a digestão de gordura com um pouco mais de frequência. Por ser virginiana, descobri que se meus sintomas gastrointestinais estiverem exacerbados, é melhor comer os alimentos gordurosos de que mais gosto (como abacate e manteiga de amendoim) em lanches, longe das minhas principais refeições. Tenha isso em mente também quando se tratar de proteína animal. Geralmente, Virgem digere proteínas leves, como frango, peru, porco e peixe, com mais facilidade.

Movimento de Virgem

Gesto: Percepção

A energia de Virgem é a mais leve de todos os signos de Terra. Quando treinado, ele é ágil, mas forte e faz movimentos difíceis parecerem fáceis. Esse tipo de elegância e equilíbrio floresce a partir da consciência corporal bem desenvolvida. Assim como a intuição e o eixo intestino-cérebro são as raízes da nutrição, a percepção e a conexão mente-músculos são as raízes do movimento de Virgem. Enriquecer essa conexão não apenas requer rotinas inteligentes, mas também a vontade de adaptá-las à medida que o cérebro e o corpo trocam informações sutis. Isso geralmente significa desacelerar, chamar sua atenção para os músculos que estão sendo engajados e incorporar regularmente exercícios de ativação e correção para pequenos grupos musculares.

Acesse clairegallagher.co/bodyastro para vídeos com exemplos de movimentos de Virgem.

Virgem é fã de dominar o básico. Embora este signo viva para os detalhes, seu amor à complexidade tende a ser seu maior obstáculo no movimento. Talvez seja atraído por programas de exercícios elaborados e lotados, mas se o foco estiver nos detalhes e não na base, Virgem pode nunca experimentar os benefícios que está procurando. Para ele, o treino simples é um remédio melhor do que o treino complexo. Simples não significa fácil, mas a ênfase na eficiência e nos padrões fundamentais de movimento. Não importa como você escolha se mover, opte pela qualidade, em vez da quantidade, e faça seu movimento de Virgem valer a pena usando presença mental, amplitude total de movimento e ótima técnica.

O condicionamento físico de apoio para Virgem também é repetível, o que requer dar a si mesmo uma dose de exercício que você possa fazer. Assim como grandes porções e sabores complexos podem fazer mal à barriga de Virgem, doses grandes e complexas de exercício podem sobrecarregar o corpo de Virgem. O desperdício e a cascata hormonal produzidos por uma sessão-monstro tendem a manter este signo tentando classificar e processar quando poderia estar se recuperando para a sessão seguinte. Sessões frequentes, mas oportunas e direcionadas de maneira clara, são tipicamente o ponto ideal para Virgem.

Força e Condicionamento para Virgem

No mundo da força e do condicionamento, Virgem nos lembra que, antes de empilharmos os pesos, precisamos trabalhar a habilidade com nosso peso corporal. Um treino de Virgem pode ser feito apenas com o peso corporal e geralmente inclui movimentos clássicos, como prancha (extensões de braços no solo), flexões de braços na barra fixa e variações de agachamento com uma perna que muitas pessoas acham humilhantes. Eles podem ser básicos, mas certamente não são fáceis e exigem muita prática. Quando fazemos movimentos de peso corporal como esses, é fácil identificar os furos em nossa força. Identificar com compaixão e atender às nossas fraquezas faz parte de um programa de treinamento completo para Virgem.

Outro pilar do condicionamento físico de Virgem é o desenvolvimento do core, ou núcleo. Esse é um foco natural devido ao papel do núcleo em padrões sólidos de movimento e porque muitos desses músculos pertencem a Virgem. Porém não desperdice o tempo de Virgem com abdominais intermináveis. Em vez disso, a natureza mutável de Virgem nos ensina como girar, estabilizar e incorporar movimentos acima da cabeça que treinam o núcleo porque o integram ao todo. Em vez disso, experimente levantamentos turcos, agachamentos com barra acima da cabeça, agachamentos frontais e passadas com barra acima da cabeça.

Corrida para Virgem

Quase qualquer tipo de corrida se adapta a este signo regido por Mercúrio, mas Virgem pode ser atraído pelas distâncias mais longas de meias maratonas, maratonas e ultramaratonas. A resistência é uma característica que todos os signos de Terra compartilham, mas a energia leve, porém metódica, de Virgem se traduz bem no asfalto. No entanto, por ser um signo mutável, Virgem precisa incorporar variedade para evitar lesões e manter seu jogo de distância forte. Certifique-se de estar em um programa de corrida completo que não se concentre apenas em alta quilometragem, mas também deixe espaço para trabalho de velocidade, trabalho em subidas e treinamento cruzado. Se você quiser ficar supervirginiano, contrate um treinador de corrida e trabalhe na eficiência da passada e na posição do pé ao tocar o solo.

Yoga para Virgem

A ênfase da prática de yoga para Virgem é o alinhamento, a postura e a força do core. Virgem pode sentir-se atraído por tradições como Iyengar, em que o foco está no movimento com precisão e integridade. Embora seja natural para Virgem estar em movimento, também é importante dar ao sistema nervoso amplo espaço para relaxar. Não deixe de suplementar uma prática mais dinâmica com yin yoga, yoga nidra, yoga restaurativo ou outras formas de relaxamento profundo. Inclua-as com mais frequência na Lua Nova e no Quarto Minguante, mas use-as também para moderar a intensidade da Lua Cheia, se necessário. Sentir exaustão na Lua Cheia é indício de possível excesso de esforço no início do mês. Saiba mais sobre o movimento do ciclo lunar no Capítulo 2.

Outros Esportes e Aulas para Virgem

- Aulas focadas no núcleo
- Balé
- Barra
- Calistenia
- Exercícios corretivos
- Ginástica
- Ginástica de trampolim (*tumbling*)
- Pilates no reformer

Enfermidades de Virgem

Em vez de rocha ou solo, tendo a pensar na Terra de Virgem como uma árvore, uma flor ou uma planta. Graças à natureza mutável de Virgem, este tipo de Terra tem delicadeza e flexibilidade. Ironicamente, é a falta de flexibilidade que coloca em apuros a maioria dos corpos e corações dos virginianos. Desequilíbrios físicos e emocionais tendem a desenvolver-se neste signo quando ele se recusa a se curvar ou se adaptar às mudanças da vida. Em sua melhor forma, Virgem é magistral, coordenado e eficiente; porém, na pior, fica debilitado e rígido por seu detalhismo. Quando a Terra de Virgem é frágil, muitas vezes basta apenas um detalhe, enzima ou função ligeiramente impróprio ou fora do lugar para deixar todo um sistema fora de sintonia. As condições clínicas a que Virgem está sujeito podem se manifestar das seguintes formas:

Ansiedade ou outros estados predominantemente simpáticos

Diverticulite

Doença celíaca

Doença inflamatória intestinal

Gases, inchaço, alternância de constipação e diarreia

Lentidão e sobrecarga do fígado

Múltiplas sensibilidades, intolerâncias ou alergias alimentares

Síndrome do intestino irritável

Síndrome do intestino permeável (muitas vezes reflexo do humor e da cognição)

Supercrescimento bacteriano do intestino delgado e outros desequilíbrios da microbiota intestinal

Embora contar calorias, pontos, macronutrientes, passos ou qualquer outra coisa pareça atraente a muitas pessoas com predominância de Virgem esta é uma prática que é melhor evitar. Quanto mais rígido for Virgem em relação à comida e ao movimento, mais agravado, neurótico e tenso ele se torna. Na prática, descobri que todos os casos de contagem foram contraproducentes para a cura de Virgem. Em vez disso, muitas vezes é mais benéfico para Virgem liberar-se dos números e concentrar-se em restabelecer um relacionamento com sua intuição. Falamos sobre a intuição em termos do eixo intestino-cérebro e da conexão mente-músculos, porém é algo mais profundo que isso. A intuição, também chamada de "conhecimento instintivo" ou "inteligência instintiva", é uma profunda autoconfiança e determinação para seguir o que lhe diz sua própria orientação e sua própria sabedoria. Ela pertence a Virgem como direito de nascença, graças a sua condição de regente dos órgãos abdominais e de sua conexão com o resto do corpo. Quando Virgem insiste em contar e em controlar, muitas vezes o faz à custa da própria intuição e, assim, revela falta de confiança em sua própria capacidade de guiar-se e de cuidar de si.

Outra prática comum de Virgem é rotular os alimentos como "bons" ou "ruins". Para Virgem, é natural classificar, organizar e categorizar. Porém, quando se torna inflexível, essa linha de pensamento cria muito sofrimento e aumenta a probabilidade de Virgem envolver-se em padrões alimentares desordenados. Um de seus talentos é criar sistemas holísticos. Mas quando eles se tornam fixos e não incentivam a conexão constante com a intuição, esses sistemas podem prender Virgem e sacrificar sua verdadeira essência, que é flexível e sábia.

Além disso, a energia de Virgem tende a se deixar arrastar por novas tendências em saúde. Mais uma vez, isso geralmente é uma regressão natural decorrente da longa separação deste signo de sua sabedoria interna. O virginiano maduro reconhece nas tendências de saúde os estressores mente-corpo que elas realmente são. Virgem também sabe que, embora possa amar a informação, nem todas as informações se aplicam a ele. Se Virgem fizer constantemente uma nova limpeza, uma nova desintoxicação, um novo desafio ou um novo protocolo, estará se distraindo do que de fato precisa de atenção. Na psique de Virgem, isso geralmente é uma profunda ansiedade ou medo que o instiga a criar a ilusão de controle.

Por trás da maioria dos problemas de alimentação e condicionamento físico de Virgem está a ansiedade enraizada na crença de que controlar é igual a estar seguro. O hipercontrole da nutrição, dos exercícios ou do trabalho é uma resposta instintiva muito comum quando Virgem está nesse estado. De muitas maneiras, este signo equivale a conhecimento, dados e marcação das caixas com segurança. O virginiano maduro entende que a segurança não se encontra em números, mas na flexibilidade compassiva. Isso inclui ser flexível com suas expectativas em relação a si mesmo e aos outros e afrouxar um pouco o vocabulário preto e branco que você tende a usar na área do bem-estar. Por exemplo, comparecer a um treino não o torna "bom" e perder um treino não o torna "ruim". Fazer amizade com a flexibilidade dá a Virgem o que ele realmente deseja, que não é controle, mas sim paz.

Outros Planetas em Virgem

Mercúrio em Virgem

Mercúrio em Virgem geralmente se manifesta como uma mente muito ativa que tende à preocupação e ao nervosismo. Se houver problemas alimentares, em vez de se concentrar na remoção de alimentos "problemáticos", procure focar na remoção de pensamentos problemáticos sobre alimentos e no gerenciamento de estados estressantes na hora das refeições. É sempre aconselhável ir devagar com a cafeína se você tiver esse posicionamento.

Priorize estar inteiramente presente usando o movimento, em vez de permitir que sua mente fuja. Até pegar o jeito, talvez você precise enfatizar rotinas muito envolventes e mentalmente estimulantes que exijam sua atenção.

Vênus em Virgem

O sistema digestivo de Vênus em Virgem pode ser um tanto frio e frouxo em sua função. Muitas vezes, ele precisa de nutrição mais quente e líquida. Os alimentos crus normalmente são muito difíceis para este Vênus, e recorrer a ajuda suplementar em geral é necessário para "ligar" o trato gastrointestinal antes das refeições. Procure dar uma atenção especial à regulação do açúcar no sangue.

Este signo pode ter muita atração pelas expressões mais amenas do exercício para Virgem, como yoga, pilates, barra ou dança. Independentemente de seus interesses no que se refere ao movimento, não deixe de completar sua prática dando a Virgem o enraizamento de que ele também precisa em força. É igualmente importante não basear sua autoestima no fato de marcar ou não todas as caixas de "bem-estar" que a cultura dominante nos serve.

Marte em Virgem

Marte em Virgem pode ter problemas abdominais mais óbvios, irritáveis e inflamatórios. Porém, antes de fazer uma dieta de eliminação, analise como o estresse ou os pensamentos e comportamentos alimentares perfeccionistas podem estar contribuindo para sua saúde gastrointestinal. Entretanto, há possibilidade de alergias alimentares reais, com glúten, grãos e alimentos picantes no topo da lista de investigação. Este Marte talvez precise de mais proteína e ferro que outros posicionamentos de Virgem.

Disponha-se a reexaminar com frequência sua abordagem muitas vezes militante do condicionamento físico e da nutrição. Marte em Virgem pode tornar-se um tanto obsessivo e comprometer-se mais com uma causa ou uma ideia do que com a própria saúde. Seja honesto consigo mesmo diante de todas as práticas de "bem-estar" que na verdade estejam gerando estresse, agravamento e inflamação em seu corpo e sua mente.

Júpiter em Virgem

Inchaço e gases são as queixas digestivas mais comuns de Júpiter em Virgem. Júpiter é expansivo, grande e bem desconfortável num signo detalhista como Virgem. Júpiter e Virgem regem o fígado e, às vezes, a função hepática inadequada ou congestionada está na raiz dos problemas intestinais.

Este Júpiter pode sentir-se bloqueado por programas de treino excessivamente meticulosos e rígidos. Júpiter atua como uma lupa e, quando está em Virgem, é comum não ver a floresta por causa das árvores. Verifique se você está mesmo expandindo as coisas que realmente importam em sua prática de movimento.

Saturno em Virgem

Saturno restringe e desacelera as áreas do corpo de Virgem. Para Saturno em Virgem, a digestão tende a ser fria, lenta, debilitada e sensível. Ictiose bolhosa de Siemens com predominância de constipação, má quebra, má absorção e deficiências nutricionais são possíveis. O medo e a restrição alimentar costumam estar na raiz dessas condições médicas. Este Saturno precisa de alimentos quentes, ricos em fibras, bem cozidos e fáceis de digerir.

As pessoas que têm Saturno em Virgem costumam ser muito duras consigo mesmas. Além disso, tendem a adotar uma abordagem do tipo tudo ou nada tanto no condicionamento físico quanto na nutrição. Para curar sua relação com a comida e com o movimento geralmente é preciso reprogramar os padrões de pensamento preto/branco, sim/não, bom/ruim que Virgem é tão propenso a adotar. Este posicionamento também pode indicar um comprometimento do núcleo que talvez cause outras dores no corpo.

Urano em Virgem

Quando agitado, Urano em Virgem pode manifestar-se como algo agudo no intestino. Cólicas intestinais repentinas, mudanças extremas e imediatas no humor ou na cognição após as refeições e hipoglicemia reativa são alguns dos exemplos comuns. Os interesses relacionados à saúde em geral podem ser um sucesso ou um fracasso, pois este Urano oscila entre o virginiano perfeccionista e o virginiano procrastinador.

Netuno em Virgem

Netuno pode tornar o intestino de Virgem vulnerável a infecções e invasores de todos os tipos, incluindo monília, parasitas, vermes ou bactérias e vírus indesejados. A motilidade intestinal talvez seja fraca, permitindo a permanência de coisas indesejáveis por mais tempo. Netuno no sistema imunológico gastrointestinal de Virgem pode ser hiper-reativo ou hiporreativo, às vezes causando sensibilidades alimentares. O estado mental em relação à comida e ao condicionamento físico talvez seja extremamente distorcido ou baseado no medo.

***Checklist* para Nutrição de Virgem**	***Checklist* para Movimento de Virgem**
Gesto: Instinto	**Gesto:** Percepção
✦ Alimentos como informação	✦ Alinhamento, forma, amplitude total de movimento
✦ Alimentos fáceis de digerir	✦ Conexão mente-músculos
✦ Comida bem cozida e quente	✦ Desenvolvimento do núcleo *core*
✦ Concentre-se na intuição, não nos números	✦ Domínio das bases
✦ Mantenha a simplicidade alimentar	✦ Força do peso corporal

CAPRICÓRNIO

Anatomia de Capricórnio

Capricórnio dá forma à nossa carne. Se houver algo difícil e durável que funcione como estrutura ou barreira, provavelmente pertence a este signo de Terra. Capricórnio é regido por Saturno, planeta que é obcecado por estabilidade, retidão, integridade e pelo detalhe das coisas. Sem Capricórnio, não teríamos nada de tangível por meio do que canalizar nossa força vital. Este signo propicia no corpo um lar forte para nossas ideias, sonhos e visões que se traduz em estrutura.

Modo	Planeta Regente
Cardinal	Saturno

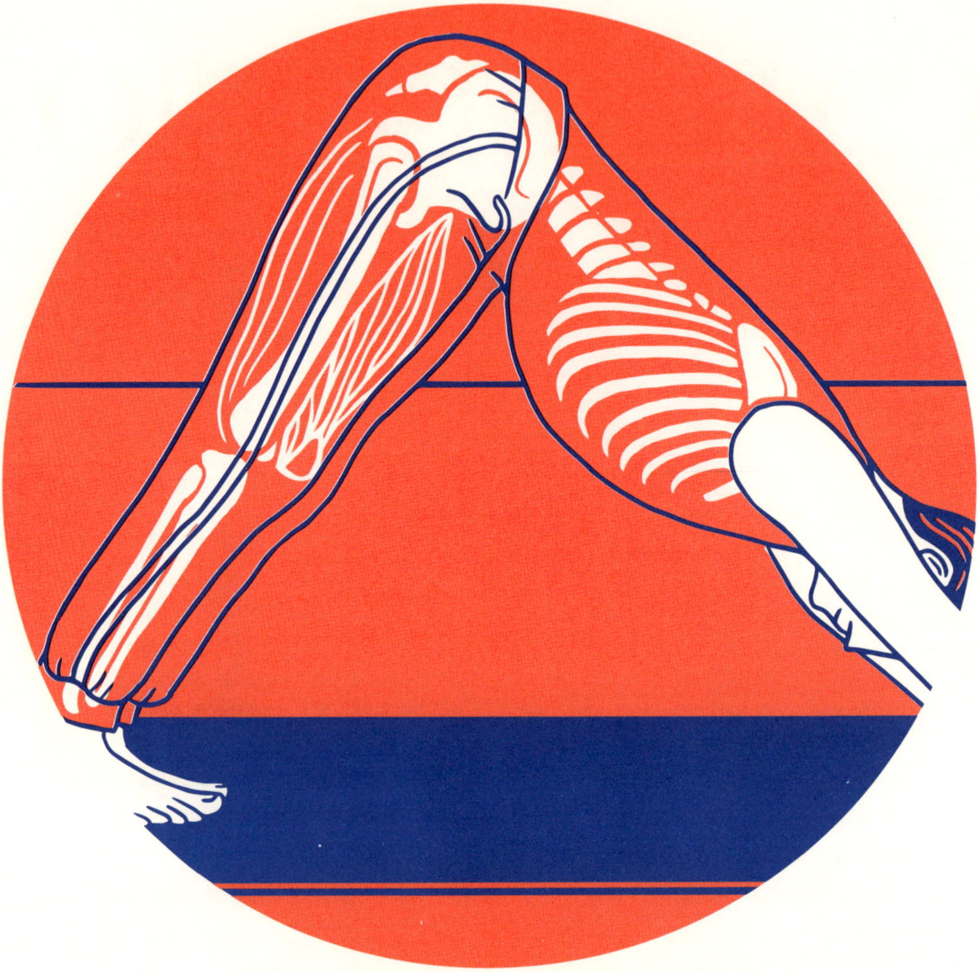

- ✦ Ossos (com Saturno)
- ✦ Pele
- ✦ Tecido conjuntivo
- ✦ Articulações, ligamentos e tendões (todas as articulações, mas em especial os joelhos)
- ✦ Dentes (com Áries, Touro e Saturno)
- ✦ Unhas e cutículas
- ✦ Músculos isquiotibiais
- ✦ Vesícula biliar (com Saturno e Câncer)
- ✦ Adeno-hipófise (com Júpiter)

Nutrição de Capricórnio

Gesto: Sustento

A despeito do clima lá fora, nascer com muito Capricórnio em seu mapa astral é como nascer no inverno cósmico. Independentemente do hemisfério em que você mora, em geral os pratos tradicionais de Capricórnio são aqueles que pensamos em comer no tempo frio: um ensopado com pão caseiro, a famosa caçarola da sua avó ou a clássica carne com batatas. A comida deste signo é substancial, própria para sustentar o corpo. Esse tipo de comida também tende a trazer uma sensação de reconforto (um aceno para o parceiro nutricional de Capricórnio, Câncer) e algo de que todo signo regido por Saturno precisa um pouco mais. Por causa de sua natureza fria, Capricórnio é naturalmente um signo que tende a comer muita carne. Entretanto, seja ele carnívoro ou não, todos os corpos de Capricórnio prosperam quando seus pratos são preenchidos com refogados quentes de abóboras, raízes e folhas verde-escuras. A comida de Capricórnio sustenta e aquece a barriga e os ossos.

Ao alimentar um signo regido por Saturno, como Capricórnio, é bom garantir que Saturno obtenha todos os nutrientes necessários para manter-se saudável. Por causa de sua associação a karma, perda, limites e um volume desproporcional de textos sobre o retorno de Saturno na mídia (veja a página 244), este planeta costuma ter má reputação na astrologia popular. Mesmo na astrologia antiga, Saturno era considerado um planeta maléfico. Há verdade nisso, mas, sem Saturno, não teríamos corpos, esqueletos, pele, abrigo nem nada de tangível em nosso mundo. Em vez de temer Saturno, forneça-lhe os materiais de que precisa para fazer seu trabalho corretamente. Para nos construir e sustentar de maneira adequada, Saturno e Capricórnio precisam de doses extras de nutrientes fundamentais. Quando Saturno está desnutrido, em vez de construir-nos, ele nos dá a impressão de que decidiu nos derrubar ou criar uma estrutura indesejada na forma de frustrações e obstáculos. Para atender às demandas extras de Saturno, uma prioridade na nutrição de Capricórnio é a densidade de nutrientes. Os alimentos ricos em nutrientes têm quantidades muito altas de vitaminas, minerais e outros conteúdos benéficos por porção se comparados a outros alimentos. Escolha os alimentos com base em seu conteúdo nutricional e sua capacidade de sustentá-lo, em vez de se preocupar com seu conteúdo calórico. Embora todo signo precise de alimentos ricos em nutrientes, Capricórnio normalmente requer uma porção extra dos nutrientes pertencentes a Saturno: proteínas, minerais e vitamina C.

Nutrientes Ocultos

É importante embutir o máximo possível de nutrição em cada mordida de Capricórnio. Com apenas algumas trocas e acréscimos de ingredientes, você pode incorporar mais nutrientes em seu rodízio normal de refeições. Meu favorito é usar caldo de osso para cozinhar todos os grãos e vegetais e como substituto da água em quase todas as receitas salgadas. E você pode aumentar o conteúdo nutricional de bebidas quentes, como café, e de *smoothies* ou assados, adicionando-lhe peptídeos de colágeno ou proteína em pó para Capricórnio.

O sábio Capricórnio come para fortalecer sua anatomia astrológica, e isso significa comer alimentos para ossos e pele. Podemos olhar para a comida óssea de algumas maneiras: ela mantém fisicamente o esqueleto, mas também mantém nossos limites energéticos, nossa força pessoal e nossa integridade. Todos esses são temas da vida de Capricórnio e, quando os vemos através de uma lente astrológica, eles se tornam portas para uma melhor saúde de Capricórnio. Os alimentos de alto teor de proteínas e minerais são alimentos básicos de Capricórnio porque nos conectam energeticamente ao aqui e agora e, quando quebrados, seus constituintes são usados para manter todas as áreas corporais mais importantes de Capricórnio. Alimente seus ossos diariamente com vegetais verde-escuros, gemas de ovos, peixes, raízes ricas em minerais e frutos secos.

As funções da vitamina C no corpo são infinitas, mas sua relação com Saturno e Capricórnio vem principalmente de seu papel na formação de colágeno e proteção antioxidante. Um Saturno saudável (e, portanto, um capricorniano também saudável) diz “não” aos invasores externos quando fortalece sua primeira linha de defesa, a pele, e gerencia os danos dos radicais livres no corpo. Comer para a saúde da pele de Capricórnio talvez exija alguma curiosidade sobre os laticínios e o açúcar. Este signo precisa de um pouco de doçura na vida, porém ocasionalmente o açúcar afeta a pele, as articulações ou o intestino. Capricórnio geralmente se beneficia da nutrição óssea encontrada em laticínios de alta qualidade, mas pelo fato de ter Câncer como seu par zodiacal, é possível que haja intolerância à lactose. As refeições de Capricórnio podem ser feitas sem muito dinheiro, porém se você quiser gastar, faça isso nos laticínios. Procure laticínios orgânicos, locais e integrais e explore fontes alternativas e fermentadas. Os queijos de leite de cabra e de leite de ovelha geralmente não prejudicam a digestão de Capricórnio.

Por fim, excetuados os problemas agudos de vesícula biliar e a má absorção de gorduras (ambos queixas frequentes de Capricórnio), garantir a inclusão em seu cardápio da gordura saturada de alta qualidade de alimentos como óleo de coco, ovos, peixes gordurosos, carne de animais alimentados com capim e manteiga orgânica em quantidade suficiente é uma obrigação para a pele. Os capricornianos que lutam com a digestão de gorduras podem se beneficiar tomando *bitters* digestivos entre dez e quinze minutos antes das refeições.

Como Sustentar a Digestão de Capricórnio

Por ser regido por Saturno, Capricórnio (assim como Aquário) é um dos signos mais frios do zodíaco. Porém a digestão é um processo que requer grandes quantidades de calor. Você pode ajudar a manter o metabolismo e os anticorpos de Capricórnio funcionando constantemente a todo vapor se beber água morna ao longo do dia e evitar beber nas refeições (em especial bebidas geladas!). É Saturno o responsável por conferir a Capricórnio sua ética de trabalho incansável. Entretanto, para que este signo realmente absorva os nutrientes de seus alimentos, ele precisa separar o trabalho das refeições. O trabalho da digestão é suficiente por si só. Deixe o trabalho em sua mesa e reconecte-se com a anatomia de Capricórnio antes das refeições, fechando os olhos e batendo levemente nos joelhos.

Movimento para Capricórnio

Gesto: Longevidade

Por ser representado pela cabra-da-montanha cósmica, a inclinação natural de Capricórnio é subir constantemente. Saturno, seu regente planetário, adiciona densidade e peso a essa escalada, o que enseja a imagem de subir uma montanha carregando um fardo pesado. Os arquétipos naturais do movimento deste signo são caminhantes, corredores de trilhas e entusiastas de esportes montanhosos de inverno. Porém não importa que você esteja na trilha ou na academia, a longevidade constitui a espinha dorsal do condicionamento físico de Capricórnio. As rotinas inteligentes para Capricórnio o preparam para ir longe e isso implica aprender a dosar de maneira adequada o trabalho, a manter o esforço sustentável e a dar respaldo à capacidade do corpo de continuar em movimento pelas muitas décadas que virão.

Não cultivamos apenas longevidade e resistência na forma como nos movemos, mas também no modo como pensamos sobre o movimento. Ao trabalhar com um capricorniano, quero que ele se sinta bem-sucedido 100% do tempo. Abreviar ou deixar de fazer um treino, ou simplesmente modificar um movimento, muitas vezes o fazem se sentir "malsucedido" e o desestimula a continuar treinando. Para evitar isso, divido o programa de Capricórnio em blocos extremamente alcançáveis. Em geral, no início limito os iniciantes a uma ou duas sessões por semana, mesmo que eles me procurem solicitando cinco (uma ocorrência comum entre capricornianos). Eu sei que duas sessões é um número mais realista para que eles consigam manter, o que lhes dará a sensação desejada de uma escalada constante sem se expor a "vergonhas".

Por causa da natureza fria, seca e muitas vezes rígida desse signo, nutrição e recuperação são tão importantes quanto o próprio programa de exercícios de Capricórnio. É preciso inserir umidade simbólica no sistema, especialmente à medida que Capricórnio for envelhecendo, por meio de aquecimentos mais longos e prática de mobilidade mandatória. Os joelhos e os músculos estabilizadores circundantes devem receber atenção especial. Embora nem sempre seja natural para esse signo que se move sempre em frente, o desenvolvimento da parte de trás do corpo, especificamente os isquiotibiais, para evitar desequilíbrios e lesões também é vital para Capricórnio.

Força e Condicionamento para Capricórnio

Em força e condicionamento, existem inúmeras maneiras de impor o ritmo, melhorar a resistência e imitar a energia da escalada por meio da manipulação do tempo, da elevação e de outras variáveis. O aumento do número de repetições é uma maneira muito comum de melhorar a resistência muscular, só que fazer centenas de repetições a cada treino ao longo dos anos não é muito favorável à longevidade das articulações nem ao desenvolvimento da força. Em vez de fazer centenas de repetições monótonas com pouco esforço e atenção, aumente o tempo sob tensão usando tempos de movimento ou prescrições de tempo. É muito mais difícil (e mais eficiente) fazer oito movimentos muito lentos de bíceps com um peso desafiador do que vinte movimentos rápidos com halteres levíssimos. Falamos sobre tempos de movimento em vários outros capítulos, entre os quais Touro (ver p. 166) e Aquário (ver p. 149). Tanto os signos de Terra quanto os signos fixos respondem bem a eles.

Acesse clairegallagher.co/bodyastro para vídeos com exemplos de movimentos de Capricórnio.

Nos treinos de condicionamento, Capricórnio nos desafia a nos poupar para resistir a longo prazo. Por exemplo, completar um circuito de exercícios sem interrupções até o final requer ritmo. O objetivo não é terminar o mais rápido possível, mas completar cada circuito mais ou menos dentro do mesmo tempo. O que isso requer é descanso suficiente, como três minutos entre os circuitos. Você pode achar que esse intervalo está longo demais, mas é algo muito intencional. O descanso corretamente cronometrado torna-o mais eficiente e permite-lhe sustentar o trabalho árduo por mais tempo. Lembre-se, a intenção é a resistência, o que exige a capacidade de mover-se de forma contínua por longas séries.

Você também pode simular a energia da escalada da cabra cósmica na seleção de exercícios. Subir e descer escadas, rastejar e carregar peso em distância são atividades que apoiam Capricórnio. O mesmo se aplica a partir de um déficit ou trabalhar em declínio ou inclinação, como se pode fazer com um supino inclinado ou flexões em declínio. Déficit significa apenas que você está abrindo mais espaço entre seu corpo e o chão. Isso torna o exercício mais desafiador porque requer maior amplitude de movimento, o que é mais um meio de manter suas articulações saudáveis a longo prazo. Você pode fazer todos os tipos de movimentos partindo de um déficit, mas vamos usar a estocada reversa como exemplo. Crie uma pequena plataforma com um degrau ou pilha de placas de peso (apenas alguns centímetros bastam). Fique na plataforma e lance-se para trás com a perna direita até tocar o joelho direito no chão. Graças à plataforma, seu joelho precisa baixar vários centímetros a mais para chegar ao solo, aumentando o desafio e exigindo mais trabalho.

Corrida para Capricórnio

Como os demais signos de Terra, Capricórnio muitas vezes gosta de correr médias ou longas distâncias. Porém, por outro lado, ele é também o signo de Terra com maior probabilidade de sentir dores no joelho e em outras articulações. Tenha isso sempre em mente; não como algo a temer, mas sim como um lembrete de que a longevidade do movimento é o objetivo maior. Você provavelmente quer continuar correndo nas próximas décadas, e eu quero que Capricórnio se mova bem em seus anos provectos. Isso normalmente requer compromisso e diversidade de movimentos. Evite prender-se a uma rotina só de corrida. Qualquer tipo de treino que acabe virando rotina é uma das maneiras mais rápidas de fazer um corpo de Capricórnio envelhecer prematuramente. Para manter os ossos e articulações saudáveis, diversifique-se e incorpore exercícios de sustentação de peso, assim como muitos movimentos dos signos de Água para incorporar um pouco de umidade e flexibilidade. Confira a seção de Câncer (signo que equilibra Capricórnio) para obter algumas ideias de Água.

Yoga para Capricórnio

Como no caso de Virgem, a prática de yoga para Capricórnio tem um forte foco no alinhamento, na postura e em retenções mais longas. Por ser o regente dos ossos, Capricórnio tem também uma necessidade maior de se concentrar na saúde da coluna e das articulações. Como o corpo de Capricórnio demora para se aquecer, não se apresse e deleite-se fazendo uma longa sequência de círculos nas articulações antes de uma prática mais vigorosa. Não há necessidade de exigir uma sala com temperatura de 45 °C, mas um espaço de prática com temperatura mais aprazível fará bem a este signo. Repetindo, o foco maior é a longevidade. Nunca é cedo demais para começar a frequentar aulas de yoga voltadas para o envelhecimento saudável e o cuidado das articulações ou até mesmo suplementar com tai chi chuan ou qigong. Outra dica de longevidade de Capricórnio é levar o yoga para o trabalho. Uma rápida sequência feita na cadeira e na mesa é a pausa perfeita para este signo.

Outros Esportes e Aulas para Capricórnio

- Caminhada a marcha
- Caminhadas, *trekking*, alpinismo
- Ciclismo de montanha
- Corrida de obstáculos
- Escalada em rocha
- Escalada estilo boulder
- Escalada no gelo
- Esqui alpino
- Eventos de ultrarresistência (bicicleta, corrida, natação, caminhada)
- Montanhismo
- Yoga com cabras

Enfermidades de Capricórnio

Quando um desequilíbrio de Capricórnio se manifesta, é um sinal de que está na hora de avaliar a base. Eles aparecem quando as estruturas físicas ou emocionais do corpo se tornam demasiado rígidas ou demasiado frágeis e também quando os mecanismos de controle do corpo são demasiado opressores ou completamente ausentes. Em outras áreas da vida, isso pode surgir na forma de uma dificuldade em estabelecer limites, sejam eles complacentes e passivos ou rígidos e isolantes, consigo mesmo ou com os outros. Os problemas de Capricórnio o forçam a uma escalada em direção a algo melhor, mas administrá-los quase sempre requer muito trabalho, investimento e paciência. As condições clínicas a que Capricórnio está sujeito podem se manifestar das seguintes formas:

Cálculos biliares, inflamação da vesícula biliar, redução do fluxo de bile e outros desequilíbrios da vesícula biliar

Deficiências nutricionais e má absorção

Depressão

Desafios de fertilidade

Disfunção do eixo hipotálamo-hipófise-adrenal (HPA)

Doenças de pele de todos os tipos (acne, secura, eczema, psoríase, erupção cutânea, sensibilidade)

Escoliose

Fraturas e luxações ósseas

Osteopenia e osteoporose

Perda auditiva

Rigidez e dor muscular ou articular crônica (artrite, fibromialgia)

Sensação de frio

Nas profundezas de muitos dos problemas de alimentação e movimento de Capricórnio está o medo de não ser, não fazer nem ter o bastante, ou o medo de ser inerentemente “errado” ou “ruim”. Capricórnio escolhe com frequência o sofrimento e as dificuldades para provar que está fazendo “o suficiente” e fazendo-o do modo “certo”, porém esse apego à escalada cega e o medo do que pode acontecer quando ele parar muitas vezes funcionam como uma barreira para o sucesso autêntico. Para curar sua relação com a comida e o movimento, Capricórnio muitas vezes precisa redefinir seu conceito de sucesso e entender a motivação de sua constante escalada e o que realmente está buscando quando chegar ao topo. A satisfação profunda, sentida até os ossos, e a certeza de saber que tudo está bem, não importa onde ele esteja ao longo de seu caminho, são muitas vezes o que o coração e o corpo deste signo precisam.

Mais horas de trabalho e listas infindáveis de tarefas são sinais comuns de que Capricórnio precisa fazer uma pausa e reiniciar, porém sua orientação para objetivos também pode manifestar-se como evitação. Isso não tem nada a ver com “preguiça”, mas com as gigantescas expectativas que Capricórnio tende a nutrir em relação a si mesmo. A pressão para ter bom desempenho numa área às vezes pode ser tão grande que outras partes da vida, como o movimento e a alimentação, acabam passando completamente despercebidas. Para alguns, isso se traduz em ver a comida como perda de tempo ou dinheiro, trabalhar durante todo o horário do almoço ou pular refeições para fazer mais. No que diz respeito ao movimento, Capricórnio é capaz de não começar um programa de exercícios nunca por medo de se decepcionar e desistir de suas imensas expectativas. Ou então, pode ficar tão obcecado com comida ou condicionamento físico que outros determinantes do bem-estar (que são muitos!), como saúde social, mental ou espiritual, ficam em segundo plano.

O medo também pode se manifestar como hábitos ou restrições de longo prazo. Um exemplo desses hábitos de Capricórnio é fazer a mesma rotina de exercícios ou comer a mesma coisa por dias, meses ou anos a fio. Até certo ponto, a consistência é terapêutica para Capricórnio, mas, quando levada longe demais, o corpo fica faminto da diversidade de nutrientes e movimentos de que precisa para se sentir verdadeiramente sustentado. As rotinas são muitas vezes comportamentos baseados no medo que protegem Capricórnio da possibilidade de não atender às suas próprias expectativas ou às expectativas da sociedade, por mais distorcidas e irrealistas que possam ser. As rotinas o impedem de ter que enfrentar sua abordagem clássica de aprovação/reprovação da saúde e da vida e libertar-se dela. A restrição, embora ligeiramente diferente dos hábitos e rotinas, em geral também está arraigada no medo. Como Virgem, muitas vezes é mais fácil para Capricórnio contar calorias, passos e macronutrientes e remover grupos inteiros de alimentos do que olhar por baixo desses comportamentos e perguntar-se do que realmente precisa. Capricórnio sabe muito bem que o corpo carrega o fardo de todo o trabalho que suporta e, portanto, restringir sua nutrição restringe também sua produção.

Outro indício para ajustar com compaixão o modo como Capricórnio aborda os alimentos ou o movimento são os sintomas que sinalizam desnutrição ou sobrecarga. Dores nas articulações, alterações na pele, sensação de frio e constipação são sinais comuns de que Capricórnio não está conseguindo processar a carga que colocou sobre si mesmo. Quando deixado de lado por muito tempo, isso pode levar a uma inversão da clássica ambição de Capricórnio e manifestar-se como depressão, apatia e sentimentos de falta de propósito.

Outros Planetas em Capricórnio

Mercúrio em Capricórnio

Para Mercúrio em Capricórnio, se houver problemas digestivos, eles geralmente são exacerbados por altos níveis de estresse, comer em movimento ou comer na mesa de trabalho. Para esse posicionamento, priorizar um pequeno ritual de aterramento antes das refeições costuma ser mais eficaz que uma mudança drástica na dieta.

Este Mercúrio é propenso a um ritmo ambicioso e exagerado. Não deixe de criar uma rotina de exercícios que apoie sua definição de sucesso a longo prazo, o que talvez signifique focar na sustentabilidade e ajustar suas expectativas para ser autossustentável. A dor nas articulações também é comum e, quando presente, geralmente se deve a um nervo agravado ou talvez comprimido.

Vênus em Capricórnio

Para Vênus em Capricórnio, os problemas alimentares geralmente aparecem como afecções de pele oleosa de origem hormonal, possivelmente exigindo maior consumo de gordura saudável. Este Vênus geralmente tem problemas para liberar resíduos através da pele e talvez precise ajudar a pele por meio de exercícios, esfoliação e outras práticas de autocuidado.

Vênus tende a amolecer o corpo de Capricórnio, tornando altas prioridades não só a nutrição óssea, mas também os exercícios de sustentação de peso. Se houver dor nas articulações, pode ser devido a estruturas de suporte fracas, e aumentar a força muscular geralmente ajuda.

Marte em Capricórnio

Para Marte em Capricórnio, a reatividade alimentar pode refletir-se na pele como erupção cutânea, ressecamento, descamação, coceira ou qualquer outra coisa vermelha e inflamatória. Como Mercúrio, este Marte precisa gerenciar o estresse em torno da alimentação e evitar pular refeições ou trabalhar durante as refeições. É possível que haja inflamação da vesícula biliar se demasiado estresse e maus hábitos alimentares forem mantidos a longo prazo. Talvez este Marte precise de mais proteína que outros planetas em Capricórnio.

Em termos de movimento, um Marte em Capricórnio pode ignorar a dor ou outros sinais do corpo para parar. Ele é propenso a lesões e inflamações nas articulações, particularmente as dos joelhos, e se beneficia da diversificação de sua prática de movimento e do afastamento de movimentos demasiado repetitivos.

Júpiter em Capricórnio

Júpiter em Capricórnio pode ter propensão a cálculos biliares ou depósitos de gordura no fígado. Embora as dietas com baixo teor de gordura não sejam uma solução preferencial a longo prazo, este Júpiter talvez seja o que tolere a menor quantidade de gordura dietética em comparação com outros planetas em Capricórnio. Caso os problemas digestivos se manifestem na pele, eles tendem a ser de natureza oleosa e, como no caso de Vênus, precisam de ajuda para se expressar.

O exuberante Júpiter às vezes pode se sentir constrangido pela abordagem classicamente séria de Capricórnio ao condicionamento físico. Libere a longa lista de verificação de obrigações de condicionamento físico e relaxe. Transforme os treinos em desafios e jogos ou simplesmente pratique-os ao ar livre.

Saturno em Capricórnio

Saturno em Capricórnio é propenso a uma digestão mais fraca, rotinas alimentares, restrições e deficiências nutricionais. Caso haja sensibilidades ou intolerâncias alimentares, a raiz do problema geralmente decorre de uma mentalidade restritiva ou talvez de vesícula biliar preguiçosa e má digestão da gordura. Os problemas digestivos geralmente se manifestam como dor artrítica, pele e cabelos sem viço ou unhas quebradiças. Como Saturno e Capricórnio regem o esqueleto, a nutrição óssea e os exercícios de sustentação de peso são fundamentais para a saúde a longo prazo.

Se for bem alimentado e bem treinado, este Saturno tem potencial para tornar-se muito forte e resiliente. Porém, se estiver desnutrido e maltratado ou não quiser questionar suas crenças e comportamentos prejudiciais em relação à comida e ao movimento, o que tende a concretizar-se é o oposto. Saturno é complexo e pode infundir tanto força quanto fraqueza a este signo, mas o resultado dependerá exclusivamente de suas escolhas e ações anteriores.

Urano em Capricórnio

Para Urano em Capricórnio, o estresse extremo e a mentalidade de hiperprodutividade podem contribuir para desconfortos digestivos agudos. Crises da vesícula biliar, espasmos estomacais, alternância de constipação e diarreia, reações cutâneas agudas aos alimentos ou vômitos podem surgir. Urano pode fazer suas ondas de choque atravessarem o zodíaco e atingirem Câncer, o signo que é o par de Capricórnio, também criando espasmos e perturbações no útero. Urano é propenso a acidentes e quebras, o que torna extremamente importantes a força óssea e o exercício de sustentação de peso.

Netuno em Capricórnio

Netuno em Capricórnio pode enfraquecer qualquer dos limites do corpo, tornando-os porosos e permeáveis. Alguns exemplos são sensibilidade cutânea, síndrome do intestino permeável ou até mesmo emaranhamento emocional. O mau funcionamento da vesícula biliar pode contribuir para problemas digestivos. Talvez fraqueza ou dores nas articulações constituam uma barreira contra os exercícios. É possível que Netuno precise de suplementos com vitaminas e minerais que propiciem a construção de ossos e articulações, como vitamina D, cálcio e magnésio.

Checklist para Nutrição de Capricórnio	*Checklist* para Movimento de Capricórnio
Gesto: Sustento	**Gesto:** Longevidade
✦ Aquecimento e aterramento ✦ Construção óssea ✦ Densidade nutricional ✦ Foco nutricional de Saturno: proteínas, minerais, vitamina C ✦ Suporte à pele	✦ Cuidado das articulações e da coluna ✦ Diversidade de movimentos ✦ Foco na sustentação de peso ✦ Pausas frequentes para alongamento ✦ Resistência muscular e cardiovascular ✦ Ritmo sustentável

capítulo seis

CORPOS DE ÁGUA

Signos: Câncer, Escorpião, Peixes

Qualidades: Frio, Úmido

Talvez a Água seja o elemento mais incompreendido da Astrologia. Descritores como sensível, empático e emocional são comuns e, embora todos eles possam ser verdadeiros, o que tende a ser deixado de fora nas conversas sobre Água é o poder. Dependendo de sua forma, a Água tem o poder de manter ou encerrar a vida. Pode congelar ou inundar. Pode purificar ou afogar. Pode matar a sede ou transmitir doenças. Sábio será deixar a própria Água definir-se, entendendo que ela pode fluir de uma expressão para outra ou manifestar várias simultaneamente.

Por qualidade astrológica, a Água é fria e úmida. Embora ela possa vir em temperaturas diferentes, neste contexto, o frio descreve como a energia em um corpo de Água tende a se mover e a se comportar. O frio desacelera, contrai e se move para dentro ou para baixo. Isso pode refletir-se no metabolismo, na circulação ou no terreno emocional de um corpo de Água, e é nossa primeira pista no autocuidado de Água. Para um corpo de Água, nutrição, condicionamento físico e suplementação geralmente dão origem a um efeito de aquecimento para compensar sua natureza fria.

A umidade mistura, mescla e combina coisas. Ela é relacional e receptiva. A Água também assume a forma de seu recipiente. Com base nessas qualidades, surgem temas comuns da Água, como sensibilidade, compaixão e profundidade de sentimentos. Embora o Ar seja considerado o elemento da comunicação, a Água transporta mensagens tácitas que ondulam pelo corpo. Os signos de Água muitas vezes precisam aprender quais dessas mensagens sutis lhes cabe transmitir ou abandonar. No corpo, esse elemento rege as muitas vias de fluidos físicos e energéticos, entre os quais incluem-se os das emoções, dos hormônios e da linfa.

Quando o frio e a umidade andam juntos, as coisas parecem pesadas. Se você já entrou totalmente vestido num corpo d'água ou foi pego de surpresa por uma chuva torrencial, sabe como as roupas encharcadas se penduram em seu corpo e grudam em sua pele. É exatamente assim que acontece quando os signos de Água não se sentem bem. O excesso de umidade pode criar muitos problemas nos corpos físico, emocional e energético, deixando a pessoa de Água absolutamente afogada ou flutuando muito longe da praia em que pretendia estar.

O objetivo de todo autocuidado do corpo de Água é garantir que a Água corra limpa e desimpedida. Queremos que a Água esteja inteiramente pura, afinada e operacional em seus dons naturais de ternura, compaixão, intuição e sabedoria. Porém, assim como um rio é contido pela terra, a Água é mais potente e magistral quando está sujeita a direcionamento e alguns limites. A nutrição, o condicionamento físico e o autocuidado para esse tipo elemental destinam-se não só a manter a Água fluindo, mas também a ancorar totalmente seu poder.

Como Atender às Necessidades Nutricionais da Água

Lembre-se de que a Astrologia e o corpo são dinâmicos, e você pode ter excesso ou escassez de Água, ou mesmo Água neutra, em qualquer que seja o momento. O que você ingere para manter sua Água pode mudar ao longo da vida. Independentemente de o intervalo ser de dias, meses ou anos, é provável que você passe por ciclos de alimentação para reduzir ou aumentar a Água.

A NUTRIÇÃO DA ÁGUA

Redução da Água	Aumento da Água
Comida bem cozida Especiarias picantes (alho, canela, cominho, cúrcuma, gengibre, misturas de curry) Frutas ácidas de baixo índice glicêmico (frutas silvestres, cereja, frutas cítricas) Frutos secos com alto teor de gordura (castanha-do-pará, macadâmia) Legumes fermentados (chucrute, *kimchi*) Proteína animal de alta qualidade, peixes azuis (atum, salmão, sardinha) e outros frutos do mar Suco fresco de limão Vegetais com baixo teor de carboidratos (abobrinha, aspargo, brócolis, couve-flor, folhas verde-escuras)	Açúcares naturais (fruta, mel, xarope de bordo) Algas marinhas Caldos e sopas Frutas ricas em água (frutas silvestres, laranjas, maçãs, melões, pêssegos, tomates) Grãos (integrais e refinados) Laticínios fermentados Ovos Sal marinho Tubérculos e abóboras duras (todas as batatas, *butternut squash, delicata squash*) Vegetais ricos em água (abobrinha, aipo, alface, cogumelos, pepino, pimentão, repolho)

Alimentos e Práticas que Podem Perturbar a Água
Aditivos, conservantes, corantes e ingredientes sintéticos
Alimentos excessivamente salgados, picantes, gordurosos ou fritos
Excesso de álcool
Quantidades excessivas de alimentos com alto índice glicêmico
Quantidades excessivas de alimentos crus

CÂNCER

Anatomia de Câncer

As áreas do corpo de Câncer nutrem ou protegem, ou fazem ambas as coisas: este signo é a mãe do corpo. Na astrologia popular, Câncer é frequentemente considerado fraco ou chorão, mas o fato é que sem ele ficaríamos indefesos. Internamente, Câncer reconforta e distribui sustento. Externamente, ele afugenta qualquer coisa que ameace nossa segurança. Este signo cobre todas as nossas necessidades básicas: comida, água, ar, abrigo e amor. Em geral, qualquer estrutura corporal que contenha substâncias nutritivas ou embale órgãos vitais pertence a Câncer.

Modo	Planeta Regente
Cardinal	Lua

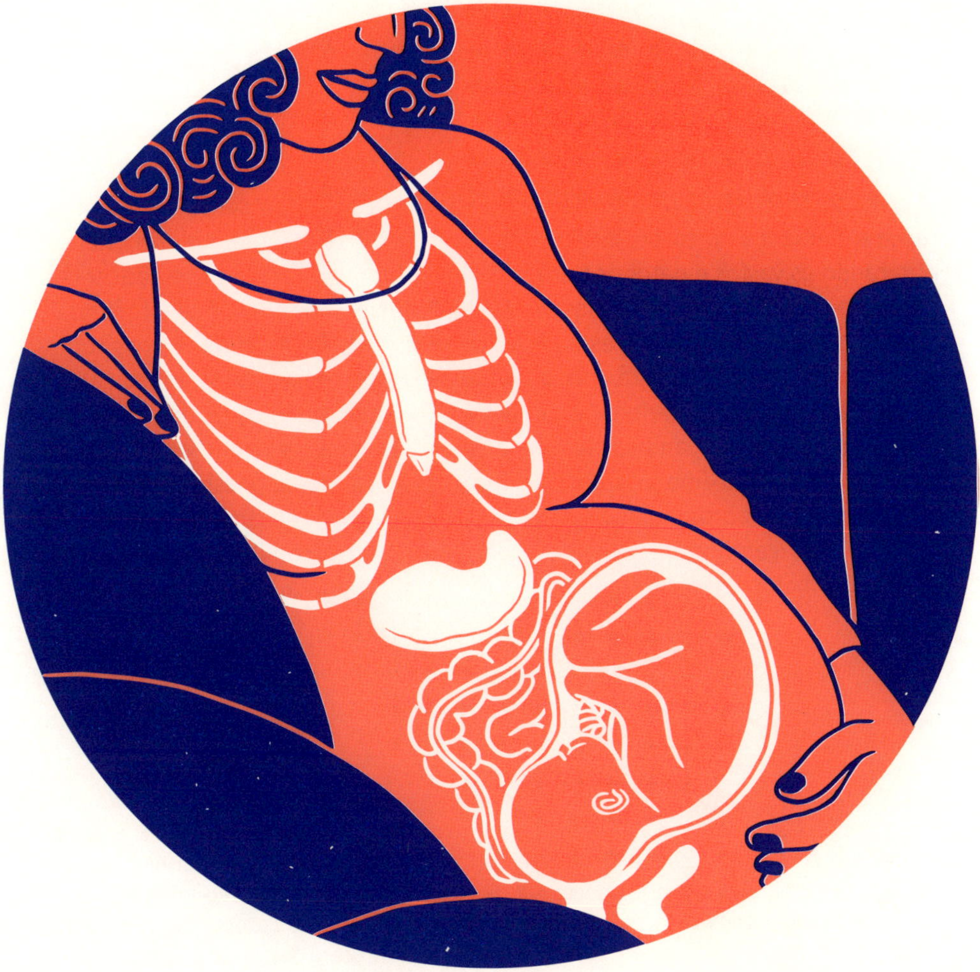

- Meninges do cérebro e da medula espinhal
- Gengivas
- Mucosas
- Seios paranasais (com Touro)
- Parte inferior do esôfago
- Peito, ombros anteriores (com Gêmeos), axilas
- Mamas
- Estômago
- Vesícula biliar (com Saturno e Capricórnio)
- Esterno, costelas, músculos intercostais
- Pericárdio e pleura
- Lobos inferiores do pulmão
- Diafragma
- Cotovelos
- Carne da barriga
- Útero (especialmente durante a gravidez)
- Bexiga (com Escorpião e Libra)

Nutrição de Câncer

Gesto: Conforto

O principal foco nutricional de Câncer é criar uma profunda sensação de segurança e confiança no corpo, independentemente do estado em que ele esteja. É abraçando as vastas e naturais flutuações do corpo e do coração que Câncer cria um longo relacionamento compassivo consigo mesmo, com a comida e com qualquer outra coisa. O que você está comendo é certamente importante, mas como, onde e com quem você está comendo costumam ser mais importantes. Câncer poderia ter uma "dieta perfeita" e ainda sofrer muito com sintomas digestivos por causa de estressores ambientais ou emocionais não tratados. Para Câncer, é benéfico fazer o máximo de trabalho mecânico e emocional possível fora do sistema digestivo. Abordar conversas ou pensamentos prejudiciais sobre alimentos e cuidar com gentileza das emoções deflagradas pela comida geralmente tem resultados melhores que uma revisão nutricional completa.

Digestão Emocional

Câncer deve sua natureza profundamente sensível à Lua, seu regente planetário. Se Câncer prontamente demonstra as próprias emoções ou as mantém escondidas vai depender do resto do mapa. Mas, de qualquer maneira, "digerir" suas emoções antes de digerir sua comida pode ser extremamente favorável à cura de qualquer desconforto gastrointestinal de Câncer. Comece as refeições colocando uma mão no coração e a outra na barriga. Faça uma varredura emocional e anote com compaixão tudo o que você está carregando consigo para a refeição. Além disso, faça uma varredura do ambiente. Mesmo que esteja num espaço familiar, dê uma olhada por trás dos ombros para ver e ouvir o que está a seu redor. Isso vai amplificar a sensação de segurança e acalmar o sistema nervoso.

A comida que reconforta é medicinal para Câncer, mas isso vai além do sentido popular. Procure criar conforto no corpo e na mente antes, durante e após as refeições. Isso pode significar comer num ritmo e num lugar que pareça relaxado e iniciar as refeições com algumas inspirações profundas ou um momento de gratidão. Também pode significar sintonizar seus sinais de fome e de saciedade para detectar se estar com fome ou cheio demais muda sua experiência de conforto. Conforto também significa cultivar uma voz nutritiva sobre alimentos; uma voz gentil que desarme os julgamentos severos e a carga emocional em torno da comida. Câncer costuma ser muito habilidoso e disposto a usar essa voz alimentar com as pessoas, mas nem sempre estende a mesma delicadeza e compaixão a si mesmo. Ao comer ou escolher o que comer, tente falar consigo mesmo no tom que usaria com uma criança ou um bom amigo.

Para alguns, comida que reconforta também pode significar alimentos fisicamente "seguros", ou seja, aqueles que Câncer sabe que pode comer sem medo de sentir-se mal depois. Câncer é um dos signos do zodíaco mais reativos à comida e, por isso, é importante que ele tenha à mão um cardápio criativo de comida caseira livre de alérgenos. Você pode aprender mais sobre Astrologia e sensibilidades alimentares no Capítulo 7. Se tiver reatividade alimentar, reserve um tempo para refazer os pratos de comida caseira que mais aprecia fazendo substituições que beneficiem Câncer. Como as qualidades naturais deste signo são frias e úmidas, os alimentos que causam desconforto a Câncer também podem ser energeticamente frios, úmidos e doces; eles empurram Câncer para um estado de transbordamento aquoso. Seja curioso a respeito de laticínios, ovos e açúcar. Esses alimentos não são "ruins" para Câncer, mas todos os três são frios e úmidos em qualidade e geram umidade ou fluidos corporais, o que pode ser agravante quando a Água já está em excesso. Às vezes, os laticínios de alta qualidade, feitos com leite integral e tradicionalmente azedos podem ser terapêuticos para Câncer. Se esse não for caso, experimente alternativas que criem uma textura cremosa, como creme de coco ou couve-flor e avocado misturados.

Inicialmente, a elaboração de um cardápio livre de alérgenos pode criar a sensação de segurança alimentar que Câncer deseja. Porém, à exceção de alguma necessidade médica, se os laços emocionais e as narrativas alimentares subjacentes permanecerem sem solução, chegará um momento no qual essa restrição simplesmente vai se transformar em mais um estressor emocional. Nesse ponto, é comum que Câncer comece a reagir a alimentos anteriormente "seguros". Simplesmente se conscientize dessa potencial armadilha e deixe que seu processo de cura venha à tona quando estiver pronto.

A tendência de Câncer à umidade também torna a proteção do fogo digestivo uma das maiores prioridades. Fazer uma pausa, respirar e preparar-se adequadamente para comer é a primeira maneira de atiçar as chamas, mas esse fogo precioso também pode ser protegido abstendo-se de líquidos antes e durante as refeições. Talvez, para acostumar-se a isso, leve algum tempo, mas vale a pena. Se você precisar tomar algo durante uma refeição, fique longe do gelo e faça o possível para garantir que a bebida esteja quente ou pelo menos em temperatura ambiente. Você também pode proteger seu fogo digestivo atentando para o consumo de alimentos crus e frios. Grandes quantidades de alimentos frios geralmente exigem o "roubo" e o desvio da energia de outros sistemas para ajudar o trato gastrointestinal, o que provoca fadiga, obnubilação e outros sintomas após a refeição. Você também pode colaborar para facilitar a digestão de Câncer com texturas e métodos de preparo de alimentos. O sistema digestivo deste signo se dá particularmente bem com purês, pudins, sopas e alimentos cozidos no vapor.

Quando são macios, os alimentos auxiliam Câncer fazendo o máximo possível de digestão mecânica fora do estômago. Você também pode tornar as proteínas mais fáceis de digerir usando salmouras e marinadas para as carnes e cozinhá-las lentamente, além de deixar grãos e feijões de molho antes de cozinhá-los.

Também é possível moderar a umidade digestiva usando o sabor. Alimentos amargos e azedos têm um efeito secante e um tanto adstringente. Tente adicionar algo amargo - como rúcula, brócolis, couve, couve-de-bruxelas ou escarola - a cada refeição para melhorar a digestão e ajudar a drenar o excesso de água. Frutas ácidas, como cerejas, frutas silvestres, frutas cítricas e maçãs verdes, também podem ser úteis. Assar frutas ou fazer compotas de frutas dobra a nutrição de Câncer.

Movimento de Câncer

Gesto: Intuição

Câncer é regido pela Lua que sempre muda e, muitas vezes, expõe o corpo e o coração de Câncer a um constante estado de fluxo. Este signo entra em extrema sintonia com as mudanças de fase da Lua, de Signo Lunar, de marés oceânicas, de umidade e as flutuações do corpo, desde o equilíbrio dos fluidos e do humor até o ciclo menstrual. Como você já sabe, quero que todos os signos se movam com base na Lua, mas isso é duplamente importante para Câncer. Aceitar seu corpo flutuante e mover-se para ele é uma das decisões de saúde mais favoráveis que este signo pode tomar. Isso geralmente é difícil de fazer na cultura popular do condicionamento físico, na qual refrões como "Sem dor, sem ganho" ainda ocupam o centro do palco. Só que, para Câncer, facilidade é ganho, e dor é dor. Claro, Câncer precisa mover-se vigorosamente e suar de vez em quando, porém menos é mais para esse signo reflexivo. Use o ciclo lunar e/ou menstrual para aumentar e reduzir seus treinos e sempre confie em sua intuição do movimento, especialmente quando ela contrariar a tendência popular de "bem-estar". Para um mergulho profundo no condicionamento físico que leva em conta os ciclos lunares, volte para o Capítulo 2.

Acesse clairegallagher.co/bodyastro para vídeos com exemplos de movimentos de Câncer.

A suavidade do movimento ocupa grande parte do condicionamento físico de Câncer. Não me canso de enfatizar que o poder de Câncer vem da moderação do yang. O excesso de yang - seja na forma de luz solar, suor, comida picante ou estresse - acabará por empurrar os cancerianos para fora de seus trilhos. Sim, Câncer precisa expressar sua ferocidade; afinal, os caranguejos têm pinças. Mas ele também precisa de amplo espaço para retrair-se e interiorizar-se sem precisar sentir culpa alguma. O cronograma de exercícios de Câncer deve ser regularmente pontuado com movimentos restauradores. Isso inclui yin yoga, yoga nidra, mobilidade, recuperação ativa e tudo que incorpore respiração profunda ou rítmica com longas retenções. Pense em cobertores, almofadas, rolos de espuma, recostos e pouca iluminação.

Um tema importante para o bem-estar de Câncer é o cultivo da segurança, que também é relevante para os exercícios. Um ambiente desconfortável é uma das barreiras de movimento mais comuns deste signo. Muitas pessoas com predominância de Câncer preferem exercitar-se em casa. É confortável e você não se sente vulnerável nem exposto. É possível fazer muita coisa com apenas um tapete de yoga, um par de halteres e um *kettlebell*. Além disso, tudo caberá debaixo da sua cama. Mas se você não tiver espaço ou dinheiro para criar uma academia em casa, faça uma pesquisa de academias. Descubra quais os horários menos concorridos e quando não há muitos treinadores circulando na área. Use esses momentos para familiarizar-se com o equipamento e os pesos livres em seu próprio ritmo, sem precisar expor-se. Faça o que for necessário para sentir-se confortável em seu treino. Para meu Vênus em Câncer, isso significa um moletom preto grande, boné, fones de ouvido e altas vibrações no exoesqueleto.

Falando em segurança, Câncer é rápido para defender-se e tem uma veia combativa que pode surpreendê-lo. Alguns arquétipos atléticos inesperados de Câncer estão nos esportes de combate: boxe, luta livre, karatê, artes marciais mistas e jiu-jítsu, para citar alguns. O denominador comum nesses atletas é o uso do “exoesqueleto” para proteger algo ou alguém. Quer você descubra um profundo interesse pela autodefesa ou simplesmente goste de fazer uma aula de *kickboxing* uma vez por semana, essas modalidades de movimento amadurecem, acalmam e fortalecem Câncer em todos os planos.

Força e Condicionamento para Câncer

Em sua abordagem de força e condicionamento, Câncer nos ensina a trazer mais fluidez para a sala de musculação. Quando estou criando um treino de força para Câncer, gosto de misturar modalidades mais duras e mais suaves e terminar com uma mistura divertida de fluxo de peso corporal, fluxo com pesos, mobilidade, socos e chutes. Por fluxo, quero dizer movimentos graciosos feitos sem interrupção, quase como se fosse uma dança com o peso. Ao trabalhar com Câncer, costumo pontuar séries pesadas de barra de peso com sequências de fluxo inspiradas no yoga ou até mesmo intervalos de *kickboxing*. As sessões de fluxo de força me deixam resiliente, mas flexível: a combinação perfeita para Câncer. Vemos esse tema também na força de Peixes.

Para manter a anatomia de Câncer forte, não deixe de focar na força da parte superior do corpo. Os treinos inspirados no boxe naturalmente são voltados para a parte superior do corpo, mas não se esqueça das flexões, variações de prancha, supino e outros exercícios direcionados para o peito e os ombros anteriores. Esses músculos pertencem a Câncer, e fortalecê-los pode ajudá-lo energeticamente a traçar limites adequados em sua vida, uma habilidade necessária a este signo.

Entretanto, talvez mais importante que o conteúdo do treino seja seu compromisso com o amor-próprio e a conscientização enquanto você se move. Eu sou inteiramente a favor de ter um programa organizado, mas você já fez uma sessão de levantamento intuitiva? Ela é a mágica de Câncer. Ser capaz de levantar pesos intuitivamente requer um pouco de experiência e conhecimento prévios, mas depois que adquire uma base, você pode ir para a academia (ou sua academia em casa) com a intenção de treinar e simplesmente ir fluindo de movimento em movimento conforme seu corpo o guiar. Eu faço rotinas intuitivas durante a Lua Nova ou no fim da Minguante, quando estou mentalmente cansada ou menstruada; basicamente sempre que quero me movimentar, mas estou sem energia para fazer um treino completo.

Corrida para Câncer

Embora qualquer signo possa adorar ou detestar a corrida, esse tipo de movimento que o direciona para a frente não é assim tão natural para Câncer. Câncer está mais para poça de maré ou banho de espuma, e sua energia tende a fluir para baixo e para dentro visando à imobilidade. Além disso, lembre-se de que os caranguejos se movem para os lados, e não da frente para trás. A rota seguida por este signo geralmente é indireta. Sempre há exceções astrológicas, mas, para Câncer, a corrida tende a não ter pressa ou a ter bastante espaço para flutuações de velocidade ou intensidade durante a corrida. O treino *fartlek* ("jogo rápido" em sueco) é uma ótima ferramenta de corrida para Água. A corrida *fartlek* é como uma sessão intervalada intuitiva e, por isso, não é preciso marcar nada no relógio. Nesse tipo de corrida, você alterna uma corrida (ou caminhada) moderada com uma corrida mais rápida. Use árvores ou outros pontos de referência para manter o ritmo. Por exemplo, corra com esforço até chegar à árvore da esquina e continue sua corrida moderada até a próxima árvore ou poste e assim por diante.

Yoga para Câncer

Para Câncer, a prática de yoga destina-se a promover conforto e restauração. Não importa o tipo de fluxo que você escolher, o uso de adereços como recostos, almofadas, cobertores, bandas e faixas elásticas de resistência, blocos e modificações de movimento é extremamente recomendável. O objetivo é dar ao corpo o que ele precisa para sentir-se seguro. Sessões de yoga intuitiva também são bem cancerianas. Acenda algumas velas, suba no tapete e deixe que seu corpo ondule e se mova da maneira que quiser. Praticar Saudações à Lua (*chandra namaskar*) também é muito favorável para este signo. Instruções para esse fluxo simétrico e circular podem ser facilmente encontradas *on-line*. É o equilíbrio perfeito para as Saudações ao Sol, frequentemente usadas por gerarem muito calor.

Falei muito sobre o desequilíbrio provocado em Câncer quando há excesso de yang (ou calor), mas o inverso também é verdadeiro. Se você estiver apresentando sintomas de desequilíbrio de Câncer e só fizer formas yin de yoga, é possível que esteja sentindo opressão pelo excesso de Água. Nesse caso, faça duas sessões mais vigorosas durante a semana.

Outros Esportes e Aulas para Câncer

- Artes marciais
- Aulas de autodefesa
- Cavernismo
- Dança do ventre
- Exercícios baseados em movimentos de quadrúpedes, como *Animal Flow*
- Hidroginástica
- *Kickboxing*
- Mergulho com *snorkel*
- Pesca
- *Skimboard*
- Surfe de peito
- Todos os sistemas de exercícios em casa
- *Tubing*
- Velejar, remar, viajar de barco

Enfermidades de Câncer

A maioria das condições clínicas de Câncer surge quando há uma resistência ou rejeição da flutuação e uma exigência de que o coração, a mente ou o corpo sejam distintos do que é no momento presente. Se realmente puder confiar na promessa da Lua de que sempre tornará a encontrar a plenitude, Câncer criará um lar incrível na sábia ciclicidade do corpo. Quando este signo se sente inseguro ou desnutrido e quando suas necessidades emocionais não são atendidas, o corpo reage com um sintoma de espelhamento. Não importa como os desequilíbrios de Câncer se manifestem, a raiz comum entre todos eles costuma ser emocional. Quando uma raiz ou um gatilho emocional é identificado e tratado, o corpo geralmente se cura por tabela. As condições clínicas a que Câncer está sujeito podem se manifestar das seguintes formas:

Asma

Crescimento excessivo de fungos (*Candida albicans*)

Desconforto digestivo: falta de apetite, náusea, vômito, dor de estômago, dificuldade para engolir, evacuação gástrica lenta, escassez ou excesso de suco gástrico, gases, inchaço, diarreia, propensão a intoxicações alimentares

Disbiose

Fadiga crônica de origem digestiva, emocional ou traumática

Inchaço, sensibilidade e cistos mamários

Irregularidades menstruais e desequilíbrios hormonais

Medo e neuroses alimentares

Retenção de líquido, inchaço, edema

Sensibilidades, alergias e intolerâncias alimentares

Sinusite e infecções respiratórias

Transtornos alimentares

Já ouvi muitos cancerianos dizerem que não podem confiar em si mesmos quando se trata de suas próprias necessidades alimentares e de movimento. As razões exatas variam, mas a história comum em todos os relatos é a sensação consistente de estar sendo sabotado por grandes flutuações emocionais e físicas. Embora essas flutuações sejam muito reais, a crença de que elas existem para atrapalhar sua saúde é falsa. A Lua é o planeta da nutrição corporal e, como signo regido pela Lua, Câncer nasceu com o dom de uma extrema sintonia com seus instintos nutricionais. As flutuações emocionais deste signo são uma parte fundamental de seu sistema de orientação em termos de saúde. E, quando considerar suas flutuações emocionais como informantes, em vez de irritantes, Câncer pode criar o espaço e a neutralidade de que precisa para aprender com emoções fortes sem se deixar arrastar por elas. Depois de praticar isso por um tempo, você ficará aberto à possibilidade de que, às vezes, o humor talvez não signifique nada e que não haverá problema em deixá-lo em paz, sem lhe atribuir nenhum tipo de sentido. Quando faz as pazes com sua natureza flutuante, Câncer cria autoconfiança, o que permite que abordagens intuitivas para comer e se exercitar funcionem muito bem. Mas é importante que Câncer entenda que emoções e intuição não são a mesma coisa.

Câncer muitas vezes se identifica como um comedor emocional. Infelizmente, essa frase carrega muito julgamento e, por isso, não gosto de usá-la. No entanto, é comum que Câncer use tanto a comida quanto o movimento como ferramentas de processamento emocional. Isso é normal e saudável para Câncer até que ambos se tornam ferramentas de substituição de seu lado emocional. Não se esqueça de que comer ou se exercitar "emocionalmente" também pode incluir o uso de ferramentas de dieta ou alimentos saudáveis e obsessão por exercícios para evitar uma situação ou emoção difícil. O comer nunca será desprovido de emoção para Câncer; tampouco deveria ser assim. Em vez disso, a alimentação saudável para este signo requer participação consciente nas emoções e histórias que cercam a comida. Isso exige disposição para ver as emoções com compaixão e clareza e se perguntar se a comida (ou o movimento) é a melhor resposta. Para Câncer, vale muito a pena desenvolver ferramentas de processamento e enfrentamento emocional além da comida e do movimento.

Se você se pegar comendo em reação a uma emoção difícil quando não estiver fisicamente com fome, tudo bem. Basta reconhecer que, muitas vezes, isso é sinal de que suas necessidades em outras áreas não estão sendo atendidas. Quando surgir um sentimento forte, antes de partir para a comida ou o movimento, faça uma pausa e se pergunte se é disso que o sentimento precisa. Por exemplo: "Estou sentindo X. Qual é a verdadeira necessidade por trás desse sentimento? Ela precisará ser atendida se eu comer Y ou fizer o exercício Z?". O poder dessa prática não está no que você come ou resolve fazer em seguida, mas no compromisso de se voltar para dentro, familiarizar-se com suas necessidades e dar a si mesmo o espaço e a oportunidade de atendê-las.

Outros Planetas em Câncer

Mercúrio em Câncer

Mercúrio em Câncer carrega consigo uma profunda conexão entre o estômago e o estresse. Inchaço, náusea ou alterações no apetite e no intestino devido a ansiedade e preocupação são comuns. É como um ciclo de *feedback* de mão dupla: quando os pensamentos são difíceis, a digestão é difícil; quando a digestão é difícil, os pensamentos são difíceis. As sensibilidades alimentares tendem a se manifestar como reações mais lentas do sistema nervoso e obnubilação.

Como no ciclo de *feedback* digestivo, o humor afeta o desejo de se mover de Mercúrio, mas o movimento afeta fortemente o humor. Todos os exercícios, especialmente as modalidades lentas e meditativas, ajudam este Mercúrio a processar e a ganhar clareza.

Vênus em Câncer

Para Vênus em Câncer, problemas alimentares e digestivos tendem a se manifestar como tristeza, defensividade ou reclusão. A conexão entre o ciclo menstrual e a saúde digestiva também se destaca. Este Vênus pode experimentar grandes flutuações de água na parte média do corpo. Pode não haver adequação do tônus, do suco gástrico ou das enzimas digestivas do estômago, tornando-o mais propenso a disbiose e infecções gastrointestinais.

Talvez Vênus em Câncer seja muito propenso a oscilações imprevisíveis de humor e use com frequência o exercício para levantar o moral e como ferramenta de processamento emocional. Apesar da sensibilidade, este Vênus normalmente requer que a intensidade do exercício corresponda à intensidade de tudo o que ele estiver sentindo.

Marte em Câncer

Para Marte em Câncer, as reações alimentares tendem a ser rápidas e intensas, com dor aguda, irritabilidade e possíveis vômitos. Muitas vezes há problemas de escassez ou excesso do suco gástrico. É mais provável que Câncer tenha deficiência de suco gástrico, embora o resultado possa queimar tanto quanto refluxo. Nesse posicionamento, comida picante muitas vezes provoca dor em Marte.

Por sua propensão à raiva, seja ela reprimida ou abertamente expressa, este Marte em geral se beneficia de válvulas de escape físicas para ela. Os esportes de combate são particularmente terapêuticos para esse posicionamento, mas qualquer coisa que permita livrar-se do excesso de calor, envolver-se com a força, fazer barulho e exprimir as emoções servirá.

Júpiter em Câncer

Júpiter em Câncer é propenso a acumular água conforme as flutuações do ciclo lunar ou do ciclo menstrual. Retenção de líquido, inchaço, edema e distensão são possíveis. Como o fígado também pode ser lento, às vezes será útil moderar nos alimentos que geram umidade. Proteínas mais magras, vegetais com baixo teor de carboidratos e frutas com baixo índice glicêmico podem ajudar este Júpiter quando se sentir em desequilíbrio.

Júpiter em Câncer pode sentir-se mais em casa com modalidades lentas e fluidas de movimento. No entanto, para a saúde a longo prazo, é importante moderar o excesso de água por meio da geração de um pouco de calor e suor. Este Júpiter pode precisar de ajuda para melhorar sua taxa metabólica com uma combinação de trabalho de força e trabalho cardiovascular.

Saturno em Câncer

O sistema digestivo de Saturno em Câncer tende a ser extremamente sensível e um pouco reprimido. O estômago se enche rápido, e o apetite em geral é fraco e propenso a desaparecer com a agitação emocional. Muitas vezes, as secreções digestivas são inadequadas e a digestão de proteínas tende a ser difícil, resultando em má assimilação de nutrientes e presença de alimentos não digeridos nas fezes.

Este Saturno pode ter no centro do corpo muita restrição, a qual se manifesta como pouca mobilidade na coluna torácica, núcleo fraco, respiração difícil durante o exercício ou até mesmo sensação de insegurança. Com esse posicionamento, pode haver uma certa insegurança diante do exercício. Um ambiente confortável para movimentar-se pode ajudar a aquecer e abrir este Saturno tanto física quanto emocionalmente.

Urano em Câncer

Quando agitado, Urano em Câncer pode experimentar todos os tipos de reversão digestiva, como vômitos, arrotos, soluços, náusea, dores estomacais agudas e irregularidades no suco gástrico. Também há possibilidade de cólicas uterinas e irregularidades menstruais graves. Às vezes, este Urano pode rejeitar a nutrição, seja em função de algum distúrbio alimentar ou de uma aversão psicológica ao autocuidado.

Netuno em Câncer

Netuno em Câncer pode não ter secreções gástricas suficientes, o que aumenta sua suscetibilidade à digestão fraca ou a infecções gastrointestinais. Este Netuno também pode sofrer pela quantidade excessiva de umidade no corpo, possivelmente aumentando uma sensação global de fadiga e sensibilidade. Netuno em Câncer pode ser suscetível à toxicidade de fungos e infecções fúngicas e descobrir que essa suscetibilidade é agravada por alimentos crus e frios, laticínios industrializados, ovos e consumo excessivo de carboidratos ou açúcar. Em geral, o sistema cardiovascular precisa de fortalecimento direcionado.

***Checklist* para Nutrição de Câncer**	***Checklist* para Movimento de Câncer**
Gesto: Conforto	**Gesto:** Intuição
✦ Ambiente calmo para as refeições	✦ Combinações de força e fluxo
✦ Comida macia e morna	✦ Espaço confortável para movimento
✦ Comida reconfortante	✦ Espaço para flutuar
✦ Digerir as emoções	✦ Mover-se com a Lua
✦ Proteger o fogo digestivo	✦ Yang moderado
✦ Voz alimentar que nutre	

ESCORPIÃO

Anatomia de Escorpião

Escorpião rege os sistemas do corpo que ondulam sob a superfície da conversa casual. Eles geralmente são invisíveis, inaudíveis e, infelizmente, associados com frequência à vergonha. Porém o corpo de Escorpião impulsiona nosso mundo e infunde-lhe poder. Sem ele, a vida cessaria de existir. Escorpião tem um interessante propósito fisiológico composto de três elementos: concentrar, expelir e transformar. Ele destila energia, resíduos, subprodutos e experiências até que atinjam uma forma que possa sair com segurança do corpo. Se essa função transformacional encontrar algum entrave, correremos o risco da contaminação. Todos os órgãos que eliminam, ou emunctórios, pertencem a Escorpião. Os emunctórios primários são os intestinos, a pele, os rins, a bexiga e os pulmões - gosto de incluir aqui também as emoções. Muitos desses tecidos são compartilhados com outros signos, mas quando estão eliminando, eles usam os canais de Escorpião.

Modo	Planetas Regentes
Fixo	Marte (tradicional) Plutão (moderno)

- Glândulas sudoríparas
- Nariz
- Função reprodutiva e órgãos reprodutivos: útero, ovários, próstata, testículos, genitais
- Ureteres, uretra, bexiga
- Cólon, reto, ânus
- Sacro, cóccix
- Músculos da virilha e da parte interna da coxa

Nutrição de Escorpião

Gesto: Transformação

O objetivo da nutrição de Escorpião é ajudar o corpo a transformar alimentos em energia e, em seguida, eliminar os resíduos de maneira fácil e eficiente. A saúde intestinal é a principal prioridade, o que torna a regulação dos hábitos intestinais, o consumo de fibras e a incorporação de alimentos prebióticos e probióticos pontos focais para este signo. A nutrição de Escorpião também atende à sua natureza marcial. O fato de ser regido por Marte faz de Escorpião o signo de Água mais quente e um metabolizador bastante rápido. Ele tende a beneficiar-se de proteínas e horário para alimentar-se que o mantenha energizado e pronto para a ação.

Escorpião e Touro, seu par zodiacal, precisam de mais fibras. Porém o quadro intestinal de Escorpião pode ser complexo. Um tipo de fibra pode agravá-lo, enquanto outro lhe propicia alívio. A fibra solúvel forma um gel nos intestinos, dá formato às fezes e retarda as coisas. A fibra insolúvel não forma gel e estimula a parede intestinal de forma mecânica, que é o que dá à fibra seu efeito laxante. A fibra insolúvel em geral é uma escolha segura para a constipação. Porém se você estiver lidando com fezes moles crônicas, comer um prato de fibra dietética, por mais "saudável" que pareça, pode desencadear uma reação inflamatória em seu corpo. Embora ambos os extremos do espectro apareçam em Escorpião, é mais comum neste signo ver diarreia crônica ou quadros mistos, o que em geral torna necessário focar na fibra solúvel viscosa. Há uma mistura de ambas as fibras na maioria dos alimentos, mas se você estiver lidando com um problema intestinal grave, preste muita atenção a sua ingestão de fibras solúveis e de fibras insolúveis. Sempre aumente seu consumo de fibras gradualmente e beba muita água para reduzir as chances de desconforto gastrointestinal indesejado.

Conheça as Fibras

Se precisar de mais fibras solúveis, faça um estoque de maçã, abacate, banana, feijões, frutas silvestres, sementes de chia (em líquido), frutas cítricas, farinha de linhaça, aveia, pastinaca (chirívia), banana madura, cacas de *psyllium*, batata-doce, raiz de taioba, nabo, arroz branco, abóbora, inhame e raiz de mandioca.

Se precisar de mais fibras insolúveis, compre álio (alho, alho-poró, cebola), pimentão, aipo, coco (em flocos, farinha), brássicas (brócolis, couve-de-bruxelas, repolho, couve-flor), grãos integrais (amaranto, arroz integral, quinoa), folhas verdes (rúcula, couve-galega, couve-de-folhas, alface, espinafre), sementes e frutos secos (amêndoas, nozes) e rabanete.

Dica para Escorpião: torne os alimentos com fibras insolúveis mais fáceis de digerir. Eles são mais bem tolerados quando totalmente cozidos, misturados a outros alimentos, amassados, cortados em cubos, destalados, descascados ou fermentados.

Escorpião também pode sofrer de sintomas digestivos mascarados que parecem não estar relacionados e surgem em outras partes do corpo como alterações de humor, dores, ansiedade, problemas de pele ou infecções recorrentes do trato urinário e infecções fúngicas. Colonizar o intestino com bactérias benéficas é um foco de Escorpião porque os benefícios se estendem além da barriga e se espalham para muitos outros sistemas do corpo, entre os quais se incluem os da pele, das emoções, da cognição e dos hormônios. Antes de pegar um suplemento prebiótico ou probiótico, comece pela comida. Os alimentos prebióticos alimentam bactérias benéficas e incluem aspargo, feijões, alho, legumes, cebolas e muitos outros vegetais. Já os alimentos probióticos – como *kimchi*, chucrute, outros vegetais fermentados, kefir e iogurte – contêm bactérias benéficas. Os micróbios amigáveis desses alimentos combatem invasores, comem as toxinas prejudiciais que eles produzem, fabricam vitaminas e ácidos graxos de cadeia curta (AGCC) e nos ajudam a converter nutrientes em formas que nosso corpo pode usar. Assim como a fibra, aumente lentamente o consumo de alimentos fermentados, em especial se estiver lidando com sintomas gastrointestinais. Trate-os como acompanhamentos ou condimentos. Até mesmo duas colheres de sopa podem ter efeito medicinal.

Os desequilíbrios hormonais são uma queixa tão prevalente em Escorpião que precisam ser considerados na nutrição diária. Quando Escorpião apresenta um desequilíbrio hormonal, seja ele por excesso ou escassez, a origem do problema geralmente está no intestino, não nos órgãos reprodutivos. Vamos pegar o estrogênio, por exemplo. Depois de deixar o fígado, o intestino é a principal via de saída do estrogênio do corpo. Os micróbios do intestino produzem uma enzima que pode reativar o estrogênio e permitir-lhe que ele torne a entrar na circulação. Quando há algum desequilíbrio intestinal, a atividade dessa enzima se altera e os níveis de estrogênio podem se tornar altos ou baixos demais. Resumindo: a relação entre o intestino e os hormônios é fundamental para Escorpião, e a cura da microbiota normalmente tem um impacto direto e positivo em outras queixas de Escorpião.

O cólon de Escorpião funciona com muita sobrecarga e muitas vezes precisa de ajuda do resto do corpo. Além de melhorar a saúde intestinal, este signo precisa garantir que seus demais órgãos de desintoxicação estejam abertos e funcionando bem. Embora possa considerá-las intrigantes, as desintoxicações e limpezas drásticas não fazem parte da nutrição sustentável deste signo e tendem a fazer mais mal do que bem. Portanto, é melhor criar todo um estilo de vida voltado para a sustentação dos órgãos emunctórios. Seu corpo está em detox o tempo todo. Escorpião só precisa melhorar o que o corpo já faz. Exercícios regulares, expressão emocional madura, um cardápio repleto de vegetais, muita água, atenção à ingestão de açúcar e álcool e remoção de produtos tóxicos de seu regime de limpeza e beleza são meios de apoio a seus processos diários de desintoxicação.

Movimento de Escorpião

Gesto: Poder

Escorpião é regido pelo fogo incandescente de Marte e impulsionado por Plutão, o deus sedento de poder do submundo. É um dos signos mais fortes do zodíaco, e a maior parte de suas modalidades de exercícios é muito intensa e passional. Seja sentida no corpo ou na mente, a maioria dos problemas de Escorpião provém de um desequilíbrio de poder. Este signo pode achar que oscila entre implosão e explosão. O movimento consciente pode integrar essa polaridade irregular e ensinar Escorpião a usar seu poder com maturidade. Se deseja exercer o poder de Escorpião com sabedoria, você deve praticar isso. O objetivo do condicionamento físico para Escorpião não é a exaustão tola; o objetivo é tornar-se um mestre da transformação. Do ponto de vista do exercício, isso implica flertar com seu limiar pessoal, cuja linha é tênue, mas ainda ter controle suficiente para surfar na onda, em vez de levar um caldo. A intensidade é uma habilidade que você precisa praticar e, com o tempo, seu limiar aumentará.

Mas há outro lado no movimento de Escorpião que é igualmente poderoso, só que um pouco mais sutil na expressão. As marcas registradas dessas modalidades são em geral a sensualidade, a profundidade e a ondulação, e muitas vezes são executadas em aulas e ambientes que criam uma resposta emocional intensa por meio da iluminação e da música. Alguns exemplos comuns são *pole dance*, movimento primal e dança burlesca. É importante que as pessoas com predominância de Escorpião tenham um pé em ambos os lados: no primeiro, intensidade e poder, complementados e equilibrados, no segundo, por sua escolha de autoexpressão temperamental e dramática.

Força e Condicionamento para Escorpião

Potência e desempenho máximos são os alicerces da força e do condicionamento de Escorpião. Encontramos isso nos exercícios de *powerlifting*, levantamento de peso olímpico e condicionamento metabólico. O condicionamento metabólico é exatamente o que a expressão diz: treinar seu metabolismo para funcionar como uma máquina bem lubrificada. Usamos esse tipo de treinamento para ensinar nosso metabolismo (como entregamos e usamos a energia para nossas atividades) a trabalhar com a máxima eficiência. Quando ouve a expressão condicionamento metabólico, a maioria das pessoas pensa que isso significa acabar-se de tanto malhar até ficar totalmente exausta. Mas essa armadilha, comum na vida dos escorpianos, não beneficia nosso metabolismo de forma alguma. Quando estamos trabalhando no verdadeiro pico, só podemos sustentá-lo por um período limitado de tempo. Basta uma pequena dose para criar um estímulo transformador.

Acesse clairegallagher.co/bodyastro para vídeos com exemplos de movimentos de Escorpião.

A arte de criar um metabolismo eficiente requer estratégia. Não faça exercícios de alta intensidade todos os dias e defina limites para seus treinos de condicionamento de modo a flertar com seu limiar, sem ficar constantemente na zona vermelha. Quando usamos limites ou controles de forma estratégica em nossos treinos de condicionamento, conseguimos encontrar a intensidade de novo, de novo e de novo. Isso mantém nossa sessão potente e prepara nosso metabolismo para ser incandescente e eficiente. Caso contrário, estaremos apenas cumprindo sem empenho uma formalidade em estado de pré-fadiga e, embora tudo pareça difícil, a intensidade foi reduzida à metade. Turbine suas sessões de condicionamento mantendo os movimentos simples, levantando cargas abaixo do máximo e acrescentando descanso estratégico. Para evitar movimentos rápidos demais, você pode incorporar exercícios isométricos, usar intervalos cíclicos nos treinos cardiovasculares ou simplesmente tentar manter 85% do esforço do início ao fim. Para a maioria das pessoas, o tempo total de trabalho de condicionamento (não incluindo períodos prolongados de repouso, aquecimento ou resfriamento) deve variar entre cerca de cinco e vinte minutos.

Corrida para Escorpião

Como são regidos por Marte, Escorpião e Áries abordam a corrida de modo semelhante. Correr *sprints* na velocidade máxima certamente é um meio de fazer uma corrida de Escorpião. Porém, por ser um signo fixo de Água, Escorpião tende a estender sua intensidade um pouco mais. Em vez de trabalhar a 100% como faríamos em um *sprint* de Áries, quero que Escorpião faça o que chamo de "corrida no limiar". Embora essa abordagem tenha muitos nomes no mundo da corrida, todos envolvem o flerte do corredor com o máximo, mas sem o ultrapassar. Fazendo isso ao longo do tempo, você aumentará seu máximo, tornando-se mais rápido e poderoso. Aqui vai um exemplo básico: após um aquecimento completo, corra a 90% de esforço por dois minutos. Caminhe por dois minutos para se recuperar. Repita de cinco a oito séries, ou quantas vezes quiser enfrentar o desafio. Quando você começar a ter dificuldade para se recuperar em dois minutos, será a deixa para encerrar o dia. Você pode fazer esse tipo de corrida em qualquer lugar que escolher, mas sugiro uma pista onde seja fácil visualizar a distância. Procure cobrir a mesma distância durante cada intervalo de dois minutos de corrida.

Yoga para Escorpião

Uma experiência de yoga para Escorpião imita a intensidade que é a marca registrada deste signo, seja no humor, no corpo ou em ambos. A prática tende a respaldar a catarse ou a despertar o poder. Lembre-se do que vimos na seção de nutrição: Escorpião precisa liberar, o que se reflete também no yoga. Isso pode ser estimulado com música e iluminação, temperatura, sequências intensas que promovam transpiração ou longas retenções com trabalho de respiração. Todas essas coisas ensejam oportunidades para transformação da memória corporal, da emoção ou mesmo do trauma. A prática de yoga para Escorpião deve ondular-se e agitar-se para trazer à tona o que quer que esteja escondido no fundo aquoso. Congestão e instabilidade pélvica são um problema comum para Escorpião. Portanto, inclua em sua rotina a mobilização regular da virilha e do quadril.

Outros Esportes e Aulas para Escorpião

- Buti yoga
- *CrossFit*
- Dança burlesca
- Hóquei
- Levantamento de peso olímpico
- Mergulho
- Movimento primal
- *Pole dance*
- *Powerlifting*
- *Rafting* e caiaque
- Rúgbi
- *Snowboard*
- Tantra yoga
- Treinamento de sobrevivência

Enfermidades de Escorpião

Escorpião é um signo fixo, o que implica que parte de seu trabalho é consolidar, condensar e segurar as coisas. Os desequilíbrios de Escorpião geralmente ocorrem quando há muita retenção e pouca liberação ou, então, muita liberação e pouca retenção. Em qualquer desses casos, o processo transformador – que é tão vital para o bem-estar de Escorpião – permanece incompleto. Seja por bloqueio emocional ou impedimento físico, os desequilíbrios de Escorpião tendem a começar quando ele evita a transformação. Se não todas, pelo menos a maioria das condições clínicas de Escorpião tem origem nos órgãos da parte inferior do abdômen. Quando aumenta a um ponto crítico e não é transformada, a toxicidade começa a aparecer em outras partes do corpo ou no estado emocional. Os sintomas detectados na superfície nem sempre são o que parecem e raramente são eventos isolados. Escorpião quer que você cave fundo para descobrir. Ao procurar a origem, o melhor lugar para começar é o sistema gastrointestinal inferior ou o sistema urogenital. As condições clínicas a que Escorpião está sujeito podem se manifestar das seguintes formas:

Acne, furúnculos, cistos

Cistite intersticial

Cistos ovarianos, miomas uterinos, endometriose, síndrome do ovário policístico, síndrome da tensão pré-menstrual, transtorno disfórico pré-menstrual (TDPM), ciclos menstruais irregulares

Coriza ou congestão nasal crônica

Descargas estranhas em qualquer parte do corpo

Diarreia; constipação; alternância de constipação e diarreia; incontinência; evacuações acompanhadas de dor, esforço ou sangramento; hemorroidas; síndrome do intestino irritável; doença inflamatória intestinal; toxicidade intestinal; parasitas; excessiva proliferação ou infecção bacteriana; infecção viral; excessiva proliferação de leveduras; vermes

Distensões na virilha e lesão ou fraqueza na parte interna das coxas

Dor pélvica

Incontinência urinária, infecções da bexiga ou do trato urinário

Infecções sexualmente transmissíveis

Infecções vaginais por fungos

Odor corporal e transpiração excessiva

Problemas nas articulações sacroilíacas

Raiva, obsessão, ataques, depressão

Escorpião é o mestre dos ciclos e seu trabalho é transformar a energia de uma forma para outra. Se algum ciclo na vida, no corpo ou no coração de Escorpião ficar travado, é sinal de que é preciso dar *reset*. Vemos a natureza cíclica de Escorpião no nascimento e na morte, porém ele nos ajuda a fazer a transição em todos os contextos: dormir/acordar, ingerir/excretar, criar/destruir, ovular/sangrar, anabolizar/catabolizar. Os escorpianos saudáveis entendem que tudo, todas as coisas se vão e se renovam. O sofrimento surge quando essa transformação é bloqueada ou ocorre demasiado rápido, tornando-se um passeio doloroso de explosões dramáticas, destruição e autossabotagem. Parte da jornada de saúde deste signo consiste em aprender a pautar-se por ciclos e a deixar que eles ocorram, em vez de forçá-los ou rejeitá-los.

Os principais ciclos do corpo de Escorpião são excretar, emocionar, reparar e reproduzir. Qualquer grande alteração nas funções intestinais, micção, menstruação e função sexual é um indício de que o processo transformador de Escorpião precisa ser cuidado. Como ocorre com todos os signos de Água, muitas das curas do plano físico podem ocorrer nos planos espiritual e emocional. Os desequilíbrios físicos de Escorpião certamente precisam de medicina física, porém aprender a fomentar a transformação no nível espiritual pode contribuir para aprimorar e tornar essa cura mais completa. Torne-se um estudioso de ciclos transformacionais em situações de baixo risco, como o nascimento e a morte de uma estação, o mês lunar, um único dia ou a ascensão e a queda de seu humor e de seus níveis de energia. Observe os indícios de resistência ou de angústia física e mental que possam surgir à medida que essas mudanças se processarem. Aborde-as com maturidade e pergunte como você pode apoiar o processo. Quando abrimos espaço para esses nascimentos e mortes diários, aumentamos nosso nível de habilidade para renovar e regenerar e também aprendemos a cuidar de nós mesmos em contextos transicionais mais amplos.

No campo da nutrição, os ciclos de travamento podem se manifestar como estados de fixação na comida, de controle ou de autopunição. É comum que Escorpião se envolva em comportamentos alimentares desordenados que podem assumir várias formas. Restrição calórica severa, uso impróprio de jejum, uso frequente de limpezas, monodietas e exclusão de grupos inteiros de macronutrientes ou de alimentos são apenas alguns exemplos. Em todos os casos, o corpo é punido e não recebe os nutrientes de que precisa para sustentar as funções cíclicas normais. Se isso for mantido, os biorritmos serão gravemente interrompidos, os ciclos menstruais desaparecerão e é possível que problemas de saúde mental piorem ou surjam pela primeira vez.

No exercício, treinar de menos ou demais é sinal de que a rotina de Escorpião precisa de ajuda. Quando somos sedentários, não ajudamos Escorpião a circular e excretar resíduos pela pele e outros emunctórios. Quando treinamos demais, geramos uma enorme quantidade de resíduos para o corpo dar conta. Ambos os extremos têm o mesmo efeito: as áreas do corpo regidas por Escorpião ficam sobrecarregadas e a toxicidade é retida. Isso se agrava graças à tendência deste signo a ficar preso em *loops* de movimento repetitivos – que podem ser tanto de alta ou baixa intensidade quanto ser apenas um único tipo de movimento – e não saber quando parar. Um exemplo extremo é o do corredor que se recusa a parar de correr, mesmo que seja para colocar uma prótese em cada joelho. As abordagens de condicionamento físico do tipo tudo ou nada são muito prejudiciais para Escorpião porque não permitem que o corpo passe por flutuações normais de energia ou ciclos de reparo. Além disso, elas também impedem o amadurecimento emocional de Escorpião porque estimulam ainda mais seu apego a experiências e estados extremos. Passar por cima da dor, a recuperar-se lentamente do treino e sofrer de lesões persistentes são sinais de que a abordagem de Escorpião não está funcionando.

Outros Planetas em Escorpião

Mercúrio em Escorpião

A disposição psicológica e emocional de Mercúrio em Escorpião em relação à comida pode ser intensa, mas a vantagem é que ele geralmente tem a vontade de ser intencional e organizado com a própria nutrição. A conexão do microbioma com a cognição é destacada, particularmente na concentração e na resolução de problemas. Este Mercúrio é propenso a micróbios intestinais e, por sua ação antimicrobiana, o consumo de alho, gengibre, cúrcuma e outras ervas frescas é aconselhável.

No caso deste Mercúrio, um toque de perfeccionismo e paranoia podem afetar tanto o movimento quanto a relação com a comida. Quando se dispõe a seguir um programa, ele geralmente o segue ao pé da letra, mesmo que isso o prejudique. Mercúrio em Escorpião pode ter uma postura cautelosa diante da mudança e fixar-se numa determinada abordagem, mesmo que ela não o favoreça mais. Em alguns casos, a bexiga ou os intestinos podem ser hipersensíveis ao movimento.

Vênus em Escorpião

A relação entre intestinos e hormônios é primordial para Vênus em Escorpião. Ele pode ter propensão a desequilíbrios relacionados ao estrogênio, complicados por uma suscetibilidade à candidíase e a outras infecções fúngicas. *Candida albicans* é um fungo que se desenvolve bastante quando há excesso de amido e açúcar. Se estiver com algumas dessas infecções, este Vênus deve buscar um menu moderadamente baixo em carboidratos e mais voltado para vegetais, proteínas e alimentos fermentados para ajudar na cura.

Vênus em Escorpião valoriza experiências emocionais intensas e geralmente gosta que os exercícios tenham um toque dramático. Isso é ótimo, a menos que identidade e autoestima sejam confundidos com extremos. Às vezes, o assoalho pélvico é fraco e precisa de reabilitação.

Marte em Escorpião

O metabolismo rápido pode ser a razão do aumento das necessidades calóricas e proteicas de Marte em Escorpião. Neste posicionamento, há possibilidade de síndrome do intestino irritável, doença inflamatória intestinal, hemorroidas e outras condições inflamatórias no cólon, bexiga ou genitais. Otimizar a ingestão de fibras e identificar seus gatilhos inflamatórios pessoais, sejam eles alimentares ou ambientais, relacionados ao trabalho ou emocionais, pode ser necessário à cura.

Como costuma ser competitivo e voltado para objetivos e tarefas, este Marte tende a gostar de programas de condicionamento físico que incorporem essas características. Porém ele exagera facilmente, e isso o torna propenso a lesões e dificuldades para livrar-se de toxinas, o que pode provocar acne, odor corporal, dores de cabeça, alterações na libido e irritabilidade.

Júpiter em Escorpião

Júpiter em Escorpião pode acumular umidade na parte inferior do abdômen, o que lhe confere propensão a proliferações bacterianas e fúngicas excessivas no trato gastrointestinal. Em alguns casos, outras áreas do corpo de Escorpião podem apresentar proliferações celulares, como miomas uterinos, cistos ovarianos ou aumento da próstata. Como Vênus em Escorpião, comer para promover uma relação saudável entre intestinos e hormônios e ajustar temporariamente o consumo de carboidratos pode ser necessário quando houver desequilíbrio.

Doses regulares de exercícios de alta intensidade que promovam sudorese saudável podem ajudar a manter a Água deste Júpiter dentro dos limites. O movimento pode ser alquímico e muitas vezes estender-se além do corpo para os domínios do desenvolvimento espiritual e pessoal.

Saturno em Escorpião

Saturno em Escorpião pode apresentar problemas funcionais e bloqueios físicos ou emocionais no trato gastrointestinal, no sistema reprodutivo ou na pelve em geral. Sua relação com a fibra deve ser investigada e, se houver sensibilidade alimentar, procure averiguar os fatores mentais, emocionais e ambientais que estão contribuindo para sua condição clínica. Como é paciente e muitas vezes sofre calado, talvez este Saturno só procure ajuda profissional depois que o quadro já tiver progredido de modo significativo.

O exercício em geral é extremamente útil para a saúde mental deste Saturno. O estresse e a pressão vão se acumulando e, sem uma válvula de escape, tendem a cristalizar-se e ser empurrados para outros sistemas do corpo. Porém este Saturno é capaz de se esforçar além de seus meios físicos e precisa adotar uma abordagem equilibrada para o movimento. Pode haver problemas estruturais na pelve, na parte inferior da coluna e no sacro que exijam o descongestionamento da área e o fortalecimento dos músculos adjacentes.

Urano em Escorpião

Urano pode causar distúrbios em qualquer parte do corpo de Escorpião, como alternância entre constipação e diarreia, irritação da bexiga ou incontinência urinária e anormalidades dos hormônios sexuais. A fibra solúvel suplementar costuma ser um estabilizador intestinal e hormonal útil para Escorpião. A tireoide pode ter participação em qualquer problema hormonal ou digestivo, pois Urano pode irritar Touro no lado oposto do zodíaco.

Embora seja bastante atlético e poderoso, este Urano é propenso a lesões na virilha, no sacro ou no cóccix.

Netuno em Escorpião

Netuno em Escorpião pode criar uma falta generalizada de tônus nos órgãos da parte inferior do abdômen, o que o torna mais propenso a infecções, toxicidade e deficiência. Pode haver excesso de fluxo menstrual e cólicas, prolapso ou hemorroidas. O excesso de açúcar e amido pode agravar o quadro deste Netuno se ele apresentar proliferação excessiva de *Candida albicans*, infecções fúngicas vaginais e infecções da bexiga ou do trato urinário.

***Checklist* para Nutrição de Escorpião**	***Checklist* para Movimento de Escorpião**
Gesto: Transformação	**Gesto:** Poder
✦ Alimentos prebióticos e probióticos	✦ Alimentar o metabolismo
✦ Apoiar órgãos que desintoxicam	✦ Apoiar a catarse saudável
✦ Conheça as fibras	✦ Apoiar o sacro, a virilha e a pelve
✦ Lembrar-se da relação intestinos-hormônios	✦ Intenso, mas controlado
✦ Priorizar proteínas	

PEIXES

Anatomia de Peixes

Peixes é comparado com mais frequência ao oceano. Como os demais signos de Água, ele rege sobretudo os fluidos corporais, os locais onde eles se reúnem e seu fluxo normal. Assim como o oceano parece infinito visto da costa, os sistemas aquáticos que Peixes rege abrangem vastas distâncias no corpo. O que separa Peixes dos demais signos de Água é que ele se move pelo mundo de maneira mutável. Isso implica que ele é não apenas Água infinita, como também Água que muda e que viaja.

Modo

Mutável

Planetas Regentes

Júpiter (tradicional)

Netuno (moderno)

- Pés
- Sistema linfático (inclusive linfa, vasos, ductos e nódulos)
- Sistema imunológico (inclusive todo o tecido imunológico encontrado no intestino, como tecido linfático associado ao intestino, tecido linfoide associado a mucosas, capilares linfáticos e apêndice)
- Intestino delgado
- Sangue (glóbulos brancos, capacidade de coagulação, teor de colesterol)
- Corpos energético, emocional e espiritual

Nutrição de Peixes

Gesto: Liberdade

Peixes é um signo maravilhosamente aberto. E, embora ninguém jamais queira inibir a liberdade de Peixes, todos queremos que a Água deste signo flua da maneira ideal. Quando a Água de Peixes se espalha demais sem encontrar nenhum tipo de contenção compassiva, há possibilidade de um colapso da integridade do corpo (ver lista de desequilíbrios na página 130). Isso torna o corpo, a mente e o espírito vulneráveis a invasões e influências externas. A nutrição de Peixes é uma dança entre encontrar alegria e liberdade na comida e preservar no corpo a sensação de estar sendo mantido e protegido. Tomemos o oceano, que é vasto e livre, por exemplo. Entretanto, apesar disso, ele tem na terra uma contenção. Mas a água não para exatamente na costa. Ela espirra na costa, e as marés sobem e baixam na praia. A água só vai até aí, porém sua contenção é adaptável. É bem possível que a nutrição de Peixes seja assim. Você pode criar uma contenção nutricional de suporte à saúde para si sem abdicar de sua liberdade para limites rígidos e "nãos" sumários.

Não adianta impor um monte de regras alimentares a Peixes porque geralmente ele não costuma segui-las. Claro, se quiser, ele pode até fazer uma dieta rigorosa. Afinal de contas, é o par zodiacal de Virgem. Por mais que se incline a jogar todos os conselhos nutricionais pela janela, é provável que Peixes exagere na abordagem alimentar militante adotada pela energia de Virgem desequilibrado. Mas muitas vezes vejo piscianos abrangendo desconfortavelmente os dois campos: quando terminam uma dieta, ocorre algum evento estressante ou algo um pouco fora do menu passa por seus lábios, e as coisas tendem a fugir do controle rapidamente. E, infelizmente, Peixes sempre acaba por culpar-se, em vez de culpar a estrutura rígida e falha da dieta. Uma relação alimentar saudável em geral começa quando Peixes sabe que pode comer o que quiser. Ele precisa saber que tem permissão e liberdade para escolher a própria comida e que pode confiar em si mesmo com essa liberdade. Quando a rigidez esbofeteia este signo regido por Júpiter, sua reação involuntária e imediata será sempre expandir os limites, estendê-los demais ou empurrá-los ainda mais. No contexto alimentar, isso pode implicar comer ou beber até não poder mais ou desrespeitar o corpo com suas escolhas alimentares.

A parte complicada é que Peixes – como seu signo parceiro, Virgem – relata com frequência sofrer de alergias, intolerâncias e sensibilidades alimentares. A sensibilidade aumentada é uma das muitas maneiras pelas quais Peixes pode experimentar a abertura. Essa sensibilidade pode estender-se além dos alimentos para o modo como os alimentos são preservados, embalados, cultivados, criados, preparados ou considerados. As informações sutis que a comida transmite e as mensagens sutis compartilhadas sobre a comida não são tão sutis assim para

Peixes. É muito comum que os piscianos estejam em uma dieta de eliminação (uma dieta na qual os alimentos suspeitos de desencadear reações indesejáveis são removidos) prescrita por si mesmos ou por um provedor quando os vejo pela primeira vez. Evidentemente, isso *poderia* ser indicado para alguém. Mas a questão é que, em um nível celular e subconsciente, o DNA deste signo muitas vezes registra essa prática como uma perda de liberdade e, portanto, um ataque à sua essência natural. O que está faltando em muitas dietas de eliminação é curar a causa-raiz. Muitas vezes, um alimento é eliminado e ponto-final. Em vez de promover a cura, isso tende a promover fobia alimentar. Mas, exceto por uma alergia alimentar grave, um único alimento não é a origem de uma sensibilidade alimentar. Para que Peixes colabore, é preciso que ele se lembre do quadro geral. Se a eliminação de um alimento for apropriada, seu objetivo é esclarecer e abrir espaço. A remoção desse alimento acalma a reatividade para que se possa ver o que de fato está por baixo da reação e dá ao corpo espaço para se curar. Depois que isso ocorre, o ideal é que o alimento seja reintroduzido e novamente apreciado.

Se você tiver uma condição que exija terapia nutricional médica, continua sendo importante cultivar um sentimento de liberdade. Enquanto enfrentava diferentes desafios de saúde, tive que reformular bastante o conceito de liberdade em minha própria vida. Para mim, liberdade significa também escolher voluntariamente alguns alimentos em detrimento de outros para aumentar minha qualidade de vida, criar uma experiência física mais agradável e minimizar a dor e o desconforto. A disposição é o ingrediente secreto, assim como enfatizar que sempre tenho a liberdade de escolher de forma diferente, se assim quiser. Se essa definição de liberdade não estiver em sintonia com a sua, acho que vale a pena você brincar com esse conceito até encontrar algo que esteja.

Peixes e Mofo

Graças a sua natureza úmida e a Netuno, seu regente moderno, Peixes pode descobrir que é supersensível a micro quantidades de mofo e micotoxinas. Em geral, uma certa quantidade de mofo é encontrada em nozes, sementes e grãos. Escolha bem, enxágue ou deixe grãos, sementes e frutos secos de molho. Em seguida, seque os frutos secos em temperatura baixa no forno ou em um desidratador. As caixas a granel geralmente são propensas ao crescimento de mofo de armazenamento. No caso de alimentos muito propensos, como castanha de caju, amendoim, trigo, aveia e milho, é melhor encontrar uma fonte confiável que promova testes independentes de micotoxinas. Peixes em geral gosta de um pouco de café para mantê-lo funcionando, mas os grãos de café também são propensos a micotoxinas. Se você toma muito café e é extremamente sensível, talvez valha a pena comprar grãos testados. Se preferir café descafeinado, experimente os que forem processados em água, pois os produtos químicos usados na extração da cafeína na maioria das vezes deixam Peixes confuso.

A abertura de Peixes às vezes se expressa como maior vulnerabilidade a resfriados ou outras infecções. Comer de maneira consciente para respaldar o sistema imunológico pode ser a melhor opção. Abasteça-se de vegetais e frutas ricos em vitamina C, inclua alimentos com efeitos anti-inflamatórios ou imunomoduladores, como alho, gengibre e cogumelos, e adicione a seu prato mais alimentos contendo selênio e zinco. A castanha-do-pará é uma fonte maravilhosa de selênio, enquanto leguminosas, sementes (sobretudo cânhamo e abóbora), crustáceos e carne vermelha têm alto teor de zinco. Não se esqueça da presença maciça do sistema imunológico no intestino (regido por Peixes). Suplemente regularmente com alimentos que apoiam o revestimento intestinal e a microbiota, como caldo de ossos e vegetais fermentados.

Comer para o sangue, o humor e o sono é outra base nutricional de Peixes. Do ponto de vista da Medicina Chinesa, essas três coisas estão profundamente interligadas. O conceito de sangue vai muito além do material que circula em nossos vasos. Ele nutre o corpo físico, mas também é um fluido de ancoragem para o espírito. Se o sangue é fraco, o espírito fica inquieto, o que leva a distúrbios do sono e desconforto mental e emocional. Enriquecer o sangue é superimportante, considerando que muitas pessoas com predominância de Peixes relatam aumento da sensibilidade, fadiga, depressão, empatia patológica ou simplesmente sentir-se fora do corpo. Às vezes, isso é complicado pela tendência de Peixes a adotar uma dieta vegetariana ou vegana, que, quando não é planejada de maneira cuidadosa, pode ser muito pobre em nutrientes que fortaleçam o sangue. Conversei com muitos piscianos vegetarianos que relutantemente reintroduziram proteína animal em sua dieta para curar o corpo e dar a si mesmos um certo aterramento, mas continuam a ter aversão à carne vermelha e só comem aves e peixes. Independentemente do caminho alimentar que você escolher, Peixes prospera com uma variedade de alimentos vegetais ricos em ferro, vitamina B_{12} e folato, em especial folhas verde-escuras, algas marinhas e brotos. Use panelas de ferro fundido para adicionar mais ferro a sua dieta e, se comer proteína animal, incorpore carne vermelha, vísceras, frango, ovos e gelatina para nutrir o sangue.

Proteção do Sono

Peixes em geral precisa dormir mais que os outros signos. É completamente normal e saudável que Peixes necessite de dez ou mais horas de sono por noite. Se você luta contra a insônia, faça experimentos com os alimentos que come à noite e horários de alimentação. Procure tornar sua última refeição facilmente digerível e evite ir para a cama sentindo-se cheio demais. Por outro lado, se você sempre comer sua última refeição muitas horas antes de dormir, uma queda na glicemia pode mantê-lo acordado. Cortinas do tipo *blackout*, óculos que bloqueiam a luz azul, máscaras de dormir e fones de ouvido com isolamento acústico são os melhores amigos de Peixes.

Movimento de Peixes

Gesto: Fluidez

Tão vastas quanto o oceano, as maneiras pelas quais este signo se exprime em movimento são quase inumeráveis. Peixes é tão mutável e imersivo que muitas vezes capta o movimento com facilidade, quase como se por osmose. Claro, vemos Peixes em esportes aquáticos, como natação ou surfe, mas este signo leva os atributos da Água a qualquer movimento que faça. Os piscianos costumam ser habilidosos, ou pelo menos interessados, em vários esportes ou eventos diferentes e em suas combinações: por exemplo, o triatlo. Eles também tendem a ser atraídos por fusões de condicionamento físico e espiritualidade ou *mindfulness* (atenção plena), como vemos nas tradições yogues, no tai chi e no qi gong. Contorções e proezas de flexibilidade e equilíbrio também são muito piscianas e podem ser praticadas na acrobacia, na ginástica ou no *slackline*. E não podemos nos esquecer do envolvimento dos pés no futebol, no sapateado, no balé e em esportes variados que são praticados sem calçados. Peixes tem os pés em muitas coisas diferentes.

Muitas pessoas com predominância de Peixes preferem yoga, dança ou movimento usando o próprio peso corporal. Porém, como este sigo tende a ser excessivamente aberto tanto emocional quanto fisicamente, também é importante que ele crie coragem de maneira intencional. O exercício astrológico se expande para além do corpo, e você pode usá-lo para melhorar os pontos fracos dos signos. A ideia é manter Peixes gracioso e flexível, mas sem deixá-lo poroso nem vulnerável a influências externas. Isso implica incorporar à rotina o trabalho de força ou o trabalho corretivo e garantir que o corpo de Peixes, muitas vezes hipermóvel, mantenha as posições adequadas enquanto se movimenta.

Acesse clairegallagher.co/bodyastro para vídeos com exemplos de movimentos de Peixes.

Força e Condicionamento para Peixes

Embora difíceis a seu próprio modo, a força e o condicionamento de Peixes normalmente não o deixam ofegante no chão. Em vez disso, o foco é incorporar a Água, o que significa que, em vez de buscar peso ou velocidade, o treinamento se baseia mais na habilidade e usa elementos de rotação, equilíbrio, flexibilidade e giros elegantes em diversas posições, como partir de deitado para ajoelhado, de ajoelhado para de pé e vice-versa. Embora a rapidez às vezes seja necessária como ferramenta para fazer Peixes acordar, na maioria das vezes, as rotinas deste signo são atemporais, sem pressa, permitindo-lhe concentrar-se mais na forma e na sensação.

Na academia, o nicho de Peixes é a força fluida. Seu trabalho de força não é desajeitado nem desarticulado; é também uma dança, só que envolve peso. Minha maneira favorita de desenvolver a força fluida é usar uma combinação de fluxos de peso corporal e *kettlebell*. O movimento balístico de um *kettlebell* requer extrema potência, equilíbrio e controle, mas um praticante habilidoso consegue dar a impressão de que manobrar os *kettlebells* mais pesados pareça algo simples que não exige muito esforço. Para criar um fluxo de *kettlebell* é preciso amarrar uma sequência de vários movimentos numa dança fluida. Do mesmo modo, os fluxos de solo em geral são posturas que se vão seguindo umas às outras. Essas posturas podem ser yogues ou inspirar-se em animais e normalmente mantêm o corpo bem próximo ao solo, muitas vezes exigindo grande flexibilidade no quadril e força na parte superior do corpo.

A posição do pé é mais um pilar do treinamento de Peixes. Para prevenção de lesões e longevidade do movimento, concentre-se na forma de baixo para cima. Quando os piscianos chegam à posição correta dos pés, as estruturas a montante tendem a se alinhar. Depois de aprender o básico, arrisque-se colocando os pés em posições alternativas e assimétricas, como posturas escalonadas e elevação dos dedos dos pés ou dos calcanhares. Se for seguro e permitido, faça seu treino descalço para obter uma conexão sensorial mais profunda com os pés e um desafio adicional de equilíbrio.

Corrida para Peixes

Por serem ambos mutáveis e regidos pelo expansivo Júpiter, Peixes e Sagitário compartilham um interesse semelhante em correr que é libertador e exploratório. A diferença entre eles é que Peixes é um signo de Água, o que confere a sua abordagem uma natureza mais fria. Conheci alguns maratonistas de Peixes. Sua atração pelo esporte raramente reside na velocidade ou na vitória, mas na duração hipnótica e sinuosa da corrida e no cronograma de treinamento. Correr tende a funcionar como uma fuga pacífica e transcendente para este signo. Outro grande fator na corrida para Peixes, obviamente, está nos pés. Isso pode ter uma ampla gama de manifestações, como interesse em correr descalço, amor a movimentos intrincadamente coordenados dos pés, problemas estruturais nos pés que exigem órteses ou apenas uma enorme coleção de sapatos. Correr perto da água ou apenas fazer longas caminhadas também é ótimo para Peixes. Independentemente do tipo de exercício preferido por este signo, caminhar promove o aumento dos fluxos sanguíneo e linfático globais de que ele muitas vezes precisa.

Yoga para Peixes

Embora todas as práticas de yoga se concentrem no aterramento por meio dos pés, uma prática para Peixes tem uma dose extra de conscientização dos pés.

Priorize espalhar os dedos dos pés e colocar pressão igual em todos os cantos dos pés e, se puder, mantenha os pés aquecidos. Os fluxos sanguíneo e linfático são especialmente importantes para este signo. Uma rotina completa para Peixes incluirá muitas oportunidades de pôr os pés acima da cabeça. As posturas nos dedos dos pés, assim como as de equilíbrio de todos os tipos, carregam uma marca natural de Peixes, e o mesmo se aplica aos fluxos de transe que permitem que o praticante se perca no movimento. Por causa do aumento da flexibilidade, do equilíbrio e do uso criativo dos pés, o *acroyoga* é uma das práticas favoritas de Peixes.

Outros Esportes e Aulas para Peixes

- Artes circenses
- Balé ou técnica de ponta
- Corrida na piscina (fisioterapia aquática)
- Esqui aquático
- Futebol
- *Kickball*
- Mergulho
- Nado sincronizado
- Pesca com mosca
- Sapateado
- *Step dance*
- Surfe
- Triatlo

Enfermidades de Peixes

Júpiter e Netuno são responsáveis pela natureza expansiva e infinita de Peixes. Júpiter é exuberante e norteado pelo crescimento, ao passo que Netuno procura transcender a definição, o limite e a estrutura. Dessas qualidades provêm os maiores dons e as lutas mais profundas de Peixes. Os desequilíbrios mais comuns deste signo começam quando os recursos físicos ou espirituais se expandem, infiltram-se ou transbordam para além do receptáculo seguro do corpo. Com o tempo, isso leva a integridade do corpo a entrar em colapso, fazendo-nos sentir sobrecarregados, debilitados e vulneráveis. Essa permeabilidade abre o corpo à invasão física e espiritual. Como ocorre quando puxamos a água de um poço envenenado, os recursos ficam contaminados e fazem seus efeitos circularem por todo o corpo. As condições clínicas a que Peixes está sujeito podem se manifestar das seguintes formas:

Calos, joanetes, pé de atleta, inchaço, dor, lesão ou anormalidade estrutural nos pés

Deficiência do sistema imunológico e resfriados frequentes

Depressão

Distúrbios do sono (insônia, terrores noturnos, narcolepsia, sonambulismo, sonolência, sonhos vívidos)

Doença autoimune

Doenças misteriosas muitas vezes mal diagnosticadas e condições psicossomáticas

Doenças transmitidas pelo sangue, por vetores e pela água (*E. coli*, giárdia, hepatite, doença de Lyme, salmonela)

Hipermobilidade e síndrome de Ehlers-Danlos

Inchaço, diarreia e reações alimentares que se expressam em sistemas fora do trato gastrointestinal ou no corpo emocional

Linfedema e estagnação, retenção de líquido

Má circulação, anemia, distúrbios de coagulação, menorragia, colesterol alto, nível elevado de glicemia, aterosclerose

Síndrome da fadiga crônica relacionada a uma infecção viral anterior, como o herpesvírus humano 4, ataque psíquico ou crise espiritual

Ondulando sob a maioria dos desequilíbrios alimentares e de movimento de Peixes está a falta de ancoragem e de confiança no corpo. Peixes já lidou muitas vezes com tanta sensibilidade, fadiga, confusão ou doença que se sente traído pelo corpo e talvez se sinta mais seguro vivendo fora dele. Em um cenário diário de condicionamento físico e nutrição, isso pode surgir como uma falta de clareza sobre como se exercitar ou o que comer, ou então uma sensação de sobrecarga com as muitas diferentes opções. Uma parte primordial da cura da relação entre comida e movimento de Peixes é reparar a autoconfiança e desobstruir a linha de comunicação com o corpo. Se já existir um intercâmbio claro com o corpo, a tarefa geralmente é seguir a sabedoria interior recebida, em vez de desconsiderá-la. Peixes costuma tentar tudo e qualquer coisa, porém se não tiver dentro de si essa ancoragem e lucidez, será facilmente influenciado por opiniões externas. Muitas vezes, ele pode se deixar levar por uma abordagem muito extrema e só acordará alguns meses depois, totalmente esgotado, ou adotará uma abordagem sem direcionamento, diluída demais para oferecer os benefícios que busca.

Não estar totalmente ancorado no corpo também pode manifestar-se como desrespeito aos próprios limites. Regido por Júpiter, Peixes pode exagerar com facilidade em qualquer coisa e ser excessivamente otimista sobre a capacidade de seu corpo, só para ficar exausto na semana seguinte porque fez coisas demais. Por outro lado, ele pode não saber quando está seguro para pressionar-se e trabalhar um pouco mais. Para tornar as coisas ainda mais confusas, este signo normalmente se vê nessa oscilação crônica entre extremos.

Às vezes, estar em um corpo de Peixes é como viver de uma maneira muito inconsistente e imprevisível. Entretanto, todos os corpos astrológicos têm padrões energéticos próprios, e com Peixes não é diferente. Ver, validar e viver conforme o próprio fluxo energético são coisas imensamente importantes para cada signo. Mas isso costuma ser um desafio excepcional para Peixes (e para a maioria dos corpos de Água) porque nosso mundo quadrado não reconhece a sabedoria circular deste signo. É normal que Peixes tenha grandes flutuações energéticas, assim como as marés do oceano. Essas flutuações fazem parte da estrutura de Peixes, só que essa estrutura é fluida.

Quando os piscianos me dizem que não têm disciplina nem motivação e que, se deixados por conta própria, nunca se exercitariam nem comeriam de maneira saudável, isso geralmente é um julgamento cultural que eles internalizaram. Se Peixes tentar fazer sua abordagem em termos de comida e movimento caber em uma caixa rígida, em geral isso não funcionará a longo prazo porque será inerentemente autorrejeição. Quando o fluxo natural do corpo é rejeitado é que Peixes pode se pegar sabotando seus esforços de saúde ou envolvido em comportamento escapista. A cura disso requer aceitar totalmente como seu corpo funciona, aprender que viver em seu próprio fluxo não é perigoso e projetar uma abordagem de comida e movimento que deixe muito espaço para se desenrolar de modo diferente e sem julgamento no dia a dia.

Outros Planetas em Peixes

Mercúrio em Peixes

Mercúrio em Peixes é mais propenso a cair em depressão, opressão, obnubilação, nervosismo e padrões anormais de sono que os demais. Comer para a saúde da cognição, do humor e do sono é uma prioridade. Talvez os ácidos graxos sejam importantes para manter esse Mercúrio flutuando, e a suplementação direcionada de aminoácidos pode ser útil.

O desejo ou a capacidade de se exercitar pode variar bastante. Use parâmetros flexíveis nos treinos, como séries, repetições, descansos e faixas de peso. As faixas permitem-lhe manter um direcionamento abrangente do programa, mas também lhe oferecem a flexibilidade de mudar pequenas variáveis em um determinado treino para corresponder ao seu estado energético atual. Às vezes, esse Mercúrio é hipermóvel e precisa concentrar-se em manter cuidadosamente a integridade da posição durante o exercício.

Vênus em Peixes

Para o doce Vênus em Peixes, a relação com o açúcar pode ser complicada e variar desde simplesmente adorar doces até lidar com a sensibilidade à frutose ou a má absorção geral de carboidratos. Talvez haja uma quantidade excessiva de Água no corpo, o que, do ponto de vista da medicina elementar, pode contribuir para desequilíbrios hormonais. Comer muitas gorduras saudáveis para a saúde hormonal geralmente é necessário.

Este Vênus se move com muita intuição e, por ter uma atração natural pelo yoga e pela dança, muitas vezes deseja que o exercício funcione como uma expressão espiritual ou emocional. Porém, como este é um posicionamento tão delicado e poroso do ponto de vista energético, é importante também aportar uma certa dose de coragem à rotina, seja por meio do treinamento de força tradicional ou de outra forma de exercício de conexão com a terra.

Marte em Peixes

O sistema imunológico de Marte em Peixes costuma ser hiper-reativo, podendo apresentar reações aparentemente desproporcionais a pequenos estímulos ou até mesmo reações autoimunes. Suas respostas são carregadas de histamina e parecem uma grande onda de calor, que muitas vezes provoca insônia e aflição mental. Este Marte geralmente precisa de ajuda para remover do corpo a toxicidade e talvez deva pesquisar alérgenos alimentares.

Marte em Peixes é capaz de ultrapassar facilmente os próprios limites de movimento. Mesmo que não sinta isso no momento, é comum que esse posicionamento vá adiante com toda a força e depois sofra uma resposta imunológica ou hormonal negativa ao exercício intenso. Os programas devem integrar gradações e flutuações para mantê-lo em movimento sem ter de suportar reveses desconfortáveis.

Júpiter em Peixes

Ao contrário da imagem deficiente de muitos outros planetas em Peixes, Júpiter em Peixes geralmente é abundante demais. Entre as possíveis queixas estão glicemia elevada, colesterol alto ou retenção de líquido. Como a função hepática pode ser lenta, é importante que este Júpiter procure comer alimentos que não prejudiquem o fígado e otimizem a função hepática para sentir-se livre e aliviado.

Pela tendência de Júpiter em Peixes a reter muito líquido, convém suar um pouco regularmente. Quando o excesso de líquido se acumula nesse sistema, todos os desequilíbrios em termos de açúcar, sangue e fígado existentes podem exacerbar-se.

Saturno em Peixes

Saturno em Peixes pode sofrer de depressão, anemia, irregularidades menstruais, má circulação sanguínea ou linfática, resposta imunológica deficiente e função lenta do fígado e do intestino. Ele precisa de uma dieta muito quente e rica em nutrientes que seja extremamente fácil de digerir. Priorize proteínas e alimentos ricos em ferro, vitamina B_{12} e folato para manter o humor e o sangue.

É muito importante que este Saturno aprenda a amar e aceitar sua experiência corporal que, como as marés, alterna cheias e vazantes. Se a rotina de exercícios não levar em conta as flutuações normais do corpo, é possível que o movimento acabe provocando exaustão completa. A transpiração excessiva, como a que ocorre no hot yoga, deve ser abordada com cuidado. Em vez de esgotar-se, Saturno em Peixes precisa construir-se com exercícios. Isso talvez implique menos exercícios cardiovasculares, menos sudorese e mais fortalecimento e construção da estrutura do corpo.

Urano em Peixes

Urano em Peixes talvez experimente grandes flutuações nas águas do corpo, o que inclui não apenas fluidos, mas também hormônios e emoções. Metabolismo deficiente de carboidratos e desregulação do açúcar no sangue podem estar presentes. Um pouco como Mercúrio em Peixes, este Urano geralmente se dá bem com um direcionamento abrangente do treinamento, mas com muito espaço para variação e movimento intuitivo. Não deixe de investigar o posicionamento e a estrutura dos pés caso sinta alguma dor durante o exercício.

Netuno em Peixes

Netuno em Peixes pode experimentar doenças misteriosas, fadiga persistente, várias alergias e sintomas de todos os tipos que vêm e vão. A cura geralmente requer fortalecimento imunológico, atenção aos intestinos e fortalecimento dos corpos energético e espiritual. Embora pareçam antinaturais para este posicionamento, os exercícios vigorosos podem ser um estimulante útil. Não economize em calçados esportivos, escolha algo que lhe dê apoio.

***Checklist* para Nutrição de Peixes**	***Checklist* para Movimento de Peixes**
Gesto: Liberdade	**Gesto:** Fluidez
✦ Alimentos ricos em ferro	✦ Apoio aos fluxos linfático e sanguíneo
✦ Apoio ao sono	✦ Força dos fluidos
✦ Comer para a imunidade	✦ Fusões de movimentos espirituais
✦ Explorar a causa originária	✦ Posicionamento e conscientização dos pés
✦ Permitir-se comer	✦ Rotação, equilíbrio e giro
✦ Respeito à sensibilidade	✦ Sem pressa e hipnótico

OS PLANETAS

PARTE 3

capítulo sete

COMO USAR OS PLANETAS PARA CURAR

Atualização dos planetas: eles se movem pelos signos do zodíaco gerando mudanças, pois são a ação na Astrologia. Saturno se contrai. Mercúrio se conecta. Vênus relaxa. Seu mapa astral é uma fotografia de onde os planetas estavam quando você nasceu. Os signos nos dizem onde e como essas ações estão ocorrendo no corpo.

Seu mapa astral descreve sua astrogenética. Porém, para entender como seu corpo e sua vida mudam com o tempo, você deve olhar para o céu de hoje. Após seu nascimento, os planetas continuaram a mover-se, criando novos padrões climáticos e sistemas energéticos celestes. Esse movimento e sua interação com seu mapa são aquilo que os astrólogos chamam de trânsitos. Aposto que você já ouviu falar de um trânsito específico antes: o famoso retorno de Saturno, quando Saturno no céu em tempo real retorna para onde estava quando você nasceu, é um trânsito. Saturno é lento. Seu primeiro retorno a Saturno acontece quando você tem cerca de vinte e nove anos e dura cerca de dois anos. Seu segundo retorno a Saturno acontece por volta de cinquenta e oito e, para alguns, novamente vinte e nove anos depois. Esses períodos da vida costumam ser muito definidores. Durante o primeiro retorno de Saturno, muita gente está iniciando carreira, fazendo cursos, começando uma família ou um negócio ou, ainda, estabelecendo seus caminhos na vida de outras maneiras. É como uma chegada à maioridade celeste. O segundo retorno de Saturno revisita esses temas de maneira ligeiramente diferente. Talvez você esteja mudando de carreira, preparando-se para se aposentar, vendo seus filhos terem os próprios filhos ou passando por outra transição. Esses trânsitos são limiares. Do ponto de vista da saúde, os trânsitos de Saturno podem ser muito estressantes e exigir muito fisicamente e, às vezes, precisamos de nutrientes extras para manter nosso curso. Mas um retorno de Saturno é apenas um de muitos trânsitos. Acontece que é o mais conhecido (além de Mercúrio retrógrado, é claro).

Nas páginas a seguir, vamos mergulhar profundamente na função e nas necessidades físicas de cada planeta, ou seja, no que cada planeta pode exigir para manter-se saudável e sentir-se em sua melhor forma. As informações na seção dedicada a cada planeta destinam-se a ajudá-lo a voltar à linha de referência ou até mesmo a libertar-se completamente quando se sentir enterrado ou perdido em um trânsito.

Fundamentos dos Trânsitos

Os trânsitos planetários geralmente coincidem com estações e épocas da vida que exigem nutrição e autocuidado diferentes daqueles que são nossa norma. Por exemplo, na infância, no inverno e na gravidez, precisamos de nutrição diversa da que precisamos na adolescência, no verão e na menopausa. E o mesmo se aplica aos trânsitos: eles definem novas necessidades físicas. Os trânsitos de Saturno precisam de nutrição diferente da nutrição dos trânsitos de Júpiter, e os trânsitos de Vênus precisam de movimentos diferentes dos movimentos dos trânsitos de Marte. Os trânsitos também definem novas necessidades emocionais. No âmbito da alimentação e do movimento, isso talvez implique um ligeiro ajuste de nossa conversa interior e de nossas expectativas. Em última análise, os trânsitos nos propiciam uma lente nova e mais compassiva para vermos nossa vida.

Estamos constantemente sujeitos aos trânsitos planetários. Alguns deles duram anos e outros, apenas dias. Os trânsitos podem definir capítulos inteiros da vida ou simplesmente a essência de apenas uma semana. À medida que os planetas percorrem o céu, nosso corpo recebe novas informações para filtrar e assimilar. Às vezes, integramos os trânsitos com facilidade e sentimos nossa vida refletir isso para nós com boa saúde, novas oportunidades e bem-estar geral. Porém, às vezes, a energia planetária é difícil de integrar e sentimos dor, tristeza, doença e outros tipos de sofrimento.

A boa notícia é que, com o tempo, cuidar de seu mapa natal o transforma numa máquina de processamento planetário. Ter as ferramentas e hábitos certos para manter seu corpo astrológico equilibrado o torna mais resiliente e propenso a processar a mudança da energia cósmica com eficiência e facilidade. Entretanto, a ocorrência de trânsitos maiores, mais lentos e mais poderosos é inevitável. É aí que talvez você precise ir além do mapa astral e trabalhar com um determinado planeta.

A questão é a seguinte: não importa o que aconteça, a energia planetária vai expressar-se, porém acredito que temos um meio de influir no que se refere a como essa energia se expressará. Por exemplo, vamos supor que identificamos Marte como o planeta que coincide com uma inflamação grave que estamos tendo. A energia de Marte está se expressando através de nosso corpo. Marte nunca vai parar de se expressar, e não queremos que isso aconteça. Afinal, Marte também é o responsável por nos dar motivação e paixão. Só que, especificamente nesse caso, adoraríamos que Marte se expressasse de maneira mais construtiva. Para chamar sua atenção e redirecionar sua força, podemos usar uma abordagem de comida e movimento com sabor de Marte ou uma abordagem de comida e movimento com sabor do planeta que o equilibra (falaremos mais a respeito disso daqui a pouco).

Quando preenchemos nossa vida com comida, movimento e atividades que correspondem à personalidade e à agenda próprias de um determinado planeta, estamos em essência fazendo-o parar e atraindo-o para ficar do nosso lado e trabalhar conosco. Quando deixamos de nos ver como sujeitos a caprichos astrológicos e direcionamos a energia planetária difícil de novas maneiras, o planeta passa a ter outras maneiras de se manifestar além de sintomas e circunstâncias desafiadoras. Assim, poderemos usar o poder desse planeta para curar e ele ainda conseguirá exprimir sua energia natural. É uma situação em que todos os envolvidos sairão ganhando.

A Mentalidade Soberana da Astrologia

Antes de prosseguirmos, quero deixar bem claro que não acredito que os planetas provoquem doenças nem infortúnios. Esse modo de pensar cria muito temor supérfluo da Astrologia. Quando rotulamos certos planetas ou trânsitos como "bons" ou "ruins", limitamos radicalmente as muitas formas pelas quais eles podem desdobrar-se. Gosto de manter minhas opções em aberto e prefiro me relacionar com os trânsitos planetários como oportunidades. Você é quem decide como deve reagir a tudo, e isso inclui os trânsitos.

Quando se mergulha pela primeira vez na astrologia física, é fácil ficar preso a um padrão de sempre procurar o que está errado. Aprenda com meus erros: os trânsitos planetários também nos informam sobre as oportunidades de mais alegria e expansão trazidas pelo momento. Os trânsitos não são sinônimos de dificuldades. É igualmente provável que um trânsito coincida com oportunidades de crescimento, e cabe a nós a escolha de alcançá-las e participar.

Como Escolher um Planeta

Não se preocupe, você não precisa ser astrólogo para saber o planeta pelo qual deve começar. Saber identificar trânsitos pode tornar esta prática extremamente poderosa. Porém, até chegar lá, pode confiar com igual facilidade em toda a intuição e sabedoria do corpo que você já possui. Existem três maneiras de explorar os planetas: usar a intuição, pistas corporais ou a Astrologia para identificar trânsitos.

Se você não tiver certeza sobre os trânsitos aos quais está sujeito, mas souber que algo está errado, recomendo-lhe que **use sua intuição** para escolher um planeta. A intuição fala com cada um de nós de maneiras singulares. Alguns a ouvem, outros a veem; alguns a escrevem, outros a dizem; alguns a sentem e outros "simplesmente sabem". Ao usar a intuição para escolher um planeta, deixe que ele se apresente do mesmo modo que você está acostumado a se relacionar com sua voz intuitiva. Não é preciso nada de especial. Recomendo também que você preste atenção a todos os planetas pelos quais tenha um interesse maior ou simplesmente alguma atração. Eles são pistas. Investigue-os.

Além de dotado de extrema sabedoria, seu corpo constantemente lhe repassa informações. Sintomas novos ou recorrentes que você pensou ter resolvido sempre são pistas. Se notar mudanças em seus padrões normais ou surgimento de coisas novas em seu corpo, você pode apostar que há um ciclo planetário ligado a eles. Para usar as **pistas do corpo**, leia a parte referente aos planetas até identificar algo que se assemelhe ao seu padrão atual de sintomas e sua experiência de vida ou use o apêndice "Sintomas", no final do livro, para obter orientação.

Com um pouco mais de conhecimento astrológico, você poderá selecionar seu planeta com precisão por meio da **identificação dos trânsitos** a que estiver sujeito no momento. Hoje em dia existem tantos aplicativos e programas incríveis que listam seus trânsitos que não há necessidade de você perder tempo decifrando seu mapa (consulte a seção de recursos para obter algumas sugestões). Porém, muitas vezes, estaremos passando por tantos trânsitos simultaneamente que até mesmo uma simples lista pode ser grande demais para processar. Aqui estão alguns princípios básicos que o ajudarão a orientar sua escolha.

Nem todos os trânsitos são importantes. Dê prioridade a todos os trânsitos que afetem as principais partes de sua astrogenética. Lembre-se: os imprescindíveis são o Signo Solar, o Signo Lunar e o Signo Ascendente (Capítulo 1).

Alguns planetas se deslocam rapidamente. O Sol, a Lua, Mercúrio, Vênus e Marte são rápidos e podem mudar de signo várias vezes por mês. Esses trânsitos podem durar apenas um ou dois dias e geralmente não requerem nada de muito intenso. Mas se um desses planetas mudar de direção e entrar em movimento retrógrado (retrogradação) ou em movimento direto, ou se houver um eclipse em alguma parte importante de seu mapa, talvez seja o caso de você procurar conhecer melhor esse planeta.

Alguns planetas se deslocam lentamente. Júpiter, Saturno, Urano, Netuno e Plutão demoram a mover-se pelo zodíaco. Quando um desses planetas transita por uma parte de seu mapa natal, você sentirá seus efeitos durante alguns meses ou até alguns anos e poderá experimentar mudanças significativas. Priorize-os.

Cuide do planeta que estiver sendo transitado primeiro. Um trânsito envolve dois participantes: o planeta em trânsito no céu em tempo real e seu planeta natal sendo transitado. Por exemplo, talvez Saturno em trânsito esteja ativando sua Lua natal. Em qual deles você presta atenção? Normalmente, o planeta natal é aquele que precisa de fortalecimento e atenção (no caso, a Lua). Mas não é uma má ideia ver as seções de ambos os planetas para determinar qual delas parece mais precisa ou adotar uma abordagem combinada.

Alguns trânsitos são mais difíceis que outros. As relações geométricas, ou ângulos, que se formam entre os planetas são chamados de "aspectos". O tipo de aspecto entre um planeta em trânsito e seu planeta natal mostra como suas diferentes energias podem trabalhar juntas. Assim como as relações humanas, algumas relações planetárias são mais harmônicas que outras. É importante priorizar os trânsitos que envolverem aspectos como conjunção, oposição, quadratura ou quincunce, pois são esses os que geralmente requerem atenção física. Lembre-se de que os planetas enviam suas vibrações em todas as direções e um planeta em trânsito não precisa estar no mesmo signo do zodíaco que um planeta natal para afetá-lo.

Use a Energia Planetária como um Profissional

Oportunidade

Embora durem um período específico, os trânsitos não são sentidos da mesma maneira durante todo esse tempo, pois sua força aumenta e diminui. Para evitar sobrecarga, sugiro-lhe guardar os ajustes planetários relativos a seu autocuidado para quando os trânsitos estiverem mais fortes. Quanto maior a proximidade entre um planeta em trânsito e seu planeta natal, mais perceptível ele estará.

O que é preciso fazer para saber quando um trânsito está mais forte? Você pode confiar em pistas de sua própria vida, mas também pode usar astromatemática. Se olhar para seu mapa astral, você verá pequenos números ao lado de seus planetas natais. Esses números são suas localizações exatas em graus e minutos, ou seja, os endereços de seus planetas no zodíaco. Vamos supor que sua Lua natal resida no 28 graus de Sagitário. Se Marte em trânsito ainda estiver no 5 graus de Sagitário, estará a 23 graus de distância de sua Lua e, provavelmente, longe demais para que seus efeitos sejam sentidos. Porém, quando ele chegar ao 23 graus de Sagitário e, em especial, ao 28 graus, você vai sentir os efeitos desse trânsito. As opiniões na Astrologia diferem muito, mas, para simplificar, acho que a maioria das pessoas sente os trânsitos dentro de 5 graus de um planeta natal em ambos os lados (às vezes, um pouco menos no aspecto separativo).

Monitoramento dos Trânsitos

Em caso de trânsitos muito longos, convém adotar uma abordagem monitorada, ou seja, você vai entrar e sair do uso das sugestões em suas respectivas seções. Concentre-se nessas sugestões quando um trânsito estiver no auge, porém, no resto do tempo, revise-as apenas quando achar necessário ou quando um trânsito mais longo for ativado por trânsitos mais curtos. Por exemplo, um trânsito de Plutão pode durar três anos, mas isso não implica que você deva fazer a terapêutica de Plutão todo esse tempo. Durante esse período de três anos, o trânsito aumentará e diminuirá de intensidade e, além disso, será ativado por eventos astrológicos menores que acontecerem nas proximidades, como Luas Cheias, eclipses ou planetas mais rápidos, como Marte e Mercúrio. Nesses momentos é que você pode querer monitorar sua abordagem e revisitar as sugestões para Plutão ao longo de alguns dias. Se isso for Astrologia demais para você, recorra às pistas de seu corpo e a sua intuição para determinar quando a intensidade do trânsito estará alta. Ou simplesmente monitore em intervalos regulares para manutenção, a cada três meses, por exemplo, até que o trânsito termine, ou o que parecer certo para você.

Equilíbrio Planetário

Quando os planetas agem sobre o corpo, geralmente experimentamos os sintomas como demasia (excesso) ou escassez (deficiência). Para tornar as informações planetárias mais fáceis de usar, categorizei os sintomas como excessivos ou deficientes, mas, na realidade, os limites não são assim tão claros. Excesso e deficiência são menos uma linha e mais um círculo dinâmico. Quando um planeta cria excesso por muito tempo, acabamos ficando cansados e mostrando sinais de deficiência. E quando um planeta cria deficiência por muito tempo, as coisas podem estagnar, acumular-se e, finalmente, manifestar-se como excesso. Há possibilidade de quadros mistos. É provável que você se veja em ambos os lados, em especial durante um trânsito longo.

Se um planeta estiver deficiente, geralmente precisaremos de mais desse planeta. Por exemplo, se Marte fosse fraco, usaríamos ferramentas de Marte para fortalecê-lo. Mas se Marte for forte demais, adicionar mais Marte só pioraria o problema. Em vez disso, precisamos equilibrá-lo com forças planetárias opostas. Na seção de cada planeta, indico os planetas que podem balanceá-lo e, além disso, explico qual é o mais apropriado para uso e quando esse uso deve ser feito, mas você também pode usar a tabela resumida da página 250.

Quanto Tempo Duram os Trânsitos?

A duração de um trânsito depende da velocidade com que o planeta se move e se há previsão de retrogradação no período desse trânsito. Se um planeta estacionar (pausar antes de mudar de direção) retrógrado ou direto perto de um de seus planetas natais, a extensão do trânsito aumentará significativamente. Porém a extensão de um trânsito é determinada também por sua sensibilidade pessoal à energia planetária, além da influência que você decidir atribuir aos planetas em graus (veja a discussão sobre oportunidade). A tabela a seguir reflete minha experiência pessoal com os trânsitos e seus desdobramentos na prática profissional. Como as experiências diferem, você pode usá-la para ter uma ideia aproximada.

EXTENSÃO APROXIMADA DO TRÂNSITO

Planetas	Extensão
Sol	1–3 dias
Lua	1–2 dias
Mercúrio	2–7 dias
Vênus	1–2 semanas
Marte	2 semanas–1 mês
Júpiter	2–3 meses
Saturno	1,5–3 anos
Urano	2 anos
Netuno	3 anos
Plutão	3 anos

EQUILÍBRIO PLANETÁRIO

Planetas	Equilibrar/Reduzir com
Sol	Não recomendado
Lua	Saturno, Marte
Mercúrio	Júpiter, Vênus, Saturno, Netuno
Vênus	Marte, Mercúrio, Saturno, Urano
Marte	Vênus, Lua, Saturno, Netuno
Júpiter	Mercúrio, Saturno
Saturno	Sol, Mercúrio, Lua, Vênus, Júpiter, Urano, Netuno
Urano	Vênus, Saturno
Netuno	Mercúrio, Marte, Saturno
Plutão	Sol

Dou muito mais informações sobre o excesso e a deficiência de Mercúrio, Vênus e Marte porque, além do Sol e da Lua, eles são os mais fáceis de sentir e entender. Além disso, é bem provável que você passe pelos ciclos desses planetas várias vezes ao longo do ano astrológico. Não categorizei as condições clínicas de Urano, Netuno e Plutão porque elas são complexas demais para este modelo simplificado. Eles são presenças fortes que quase sempre atuam pelo excesso. As sugestões para esses planetas destinam-se a ajudá-lo a processar e direcionar essas forças da maneira mais benéfica possível.

Como Usar as Listas de Alimentos dos Planetas

A seção de cada planeta também inclui uma lista de alimentos. A maioria dessas listas provém de associações astrológicas de alimentos muito antigas, que remontam a meados do século XVII, mas tomei alguma liberdade criativa e adicionei algumas das minhas. Embora essas associações tradicionais entre planetas, signos e alimentos sejam fascinantes, podemos enfrentar alguns obstáculos quando nos prendemos a elas. Você pode encontrar a mesma comida em várias listas, só que por diferentes razões astrológicas. Por exemplo, existem muitas opiniões sobre qual planeta rege a batata-doce, e nenhuma delas está errada. Poderíamos dizer que é Vênus, pois é um alimento doce e reconfortante. Poderíamos dizer que é a Lua porque a batata-doce cresce na terra úmida. Mas também poderíamos dizer que é Saturno pelo mesmo motivo. Talvez o regente da batata-doce realmente seja Vênus por sua riqueza em carboidratos. Ou talvez seja o Sol porque sua cor é alaranjada e ela é rica em vitamina A. Essa digressão astrológica ajuda alguém? Provavelmente não.

Se levasse essas associações antigas muito ao pé da letra, eu poderia dar um salto como: Marte é deficiente neste mapa, então eu só quero que você coma álio e especiarias regidos por Marte durante um mês. Ou: há um problema de Peixes acontecendo aqui, então, por favor, abasteça seu estoque de pescados, álcool e açúcar. Isso causaria muita dor em seu sistema digestivo. Esses exemplos são bem exagerados, mas o importante é: só porque um alimento pertence a um signo não significa que seu consumo seja terapêutico para alguém desse signo. Ou considere este exemplo mais sério: Virgem pode reger o trigo, mas geralmente meus clientes que são mais intolerantes ao glúten têm predominância de Virgem ou de seu signo parceiro, Peixes.

Gosto de pensar no mapa astral como um mapa de relações alimentares físicas, mentais e emocionais e também como podemos reparar essas relações. *Às vezes*, isso implica recorrer aos alimentos tradicionalmente associados a um determinado planeta, porém sempre significa abordar com compaixão qualquer fala penosa sobre comida e apoiar a fisiologia singular do mapa. Em um contexto real de astronutrição, *raramente* presto atenção às minúcias de qual alimento pertence a qual signo ou planeta. Em vez disso, concentro-me nos gestos terapêuticos, ou marcas dos signos e planetas, e em como posso imitar esses gestos de maneira mais apropriada à pessoa que tenho diante de mim. E quero incentivá-lo a adotar essa mesma mentalidade quando for conferir as listas de alimentos planetários. Por exemplo, o gesto nutricional de Marte é aquecer. Poderíamos conseguir isso com café e pimenta, que são regidos por Marte – e talvez causar algumas dores de estômago e estressar as suprarrenais – ou com um ensopado cheio de especiarias picantes. Talvez os ingredientes do ensopado não sejam tradicionalmente regidos por Marte, mas a temperatura, o tempero e o teor de proteína do prato transmitem um gesto terapêutico (e muito mais medicinal) de Marte.

Alergias, Sensibilidades e Intolerâncias Alimentares

Também incluí uma seção sobre alérgenos potenciais e alimentos problemáticos para cada planeta. Estes vêm de minha própria pesquisa e prática de astronutrição. Entretanto, antes de explorarmos isso, quero ser muito clara sobre minha filosofia de sensibilidade alimentar. Infelizmente, notei que se tornou uma prática bastante comum atribuir a culpa de qualquer queixa ou sintoma digestivo misterioso a uma sensibilidade ou intolerância alimentar – em geral sem testes ou diagnósticos precisos. Também notei que a cultura do "bem-estar" cooptou a ideia de sensibilidade alimentar e a relacionou de maneira errada ao ganho ou à perda de peso. Porém a sensibilidade alimentar é um *sintoma* de algo mais profundo. Além disso, às vezes aquilo a que somos "intolerantes" não é um alimento, mas os pensamentos, sentimentos e julgamentos difíceis relacionados ao comer. As reações alimentares são muito reais e não estou afirmando o contrário. Mas não acredito que eliminar os alimentos seja o primeiro passo no cuidado nutricional e, muitas vezes, vejo que isso faz mais mal do que bem. Há tantas outras coisas a serem abordadas antes de eliminar os alimentos. E, embora tenha incluído essas informações em meu livro, espero que seja a última coisa que você pense em fazer.

Então, como você sabe se algum dos itens de uma lista de alimentos planetários está piorando sua condição clínica? Os sinais de seu corpo são o melhor ponto de partida. Mas, de uma perspectiva astrológica, podemos recorrer a um conceito chamado "condição planetária". Imagine a "condição planetária" como

Planetas	Domicílio/ Regência	Exaltação	Detrimento	Queda
Sol	Leão	Áries	Aquário	Libra
Lua	Câncer	Touro	Capricórnio	Escorpião
Mercúrio	Gêmeos/Virgem	Virgem*	Sagitário/Peixes	Peixes**
Vênus	Touro/Libra	Peixes	Áries/Escorpião	Virgem
Marte	Áries/Escorpião	Capricórnio	Touro/Libra	Câncer
Júpiter	Sagitário/Peixes	Câncer	Gêmeos/Virgem	Capricórnio
Saturno	Capricórnio/ Aquário	Libra	Câncer/Leão	Capricórnio

* Alguns autores dizem Aquário.

** Alguns autores dizem Leão.

uma lista de critérios que nos dizem qual o grau de "felicidade" ou "infelicidade" de um planeta em uma determinada localização. Isso é importante porque os planetas "infelizes" são mais propensos a correlacionar-se com desequilíbrios de saúde (neste caso, sensibilidades alimentares). É assim que um planeta pode reger um alimento e sofrer perturbações provenientes desse mesmo alimento. Por exemplo, um Vênus "feliz" pode ser capaz de beber todo o leite do mundo, enquanto um Vênus "infeliz" pode ser intolerante à lactose. Depende da condição desse planeta em seu mapa. A condição de um planeta depende de todos os tipos de coisas. É retrógrado? É aspectado por Saturno ou Marte? (Pode ficar complicado!) Mas o melhor lugar para começar é saber em que signo do zodíaco o planeta está e se ele gosta ou não de estar lá.

Lembra-se do conceito de regentes planetários do Capítulo 1? Cada planeta rege um ou dois signos e lhes confere suas qualidades e características. O signo que um planeta rege é chamado de *domicílio* – pense nesse signo como o lar do planeta. Os planetas adoram ficar em seus lares, ou seja, nos signos que regem. Além disso, eles também gostam de ficar nas casas de seus amigos, também conhecidos como os signos em que são *exaltados*. Os planetas não se sentem tão confortáveis em seus signos de *detrimento* ou *queda*, mas não deixe que esses termos o assustem. Eles significa apenas que esses planetas podem precisar de mais cuidado e atenção. Se um de seus planetas natais estiver em detrimento ou queda, *talvez* valha a pena dar uma olhada na lista de alérgenos dele.

Use o mapa acima para ver se algum de seus planetas natais está mais ou menos cômodo. A propósito, não encontrar nenhuma correspondência é algo absolutamente normal.

Dica profissional: às vezes, quando estão em seus signos natais, os planetas podem ficar muito confortáveis e corresponder a condições excessivas. Por exemplo, Mercúrio em Gêmeos pode ser espirituoso e inteligente, mas pode experimentar coisas como agitação mental, opressão e estresse. Embora Mercúrio seja o regente de Gêmeos, nem sempre o corpo registra essa regência como uma experiência agradável.

Os planetas exteriores foram descobertos muitos anos depois que esses princípios foram criados, mas seus signos modernos de regência, ou signos de domicílio, são Aquário (Urano), Peixes (Netuno) e Escorpião (Plutão).

Uma última dica: dê uma olhada nas listas de alimentos correspondentes ao signo de seu Marte e seu Saturno natais. Esses planetas são os mais propensos a criar desequilíbrios físicos. Por exemplo, se o seu Marte natal estiver em Leão, confira a lista do Sol. Como é regido pelo Sol, Leão também está associado aos alimentos do Sol. Ou, se o seu Saturno natal estiver em Escorpião, dê uma olhada na lista de Marte; Marte rege Escorpião. Talvez você perceba que há alguns alimentos problemáticos nessas listas, *especialmente* se Marte ou Saturno estiverem retrógrados, em uma das casas da saúde ou formarem aspectos com o grau de seu Sol, Lua ou Ascendente natais. Eu avisei que isso poderia ir longe! Como sempre, comece pela camada mais básica e trabalhe a partir dela.

SOL

Revigorar

O Sol representa nossa força vital, aquela centelha mágica que nos mantém vivos. É pura energia yang. A luz do Sol anima o corpo e desperta a consciência. Ele nos individualiza e define nosso senso de identidade e propósito.

Noções Básicas do Sol

Regente: Leão

Elemento: Fogo

Qualidades: Quente, seco

Ações-chave: Animar, revigorar, tonificar, despertar

Funções do corpo: Função cardíaca, consciência, regulação da temperatura, visão, metabolismo (com Marte e Saturno)

Desequilíbrios Solares

Deficiência Falta vitalidade suficiente	Compartilhado	Excesso Vitalidade distorcida
Alterações na visão Distúrbios congênitos Temperatura corporal baixa Depressão, apatia, imobilidade Perda de consciência, desmaio, confusão, coma Fraco senso de identidade	Consciência alterada Crise de identidade Doença cardíaca Força vital ameaçada Palpitações	Senso de identidade grandioso ou narcisista Temperatura corporal perigosamente alta

Equilíbrio Planetário

FORTALECER COM

Mais Sol

Seu Signo Solar ou o Signo Solar do momento

EQUILIBRAR COM

Na maioria dos casos, não é recomendável reduzir o Sol porque ele é sua força vital

Alimentos e Movimentos Solares

Os alimentos e movimentos solares iluminam o humor, melhoram a energia e o reconectam a seu verdadeiro eu. A melhor maneira de cuidar de seu Sol natal é usar as informações de autocuidado da seção dedicada a seu Signo Solar. Embora possamos dar ao Sol algumas de suas próprias correlações de comida e movimento, quando seu Sol precisa de um empurrãozinho, é mais pessoal e prático cuidar das partes do corpo por meio das quais seu Sol natal se exprime. Além dos sintomas listados na página 256, se você tiver algum dos sintomas presentes na lista de desequilíbrios de seu Signo Solar, veja-o como um indício de que seu Sol precisa de fortalecimento. Também recomendo-lhe encarecidamente que fortaleça seu Sol natal caso ele esteja sendo transitado por Saturno, Netuno ou Plutão.

Por si só, o Sol possui uma correlação natural com o exercício cardiovascular por ser ele a força que mantém a vida do coração. Porém, em vez de fazer o coração bombear para fora do peito (o que é mais parecido com o treino para Marte), o exercício cardiovascular para o Sol costuma ser moderado e respalda o humor e o fluxo sanguíneo. Pode ser uma caminhada pela natureza, uma corrida tranquila com seu cachorro, brincar com os filhos ou fazer uma festa dançante na cozinha. Se o fizer mexer-se e levantar seu ânimo, será bom para seu Sol. E valerá pontos cósmicos extras se você puder fazer a atividade escolhida sob a luz solar. Como regente da consciência, o Sol também é nutrido por fusões de movimento e espiritualidade.

À medida que o Sol gira em torno de seu mapa astral a cada ano, ele também destaca e chama a atenção para os temas e necessidades de qualquer planeta, signo ou casa por onde passa. Por exemplo, se o seu Marte natal estiver em Capricórnio, quando o Sol fizer sua viagem anual por Capricórnio, você poderá notar que os temas e as áreas do corpo de seu Marte natal se tornarão mais proeminentes. Se for esse o caso, você pode usar as informações nas seções de Capricórnio e Marte para ajustar seu cuidado pessoal.

Lembre-se de que a luz solar pode ser extrema. Queimaduras solares, insolação e cegueira decorrente de seu clarão são alguns exemplos. Na Astrologia, o Sol não é um planeta causador de doenças. Entretanto, ocasionalmente, quando o Sol não está saudável ou está sendo afetado por outro planeta, ele pode contribuir para nossos pontos cegos, preconceitos internos e coisas que preferimos não ver.

Se você estiver em um momento favorável para a manutenção de uma boa saúde, vale a pena usar o Sol em trânsito (o Sol no céu de hoje) como um relógio de cuidados com o corpo, conforme discutimos no Capítulo 2.

ALIMENTOS SOLARES: LEÃO

Nutrientes: Vitamina D, vitamina A, magnésio, iodo

A maioria desses alimentos pertence ao Sol devido a sua cor e a como ou onde são produzidos. Podem ser amarelos ou alaranjados, exigem luz solar plena, crescem em clima quente ou tropical ou são trepadeiras. Eles podem ter a palavra *sol* no nome, ficam secos pela ação do Sol, têm sabor ácido ou são boas fontes de nutrientes do Sol. Alguns alimentos do Sol têm uma conexão com a realeza. Eles podem ser extravagantes, aromáticos e agradáveis aos olhos.

Verduras e frutas	Grãos, feijões e leguminosas	Sementes e frutos secos	Especiarias e ervas culinárias	Carnes e frutos do mar	Gorduras e óleos	Adoçantes	Possíveis alérgenos ou alimentos problemáticos*
Alcachofra-girassol	Amendoim	Amêndoas	Açafrão	Bode	Azeite de oliva	Açúcar de cana	Açúcar de cana, sacarose
Azeitona	Arroz (todas as variedades)	Nozes	Alecrim	Carne bovina	Óleo de coco	Açúcar de coco	Amendoim
Banana	Milho	Sementes de girassol	Capim-limão	Cordeiro		Melaço	Caseína
Banana-da-terra			Cúrcuma	Frango			Chocolate
Batata-doce			Estragão				Cítricos
Cenoura			Hortelã-pimenta				Gemas de ovo
Cítricos			Levístico				Milho
Coco			Louro				Tomate
Figo			Mostarda				
Frutas secas (em especial, tâmaras, passas)			Noz-moscada				
Manga							
Pimentão (amarelo e alaranjado)							
Romã							
Tomate							
Uvas							

* Qualquer um dos alimentos listados nesta tabela pode se tornar problemático no contexto astrológico certo, mas esses são os agravantes mais prováveis do Sol.

LUA

Nutrir

A Lua é como uma antena parabólica que capta informações cósmicas emitidas por todos os planetas e as retransmite para nós. A Lua recebe a energia vital do Sol e a entrega a todas as células do corpo. Ela é o principal planeta em nível de energia e digestão.

Noções Básicas da Lua

Regente: Câncer

Elemento: Água

Qualidades: Frio, úmido

Ações-chave: Refletir, fazer circular, receber, reagir, nutrir

Funções do corpo: Ritmos corporais (apetite, ritmo circadiano, fluxo de energia, ciclo menstrual), hábitos de nutrição e digestão, emoção, gravidez, lactação, movimento de fluidos e secreção (sangue, linfa, água)

Desequilíbrios Lunares

Deficiência Falta receptividade suficiente	Compartilhado	Excesso Demasiada receptividade
Desafios de fertilidade, gravidez e lactação Insônia Rejeição da nutrição: distúrbios alimentares, não atentar aos sinais do corpo, falta de apetite, vômitos Secura, desidratação	Doenças psicossomáticas Energia diária inconsistente Problemas digestivos funcionais e emocionais	Excesso de umidade que abriga fungos, leveduras, bactérias ou vermes Retenção de líquidos, estagnação, inchaço e fleuma Sonolência Variações radicais de humor Predisposição ao choro

Equilíbrio Planetário

FORTALECER COM

Mais Lua

Seu Signo Lunar ou o Signo Lunar do momento

EQUILIBRAR COM

Marte anima uma Lua sonolenta.

Saturno estabiliza e seca uma Lua inconstante e pantanosa

Alimentos e Movimentos Lunares

Embora tenha algumas de suas próprias correlações, a Lua é principalmente apenas um refletor. Ela amplia as necessidades alimentares e de movimento de qualquer signo do zodíaco em que esteja ou de qualquer planeta do qual estiver próxima. Mas, em geral, quando está doente, a Lua precisa de descanso e reconforto. Como a Lua precisa ser acalmada dependerá de onde ela estiver em seu mapa natal ou no céu do momento. A melhor maneira de cuidar de sua Lua natal ou da Lua de hoje é usar as informações de autocuidado da seção do signo correspondente.

A comida da Lua é gentil com a barriga e com o coração. E o mesmo se aplica ao exercício. Por suas próprias características, a Lua não tem uma afinidade natural com movimentos vigorosos. Ela é aguada, sonolenta e mais interessada na restauração do corpo. Quando a Lua precisar de alguma atenção, tire uma folga extra, faça uma massagem, tome um banho de banheira, faça um alongamento suave ou apenas algum movimento intuitivo. Faça o que lhe parecer bom e nutritivo.

À medida que a Lua gira em torno de seu mapa astral a cada mês, ela ativa cada planeta, signo e casa. Quando isso ocorrer, você poderá notar mudanças no apetite, no nível de energia, no metabolismo e no humor. Por exemplo, quando a Lua ativa seu Marte natal, você pode sentir mais fome, vivacidade ou irritação; quando a Lua ativa seu Saturno natal, você pode ter menos apetite e um humor mais sóbrio. Vale a pena você manter um diário de sintomas lunares para descobrir quais são seus padrões mensais.

O Sol e a Lua são os fundamentos do movimento astrológico, conforme discutimos no Capítulo 2.

ALIMENTOS LUNARES: CÂNCER

Nutrientes: A Lua é a regente geral das vitaminas solúveis em água, da riboflavina (B2) e do potássio

A Lua tem afinidade com alimentos frios e ricos em água que sejam cremosos e doces, ou melhor, sem graça. Eles podem crescer em ambientes úmidos, nadar no mar ou ter *água* no nome. A Lua rege a maioria dos alimentos verdes, inclusive alfaces crocantes e outros folhosos. Os pratos lunares frequentemente são reconfortantes. Sopas, ensopados, caçarolas e receitas de família adoradas são muito lunares. Alimentos ricos em nutrientes da Lua também são nutritivos para este planeta.

Verduras e frutas	Sementes e frutos secos	Especiarias e ervas culinárias	Carnes e frutos do mar	Laticínios e ovos	Gorduras e óleos	Possíveis alérgenos ou alimentos problemáticos*
Abóbora Abobrinha Acelga chinesa Acelga portuguesa Agrião Alface Batata-doce Brócolis Castanhas de água Cogumelos Couve Couve-de--bruxelas Couve-de--folhas Couve-flor Couve-galega Espinafre Melão Nabo mexicano Pepino Pêssego Quiabo Repolho (todas as variedades Squash (todas as variedades) Trufas Vegetais marinhos (algas, *nori*, *wakame*)	Regente geral de todas as sementes	Beldroegas	Regente geral de todos os frutos do mar Crustáceos Ganso Pato Porco Vitela	Todos os laticínios e ovos em geral (com Vênus); *em especial*: iogurtes leite de vaca queijos pastosos	Manteiga Manteiga clarificada	Alumínio (aditivo alimentar) Brássicas Crustáceos Impurezas da água Laticínios Leveduras Micotoxinas Ovos Queijos mofados (queijos azuis, brie) Solanáceas

* Qualquer um dos alimentos listados nesta tabela pode se tornar problemático no contexto astrológico certo, mas esses são os agravantes mais prováveis da Lua.

MERCÚRIO

Conectar

Mercúrio é o planeta da conexão. Ele envia, transporta e recebe informações e conecta um sistema de órgãos a outro. Os desequilíbrios de Mercúrio tendem a coincidir com períodos extremamente ocupados e de alto estresse ou com os períodos de exaustão que se seguem. Quando Mercúrio está desligado, as informações biológicas podem parecer desnecessariamente complicadas ou incompletas, sem etapas nem detalhes vitais.

Noções Básicas de Mercúrio

Regentes: Gêmeos, Virgem

Elemento: Terra

Qualidades: Frio, seco

Ação-chave: Conectar

Funções do corpo: Nervosa, respiratória, hormonal

Desequilíbrios de Mercúrio

Deficiência Demasiada lentidão	Compartilhado	Excesso Demasiada rapidez
Dependência de cafeína Depressão Isolamento social, inclusive autoimposto Má coordenação, tempos de reação lentos, falta de jeito Obnubilação, cognição e memória deficientes Sensibilidade à luz e ao som Vulnerabilidade respiratória	Baixa tolerância ao estresse Dor de cabeça Má respiração Nervosismo Sobrecarga	Ansiedade Ataques de pânico Dores nos nervos Espasmos musculares e cãibras Insônia Nervosismo Propensão a acidentes Sensibilidade à cafeína Tensão Verificação compulsiva de dispositivos

Equilíbrio Planetário

FORTALECER COM

Mais Mercúrio

Gêmeos ou Virgem

EQUILIBRAR COM

Júpiter expande um Mercúrio detalhista

Vênus acalma um Mercúrio nervoso

Saturno ancora um Mercúrio fora da realidade

Netuno seda um Mercúrio ansioso

Como Alimentar um Mercúrio Deficiente

Quando Mercúrio está deficiente, pequenas decisões, como o que comer, podem deixá-lo olhando para a geladeira sem expressão. Pode parecer contraintuitivo, mas render-se, deixar que Mercúrio seja lento e ajustar seu próprio estilo de vida para combinar fará você voltar a acelerar mais depressa. Os tempos lentos de Mercúrio vão contra as expectativas da cultura moderna, e geralmente é isso o que está nos causando mais sofrimento.

Quando está deficiente, Mercúrio precisa de mais tempo para processar tudo, inclusive os alimentos. Podemos compensar isso simplificando as refeições. Nossa intenção passa a ser trazer clareza e brilho à mente com o menor número possível de etapas. As estações de deficiência de Mercúrio não são próprias para receitas elaboradas nem longas listas de ingredientes. Dê a si mesmo uma proteína, um vegetal, um amido e uma gordura em cada refeição. Use métodos de preparação simples e fáceis e não se preocupe com ervas e especiarias além de sal e pimenta. No começo, isso pode parecer sem graça, mas dá a Mercúrio uma quebra de complexidade muito necessária. O desconforto intestinal geralmente surge durante esses momentos, e uma vantagem extra de comer com simplicidade é a capacidade de identificar as reações alimentares com muito mais nitidez. Outro benefício de simplificar e desacelerar é a liberação de mais espaço mental para percepção e ajuste de nossa conversa interna acerca da comida, que é uma das funções de Mercúrio.

Um Mercúrio deficiente pode se sentir sobrecarregado e queremos ajudá-lo a sentir-se mais exuberante. O grande debate sobre nutrição parece girar sempre em torno de carboidratos *versus* gorduras como combustível. Porém, na astronutrição, tentamos entender que todos os alimentos servem a um propósito, dependendo do mapa à nossa frente e do céu acima de nós. Mercúrio deficiente geralmente precisa de alimentos de energia rápida que sejam leves e fáceis de digerir. Isso pode significar alimentos simples e com um único ingrediente, como arroz branco, vegetais cozidos no vapor, batatas, abóbora ou frutas.

Talvez seja tentador reconstruir toda a sua dieta e fazer algo drástico para acordar Mercúrio, mas é provável que agora você ainda não tenha todas as informações necessárias para fazer uma escolha precisa ou a capacidade intelectual para mantê-la a longo prazo. Em vez de buscar mais informações para processar, dê menos a si mesmo. As épocas de deficiência de Mercúrio geralmente terminam com momentos de eureca, só que eles nunca chegam ao alcance. Essa é uma ótima oportunidade para silenciar o ruído, voltar-se para dentro e reconectar-se com seu saber alimentar interior.

ALIMENTOS DE MERCÚRIO: GÊMEOS, VIRGEM

Nutrientes: Tiamina (vitamina B_1)

Mercúrio e seus signos vivem para detalhes, e podemos ver isso espelhar-se em seus respectivos alimentos. Os alimentos de Mercúrio, como feijões e grãos, vêm em grandes porções ou têm toneladas de sementes. Eles podem crescer em cachos ou ser reunidos em cachos. Vemos Mercúrio detalhista e curioso em ervas delgadas, como o endro e as pontas emplumadas das cenouras e da erva-doce. Sejam vegetais ou animais, esses alimentos são energeticamente leves.

Verduras e frutas	Grãos, feijões e leguminosas*	Sementes e frutos secos	Especiarias e ervas culinárias	Carnes e frutos do mar	Adoçantes	Possíveis alérgenos ou alimentos problemáticos**
Abobrinha	Amaranto	Avelãs	Alcaçuz	Aves de caça	Mel	Cafeína
Aipo	Arroz (em especial, integral e selvagem)	Nozes	Anis	Frango	Todos os açúcares brutos ou minimamente refinados (mascavo, demerara, Sucanat etc.)	Feijão
Banana	Aveia	Sementes de cânhmo	Anis-estrelado	Peru		Glúten
Cenoura	Cevada		Azedinha			Grãos (em especial, trigo)
Cogumelos	Cuscuz de sêmola		Cerefólio			
Endívia	Espelta		Endro			
Erva-doce	Lentilhas		Estragão			
Frutas silvestres	Milhete		Feno grego			
Nabo	Milho		Manjerona			
Romã	Quinoa		Orégano			
	Regente geral de grãos, feijões e leguminosas		Salsa			
	Trigo		Sementes de cominho			
	Trigo-sarraceno		Sementes de erva-doce			
	Trigulho					

* É importante ressaltar que um determinado tipo de grão ou feijão pode ser intolerável para Mercúrio, ao passo que muitos outros são bons e até terapêuticos. Não descarte todo o grupo alimentar. Mais frequentemente, a base costuma ser feita caso por caso.

** Qualquer dos alimentos listados nesta tabela pode se tornar problemático no contexto astrológico certo, mas esses são os agravantes mais prováveis de Mercúrio.

Como Alimentar um Mercúrio Excessivo

Quando Mercúrio está em excesso, podemos sentir um aumento temporário da taxa metabólica e exigir mais calorias ou comida com mais frequência. Lanches e horários de alimentação são tópicos nutricionais que estão na crista da onda. Porém, de uma perspectiva astrológica, esses breves períodos de excesso de Mercúrio em geral ficam mais cômodos com combustível consistente. Independentemente de quando estamos ingerindo calorias, queremos fornecê-las de um modo que nos propicie ancoragem e seja denso.

Em vez de aumentar o senso de urgência de Mercúrio, devemos incorporar alimentos que aportem um estado de alerta calmo ao sistema nervoso. Tanto o excesso quanto a deficiência de Mercúrio precisam de proteína de alta qualidade para a saúde dos neurotransmissores, mas o excesso de Mercúrio pode precisar de mais gordura, como um cobertor de pesos para ansiedade. Apoiar Mercúrio com horários regulares para as refeições, proteínas, gorduras e vegetais que são raízes permite que ele não fique só nas ideias, mas faça algo útil com elas. Se o excesso de Mercúrio não receber a nutrição de que precisa, é provável que continue só a correr em círculos, cogitando à toa.

A coisa mais importante que podemos fazer é desacelerar para comer. Quando Mercúrio está com pressa, é fácil ignorar as etapas da digestão. Troque as refeições diante de uma tela por uma conversa humana de verdade. E, embora desacelerar seja o ideal, às vezes precisamos nos nutrir em movimento, às pressas. Tradicionalmente, Mercúrio rege os alimentos que vêm em vagens. Se expandirmos e modernizarmos essa ideia, veremos que ela inclui alimentos embalados de modo conveniente, prontos e fáceis de transportar. Prefiro comida caseira, mas quando se está nos apuros típicos de Mercúrio, talvez seja preciso pegar comida para viagem ou uma barra de proteína. E se for tomar cafeína, tente amenizar seu peso consumindo-a às refeições ou com alguma fonte de gordura.

Movimento para Deficiência de Mercúrio

Quando Mercúrio está deficiente, nosso desejo de movimento parece desaparecer. É comum sentir-se descoordenado ou chegar à fadiga mais rápido em comparação com poucas semanas atrás. Durante esse tempo, queremos dar a Mercúrio muito espaço para se recuperar, só que sem se render à imobilidade. *Certamente* há momentos em que a imobilidade total é necessária, mas mover-se é o que faz Mercúrio. Mesmo em estados de deficiência, o movimento tende a fazer este planeta sentir-se instantaneamente melhor.

Para ajudar Mercúrio a se mexer, torne as coisas ridiculamente simples. Dê-lhe instruções claras. Saiba exatamente que treino você fará antes da hora de fazê-lo. Saiba exatamente o que vai vestir e prepare tudo na véspera. Se a comida for uma barreira, planeje e saiba exatamente o que vai comer antes ou depois do treino para liberar espaço mental. Essas coisas podem parecer bobas, mas são uma tábua de salvação quando Mercúrio está com problemas.

Prefira o movimento simples. Quando não se tem muita motivação nem capacidade de raciocínio, é melhor ater-se ao básico. Isso implica equipamento mínimo, número mínimo de exercícios, estruturas de treino mais simples e troca de movimentos complexos por padrões fundamentais. Em vez de correr de um lado para o outro da academia, escolha uma ou duas ferramentas para trabalhar. Assim como reduzir o número de ingredientes da refeição, mantenha a lista de exercícios por treino sucinta. A capacidade de processamento de Mercúrio está reduzida e não queremos aumentar o tamanho do *backup*. Cinco exercícios ou menos é minha preferência pessoal.

Se sua principal forma de exercício for yoga ou aulas em grupo, vale a mesma sugestão de simplificação. Isso pode assumir várias formas, mas um exemplo é focar apenas em um tipo de prática, como aulas de hatha yoga moderado ou yoga restaurativo, em vez de experimentar tudo o que o estúdio tem a oferecer. Sem dúvida, você não é responsável pelos exercícios que o instrutor pede, mas pode escolher a quais e quantas aulas você vai. Menos geralmente é mais durante os períodos de deficiência de Mercúrio.

Você também pode precisar diminuir a intensidade geral do treino. Durante a deficiência de Mercúrio, o exercício de maneira ideal apoia sua saúde mental e o ajuda a ficar alerta ao longo do dia. Exaurir ainda mais o sistema nervoso central atingindo constantemente seu próprio limiar é o oposto do que você quer. Você não precisa remover os exercícios de alta intensidade por completo, apenas dê-lhes alguns limites. Uma breve sessão de alta intensidade por semana basta para Mercúrio deficiente; *talvez* duas, se você estiver acostumado a render muito nos exercícios. Sinto-me muito energizada pelo trabalho duro do condicionamento, mas posso limitá-lo a cinco minutos no fim de uma sessão algumas vezes por semana.

Movimento para Excesso de Mercúrio

Quando Mercúrio está em excesso, o sistema nervoso é fortemente ativado e podemos sentir ansiedade e nervosismo. Na maioria das vezes, quero incorporar a vibração de Mercúrio e lhe dar exercícios vigorosos como válvula de escape para que ele não expresse preocupação nem ansiedade em minha mente, em meu corpo nem em minha vida. Se Mercúrio vai ficar inquieto, gosto de lhe dar algo construtivo com que se ocupar.

Você pode sentir vontade de aumentar a intensidade e a frequência gerais do treino durante este período. Lembre-se de que Mercúrio é um planeta respiratório. Quando ele está ansioso ou pressionado, você quer lhe dar o máximo possível de oxigênio. Este Mercúrio precisa respirar, e você pode ajudá-lo trabalhando sua capacidade aeróbica. Mas não pule direto na esteira. Mercúrio em excesso tem baixo limiar de atenção e não faria uma corrida de longa distância lentamente nem morto. Experimente repetições de subidas, treino em escadas e *sprints* ou pratique seu treinamento de força com intervalos apropriados para Mercúrio no intuito de manter as coisas rápidas. Faça uma aula de dança, de aeróbica com *step* ou de qualquer outra coisa que exija coordenação e seja rápida, além de mentalmente estimulante. Você também pode envolver Mercúrio fazendo seu treino num horário ou lugar diferentes; fazendo sua rotina normal de trás para a frente; experimentando fazer a aula de uma coisa diferente ou escolhendo um novo equipamento. Mercúrio é o planeta das viagens e gosta de correr o mundo. Mesmo que esteja fora de seus hábitos, talvez você queira correr, andar de bicicleta ou caminhar durante esse trânsito.

Caso Mercúrio esteja rápido demais e prestes a sair dos trilhos, introduza alguns movimentos controlados. Desloque os exercícios de alta intensidade para o início do dia a fim de evitar que atrapalhem o sono. Faça um inventário de seu programa de treinamento e veja se ele tem um propósito e uma progressão bem claros. As coisas podem ser divertidas, rápidas e variadas e, apesar disso, continuar estruturadas. Variar em termos de programa e de aula é bom para um trânsito breve de Mercúrio. Porém, se você só fizer exercícios aleatórios durante um período longo demais, não estará ajudando Mercúrio a longo prazo.

VÊNUS

Suavizar

O trabalho de Vênus é manter a homeostase e a harmonia corporal. Apesar de tendermos a tomar essa função como garantida, ele incansavelmente delega esse ato de equilíbrio hormonal nos bastidores. Quando Vênus está doente, podemos sentir fisicamente uma mistura de instabilidade hormonal, angústia e tristeza.

Noções Básicas de Vênus

Regente de: Touro, Libra

Elemento: Água (varia conforme algumas tradições)

Qualidades: Umidade, mais fria ou mais quente, dependendo do posicionamento

Ações-chave: Suavizar, empatizar

Funções do corpo: Homeostática, hormonal, renal, circulatória (venosa)

Desequilíbrios de Vênus

Deficiência Seco demais	Compartilhado	Excesso Úmido demais
Amenorreia, menstruação escassa Baixa libido Dificuldade para receber amor, ajuda, elogios, presentes Infertilidade, aborto espontâneo Micção frequente, escassa ou dolorosa Negligência do autocuidado básico Pele seca Secura vaginal Unhas ou cabelos quebradiços	Alterações cutâneas relacionadas a hormônios Conversa interior negativa Desequilíbrios reprodutivos de base hormonal Má circulação, varizes, vasinhos, coágulos sanguíneos TPM	Acne hormonal Candidíase ou outras infecções fúngicas Choro, ataques de choro Confundir manipulação, controle e exigência com amor Glicemia elevada, diabetes Retenção de líquido, edema, inchaço Transtorno disfórico pré-menstrual (TDPM), sangramento menstrual intenso, miomas uterinos, leucorreia, cistos ovarianos, mamas císticas ou sensíveis

Equilíbrio Planetário

FORTALECER COM

Mais Vênus

Touro e Libra

EQUILIBRAR COM

Marte tonifica um Vênus preguiçoso

Mercúrio acelera um Vênus lento

Saturno seca, disciplina e estrutura Vênus

Urano sacode um Vênus sonolento ou entediado

Como Alimentar um Vênus Deficiente

Alimentar uma deficiência de Vênus tem menos a ver com a ciência da nutrição que com alimentos centrados no coração. Este é um Vênus frágil e medroso, que se prepara eternamente para a próxima mágoa no horizonte. Durante a cura de Vênus, queremos que nossa comida crie um sentimento de confiança e pertencimento que permita ao coração energético amolecer e relaxar. Vênus usa a comida como espelho da autoestima. Cada refeição se torna uma oportunidade de refletir para nós como somos incrivelmente valiosos e preciosos, mesmo que ainda não nos sintamos assim.

Para entender a energia de uma refeição centrada no coração, pense no que um pai ou uma mãe daria ao filho doente para alimentá-lo ou no que você poderia servir a uma pessoa querida que está de luto. Em épocas de deficiência de Vênus, cabe a nós assumir o papel de responsáveis pelo cuidado do coração em nossa própria vida. As refeições de Vênus reconfortam, nutrem e reparam. Elas são sutis, promovem o centramento e têm, sim, sabor doce, só que nem sempre no sentido popular da palavra.

Sobremesas e guloseimas certamente pertencem a Vênus e têm um papel a desempenhar na cura desse planeta, mas não são alimentos venusianos de grau terapêutico. A doçura medicinal de que precisamos durante este período é encontrada em carboidratos complexos, como vegetais ricos em amido, legumes, grãos e frutas. O sabor doce está associado a Vênus por ser harmonizador. Ele relaxa, acalma e preenche tanto o coração quanto os tecidos. Muitos alimentos doces também são hidratantes e contribuem para a renovação dos fluidos corporais, algo em que esse Vênus seco geralmente precisa de ajuda. A umidade permite que as coisas se misturem e se fundam e, quando Vênus está murcho, podemos usar a umidade dietética para ajudá-lo a se reconectar física e emocionalmente.

Durante os períodos de deficiência de Vênus, também queremos manter nossa comida relativamente neutra. Como nosso objetivo é a harmonização, temperaturas, quantidades e sabores agressivos nos alimentos que entrarem no sistema podem gerar perturbações.

Como Alimentar um Vênus Excessivo

Um Vênus excessivo é sempre tão úmido a ponto de experimentar mistura e fusão patológicas. Este Vênus pode ter dificuldade em manter um eu à parte e poderia ver-se em relacionamentos de codependência, manipulando ou sendo manipulado. Outra possibilidade seria obsessão e explosões dramáticas. Fisicamente, o excesso de umidade pode tornar-se um lar bem-vindo para bactérias, fungos, parasitas ou resíduos indesejáveis. Podemos abordar a umidade patológica, tanto física quanto emocional, do ponto de vista nutricional. Se Vênus estiver apresentando resistência à insulina, TPM severa, crescimento excessivo de fungos ou tudo isso ao mesmo tempo, precisamos nos concentrar em equilibrar o açúcar no sangue, reduzir a umidade, otimizar a relação entre intestino e hormônios e eliminar os resíduos.

A nutrição venusiana tradicional é doce e bastante rica em carboidratos, com o objetivo de criar uma sensação aconchegante de peso. Porém, quando Vênus está encharcado, adicionar mais dessas qualidades ao corpo talvez piore as coisas. Se for esse o caso, introduza forças alimentares planetárias opostas para tornar as coisas mais leves. Uma abordagem nutricional de Saturno ou de Marte pode ser mais apropriada para um Vênus excessivo. A nutrição de Saturno pode secar e disciplinar um Vênus indisciplinado, enquanto a nutrição de Marte pode aquecê-lo e revigorá-lo. As estrelas de um prato para alguém com excesso de Vênus são proteínas e alimentos que drenem a umidade. As folhas verde-escuras aportam uma leveza energética ao corpo, e seu sabor amargo seca Vênus. Entre outros alimentos que secam a umidade, estão: algas (inclusive as marinhas), aspargo, aipo, nabo, vinagre e outros alimentos amargos ou aromáticos.

Para ajudar Vênus a regular o equilíbrio de seus fluidos, também precisamos fortalecer os rins. Entretanto, por ser o planeta que regula o corpo, Vênus não reage positivamente a extremos. Ele reage à ternura. Detoxificações ou limpezas renais intensas não são recomendáveis. A melhor maneira de apoiar os rins durante um desequilíbrio de Vênus é hidratar-se, controlar o açúcar no sangue, diminuir a exposição tóxica na vida diária e abordar os gatilhos emocionais e relacionais que estão na origem da doença de Vênus.

ALIMENTOS DE VÊNUS: TOURO, LIBRA

Nutrientes: Carboidratos, vitamina E, niacina (vitamina B_3), cobre

Os alimentos de Vênus são coloridos e perfumados. A maioria é doce, suculenta e pode evocar imagens de amor ou sexo. Sobremesas, guloseimas, bolos e belos arranjos de qualquer tipo de alimento pertencem a este planeta autoindulgente. Vênus é o regente geral de todos os açúcares e frutas, e compartilha laticínios e ovos com a Lua. Ele também compartilha muitas leguminosas com Mercúrio, mas as de Vênus tendem a ser mais carnudas, maiores e de cor verde ou branca. Se é algo de que você gosta de comer, provavelmente é algo que pertence a Vênus.

Verduras e frutas	Grãos, feijões e leguminosas	Sementes e frutos secos	Especiarias e ervas culinárias	Carnes e frutos do mar	Laticínios e ovos	Gorduras e óleos	Adoçantes	Outros	Possíveis alérgenos ou alimentos problemáticos*
Abricó Alcachofra Ameixa Aspargo Avocado Azeitona Batata-doce Cereja Figo Frutas silvestres Maçã Manga Nectarina Pastinaca Pera Pêssego Regente geral de todas as frutas, em especial as de caroço Tâmara Tomate Uvas	Centeio Ervilhas Favas Feijão-branco Feijão-de-lima Feijão verde Feijão vermelho Grão-de-bico Lentilhas Regente geral (com Mercúrio) de feijões e leguminosas Soja Trigo	Castanhas portuguesas Nozes	Azedinha Baunilha Coentro Cravo-da-índia Erva-doce Malvaísco Manjericão Mentas Orégano Salsa Tomilho	Carne bovina Cervo Frango Ostras Rins Vitela	Regente geral (com a Lua) de laticínios e ovos	Manteiga	Mel Regente geral de todos os açúcares, em especial os de frutas	Afrodisíacos Chocolate Vinho	Açúcar de frutas/frutose Glúten Laticínios Ovos Soja

nesta tabela pode se tornar problemático no contexto astrológico certo, mas esses são os agravantes mais prováveis de Vênus.

Movimento para Deficiência de Vênus

Quando Vênus está debilitado, podemos suavizar as arestas de nossa prática de movimento e alterar o foco na eficácia ou no desempenho para focar simplesmente em nos sentirmos bem. Vênus deficiente precisa que o movimento seja uma experiência agradável e equilibrada que o faça sentir-se aberto e apoiado. Se puder, esqueça horários e programas sérios e deixe que o movimento revigore o coração.

Quando Vênus está cansado, você pode ter vontade de diminuir a intensidade geral do treino. O mecanismo homeostático de Vênus é fraco, o que torna mais fácil sobrecarregar o corpo e retardar a recuperação. Evite acelerar a frequência cardíaca ao extremo. Quando Vênus não consegue se equilibrar, os altos mais altos levarão aos baixos mais baixos depois. Entretanto, o exercício cardiovascular moderado é como um produto medicinal para um Vênus deprimido porque levanta o ânimo e abre confortavelmente os pulmões, fazendo a angústia circular pelo corpo de uma maneira que parece segura.

Vênus deficiente já está emocional e fisicamente seco, portanto não queremos suar muito. Em vez disso, podemos usar o movimento para reconstruir os tecidos e hidratar o corpo. Isso pode ser físico ou simbólico. Conectar-se com outras pessoas durante o movimento, incorporar mais flexibilidade à sua rotina, exercitar-se na água ou simplesmente dar a si mesmo espaço suficiente para fazer mudanças intuitivas enquanto se exercita são maneiras de dar a Vênus um pouco de suculência.

Os períodos de deficiência de Vênus geralmente coincidem com momentos de reparo ou ajuste de nossa relação com a beleza e o prazer. Para muita gente, bastará simplesmente movimentar-se ao ar livre e entrar em comunhão com a natureza, porém é preciso também estar atento a nosso ambiente de movimento maior: modere a música que você ouve, as imagens que vê, a conversa interna sobre o corpo e até mesmo as roupas que veste. Pergunte-se como essas coisas refletem e estimulam uma relação superior com a beleza, o valor e a autoestima.

Movimento para Excesso de Vênus

Quando está excessivo, Vênus fica praticamente úmido demais para funcionar da maneira ideal. Em termos de movimento, quando queremos secar Vênus, a primeira coisa que nos vem à mente é suar. A quantidade de suor varia muito, dependendo dos fatores externos e internos, e *não* é uma medida do "sucesso" do treino. Porém, num momento como este, estimular o excesso de água a deixar o corpo com segurança pode ser benéfico. Em alguns casos, um Vênus excessivo terá problemas para suar e pode precisar brincar com variáveis como hidratação, roupas, temperatura ambiente e aumento da intensidade.

O excesso de Vênus precisa de uma forte saída emocional, e exercícios de alta intensidade podem tornar-se um canal medicinal. A dança e o movimento em estúdios de ambiente marcante também têm efeito medicinal. Porém, como qualquer planeta em excesso pode tornar-se dependente de estados emocionais ou físicos de alta intensidade, é importante monitorar o exercício de alta intensidade. Trocar um pelo outro não resolverá o problema subjacente. Em vez disso, a abordagem geral do treinamento precisa ter um equilíbrio saudável entre explosões de alta intensidade e suporte estrutural, geralmente realizado por meio do trabalho de força. Em termos simbólicos, isso dá a Vênus a oportunidade de exprimir intensidade e sentir profundamente, enquanto aprende a reestabilizar-se e a não se perder no drama. Também é importante que Vênus encontre outras válvulas emocionais e estratégias de cuidado além do exercício.

Por outro lado, Vênus pode sentir-se atolado, cansado e sem interesse em se mexer. Tudo bem. Às vezes, você só precisa apoiar-se nesse desinteresse e descansar. Mas também leve em conta que essa falta de interesse talvez decorra de uma visão ou experiência do movimento como punição. A motivação de Vênus é sentir-se bem, e enquanto não considerar o movimento como um meio para se sentir bem, ele vai resistir ao movimento. Depois que Vênus reformular sua relação com o movimento, poderemos trazer as ferramentas de treinamento de Saturno, de Mercúrio e de Marte para nossas sessões. A dedicação de Saturno ao tempo, a agilidade de Mercúrio e a intensidade de Marte nos ajudarão a dar um empurrãozinho neste Vênus lento. Quando Vênus para em cima de uma poça, às vezes só precisa de um pouco de estrutura.

MARTE

Energizar

O calor de Marte nos desperta pela manhã, nos mantém alertas, move nossos músculos e queima combustível para obter energia. Marte é quem primeiro reage ao corpo e inicia as respostas inflamatória e imunológica. Quando recebe ordens para defender, ele o fará, não importa o que aconteça, mesmo que nosso próprio corpo fique prejudicado ao longo desse processo. Quando Marte não está bem, paramos de reagir adequadamente ao estresse, e o corpo se sobrecarrega com inflamações, lesões e toxicidade.

Noções Básicas de Marte

Regente de: Áries, Escorpião

Elemento: Fogo

Qualidades: Quente, seco

Ação-chave: Aquecer

Funções do corpo: Metabolismo (catabólico – queima e quebra), muscular, adrenal, proteção, inflamação, eliminação, função sexual e excitação

Desequilíbrios de Marte

Deficiência Falta força suficiente	Compartilhado	Excesso Demasiada força
Anemia	Desequilíbrios de cortisol	Acidentes, cortes, queimaduras, bolhas, picadas de insetos e mordidas de animais
Baixa imuniade	Doença autoimmune	Acne, erupções cutâneas, furúnculos
Baixa libido, disfunção sexual	Estresse	Anafilaxia
Baixa pressão arterial	Inflamação crônica	Cefaleia
Baixa temperature corporal		Desidratação
Baixo nível de ácido estomacal		Estados de hiperadrenalinalismo
Comportamento passivo--agressivo		Febre e doenças agudas
Exaustão		Insônia
Fraqueza muscular		Irritabilidade, irascibilidade, raiva
Perda de motivação ou paixão		Pressão alta
		Reação exacerbada à histamina
		Refluxo ácido
		Sangramento excessivo

Equilíbrio Planetário

FORTALECER COM

Mais Marte

Áries e Escorpião (à exceção de exercícios agressivos se Marte estiver realmente esgotado)

EQUILIBRAR COM

Vênus acalma um Marte chateado

A Lua esfria um Marte quente

Saturno neutraliza um Marte hiperativo

Netuno seda um Marte inflamado

Como Alimentar um Marte Deficiente

Quando Marte está deficiente, o Fogo do corpo como um todo está fraco e manifesta-se com mais frequência como exaustão e desequilíbrios de cortisol. O corpo, a mente e o espírito estão sobrecarregados e simplesmente não conseguem assimilar mais estresse. De uma perspectiva ampla, isso significa a exclusão de todos os extremos alimentares. Este não é o momento de experimentar aquela dieta de baixo teor de carboidratos nem de fazer aquela limpeza à base de alimentos crus. Precisamos reacender o Fogo gradual e gentilmente para evitar agravamento, sobrecarga ou recaída.

Para reconstruir a deficiência de Marte, em geral precisamos alimentá-lo com mais dos nutrientes que tradicionalmente são associados a ele, em específico ferro, proteína, vitamina B_{12} e, às vezes, sódio. Esses nutrientes geram Fogo e nos permitem manter nosso Fogo durante mais tempo. Quando está extremamente deficiente, Marte pode receber esses nutrientes com mais facilidade alimentando-se de fontes animais de alta qualidade. Embora a comida vegana meticulosamente planejada possa trazer Marte de volta à vida, ela não é natural para Marte e pode tornar seu caminho para a cura mais longo. Nesse caso, talvez você precise recorrer à suplementação para garantir uma dose adequada dos nutrientes de Marte.

Estabilizar o açúcar no sangue e obter proteína suficiente costumam ser essenciais durante uma deficiência de Marte. Minha abordagem predileta é simplesmente incluir alguma proteína a cada vez que como, seja um pequeno punhado de nozes ou algo mais substancial. Embora eu não recomende a contagem de macronutrientes a longo prazo, se você estiver atravessando uma fase de exaustão severa de Marte, talvez monitorar temporariamente sua ingestão de proteínas com a orientação de um médico seja revelador. Isso lhe permitirá uma ideia aproximada de sua ingestão para decidir se será útil ajustá-la um pouco à medida que você for se curando.

Também o fogo digestivo pode ser fraco quando Marte está doente. A falta de apetite é comum, e a fadiga pode tornar mais fácil pular refeições. Porém as quedas bruscas de açúcar no sangue fazem o Fogo inflamar-se. Quando já não há nenhum Fogo para começar, acabamos ficando ainda mais exaustos com essas quedas. Além de atender a uma finalidade física, a regularidade atende também a uma finalidade psicológica. Quando o Fogo está baixo, podemos ter a sensação de que o corpo nos traiu. Para reparar a confiança no corpo, procure manter sempre os mesmos horários para as refeições, o sono e a vigília todos os dias, mesmo nos fins de semana. Escolha algo realista, já que isso precisa ser nutritivo e repetível. Mesmo que não sinta fome nem cansaço no horário definido, faça o possível para cumprir o previsto para sua nutrição, mesmo que não tenha vontade. Com o tempo, Marte começará a seguir esse ciclo por conta própria.

Como Alimentar um Marte Excessivo

Quando Marte está em excesso, o Fogo é abundante e quente demais ou queima no lugar errado e na hora errada. Em vez de guardar sua luta para as toxinas e os invasores, este Marte indisciplinado também prejudica as células e estruturas de nosso corpo. Isso gera mais desperdício, resíduos e danos e, ao cabo de algum tempo, a inflamação se torna nosso estado constante. A princípio, uma abordagem alimentar anti-inflamatória pode soar como uma decisão óbvia neste caso. Mas lembre-se de que Marte é quem primeiro reage em nosso corpo e que qualquer coisa que o leve a reações desproporcionais precisa ser examinada. Não se esqueça de que o gatilho da "inflamação" pode muito bem não ser a comida, mas sim a relação alimentar, um relacionamento pessoal, vigorexia (vício em exercícios físicos), traumas, estresse, um ambiente nocivo no trabalho e assim por diante. Dê uma olhada crítica em todo o quadro inflamatório antes de culpar determinados alimentos. Além de complicado, Marte é matreiro e pode atear fogo em outra área só para desviar sua atenção do verdadeiro problema. Especialmente no auge da cultura do "bem-estar", muitas vezes é mais fácil culpar um alimento "inflamatório" do que olhar o que está por trás do problema para detectar o que realmente precisa de atenção. Sei, por experiência pessoal e profissional, que quando alguém está em estado de excesso (ou de deficiência) de Marte e recebe um protocolo dietético absurdo para cumprir, o estresse provocado por essa incumbência geralmente aprofunda o ciclo inflamatório. Na maioria das vezes, o que em geral precisamos fazer durante o excesso de Marte é sair completamente desse ciclo. Talvez você acabe descobrindo que uma abordagem alimentar suave e venusiana é o que mais traz reconforto durante esse período.

Resolvida essa questão, vamos falar sobre a possibilidade de alimentos inflamatórios. Primeiro, o que é inflamatório para uma pessoa pode não ser para outra, portanto use como guia a sabedoria própria de seu corpo. Quando há envolvimento de Marte, os possíveis indícios de que um alimento (ou um pensamento ou ambiente alimentar) pode estar agravando seu estado são de natureza quente ou aguda, o que significa que surgem repentinamente. Irritabilidade, sudorese, ondas de calor, insônia, dores de cabeça, dores agudas, vermelhidão, coceira e uma mudança drástica do nível de energia ou do humor são alguns exemplos.

Além do que é inflamatório exclusivamente para você, alguns alimentos são popularmente aceitos como inflamatórios e, dependendo de sua experiência pessoal, talvez seja melhor evitá-los durante as fases de excesso de Marte. Entre as possibilidades, estão: álcool, cafeína, óleos hidrogenados e parcialmente hidrogenados (encontrados em alimentos processados, margarina, óleo de canola e de soja), refrigerantes, açúcar e adoçantes sintéticos. Dependendo dos sintomas que se manifestarem em você, esta lista também pode incluir carne bovina, frutas cítricas, laticínios industrializados, milho, especiarias regidas por Marte, como pimenta-caiena, solanáceas (batata, tomate, berinjela, pimentão, pimentas diversas), amendoim, carne de porco, crustáceos, sódio, soja e trigo.

Em geral, um prato terapêutico para excesso de Marte é colorido e cheio de alimentos vegetais. Se Marte for extremamente quente e prejudicial, o uso ocasional de alimentos crus e sucos de vegetais e frutas pode ser indicado porque, do ponto de vista energético, eles provocam resfriamento. Para cozinhar, use gorduras como óleo de abacate, óleo de coco, manteiga clarificada e azeite de oliva, além de ervas e especiarias que modulam a inflamação, como gengibre e cúrcuma. Em nossa discussão sobre deficiência de Marte, dissemos que o Fogo se inflama quando o nível de açúcar no sangue está baixo demais. Portanto, evite que isso aconteça priorizando a proteína em todas as refeições e não temendo os carboidratos. Nos excessos de Marte, talvez você ache mais adequado usar proteínas animais mais magras (como frango, peru, ovos) ou feijões e legumes.

Movimento para Deficiência de Marte

A deficiência de Marte em geral acompanha um período imensamente estressante ou algum trauma físico ou psicológico que tenha posto em seus ombros uma sobrecarga além de sua capacidade. O movimento durante este momento precisa ser extremamente controlado, com o único objetivo de reconstruir e restaurar o corpo. Queremos trazer o Fogo de Marte de volta à vida, mas isso deve ser feito de modo bastante gradual para não corrermos o risco de aprofundar a exaustão e retardar a cura.

Caso ainda não tenha feito isto, é melhor interromper completamente o treinamento intervalado de alta intensidade, longas sessões de exercícios cardiovasculares, aulas em salas aquecidas e exercícios anaeróbicos extremos

ALIMENTOS DE MARTE: ÁRIES, ESCORPIÃO

Nutrientes: Proteínas, aminoácidos, ácidos graxos, ferro, vitamina B_{12}, cobalto, folato/ácido fólico (vitamina B_9), sódio, fósforo, molibdênio, selênio

Os alimentos de Marte são quentes, vermelhos e ácidos, com aroma ou sabor peculiar. Como geralmente são bem picantes ou bem amargos, as pessoas tendem a amá-los ou odiá-los. Ou talvez você adore as comidas de Marte, só que elas não adoram você. Eles podem ser ricos em proteínas, ricos em nutrientes de Marte ou imitar o planeta guerreiro com espinhos e bordas afiadas. Qualquer alimento se torna mais parecido com Marte quando é defumado ou cozido a uma temperatura extremamente alta ou na brasa, quando o carvão já está branco.

Verduras e frutas	Grãos, feijões e leguminosas	Ervas e especiarias culinárias	Carnes e frutos do mar	Outros	Possíveis alérgenos ou alimentos problemáticos*
Abacaxi	Aveia	Alcaparra	Carnes vermelhas em geral	Café	Alho
Alcachofra	Feijão-vermelho e lentilha	Alecrim	Cervo	Chá preto	Alimentos ácidos
Alho-poró		Canela	Cordeiro		Alimentos com alto teor de enxofre (existem muitos, mas álio, brássicas e carne vermelha são gatilhos comuns)
Berinjela		Cardamomo	Salsichas picantes		Cafeína
Beterraba		Cebolinha			Carnes processadas
Cebola		Coentro			Cebola
Cebolinha		Cúrcuma			Pimentas chili e pimentas picantes
Daikon (rabanete japonês)		Gengibre			
Durião		Hortelã-pimenta			
Jaca		Macis			
Maracujá		Manjericão			
Pimentas picantes		Mostarda			
Pitaia		Noz-moscada			
Rabanete		Pimenta-caiena			
Rúcula		Pimento-do-reino			
Ruibarbo		Raiz-forte			
		Todas as pimentas chili e pimentas picantes			
		Urtiga			

* Qualquer dos alimentos listados nesta tabela pode se tornar problemático no contexto astrológico certo, mas esses são os agravantes mais prováveis de Marte.

que lhe roubem o fôlego e o coloquem perto do fracasso. Essas coisas esgotam os fluidos vitais do corpo e agravam o quadro de um Marte já desgastado. Marte sempre se vale de todos os meios necessários para energizar o corpo e, quando estiver nesse estado, até quebrará tecido muscular para nos dar energia rápida. E assim é que começam as dores, as lesões persistentes e as deficiências do tônus muscular.

Diminua a intensidade, incorpore treinamento de resistência moderada e aumente as calorias. Troque os exercícios cardiovasculares de alta intensidade por passeios diários pela vizinhança, yoga mais repousante ou caminhadas de fim de semana. Se não dormir de sete a oito horas na véspera, pule o treino. Em vez de levantar os pesos mais pesados ou correr mais rápido, trabalhe a qualidade do movimento e a integridade estrutural de seu corpo com exercícios de equilíbrio e exercícios que, em vez de grupos musculares, trabalhem cada músculo de maneira isolada. Dedique uma parte de cada aquecimento para despertar e ativar as fibras musculares adequadas para a sessão seguinte, especialmente os glúteos. Se gostar de correr, diminua sua quilometragem e defina um limite para o trabalho de velocidade por um tempo. Deixe de lado o hot yoga e os fluxos vigorosos e prefira práticas mais lentas e restauradoras em salas com aquecimento moderado. Se estiver esgotado demais, é aconselhável também manter a frequência cardíaca abaixo de 140 batimentos por minuto.

Trabalhar com a deficiência de Marte exige de nós humildade para encontrar o ponto ideal: aquele em que o exercício é medicinal e não contribui para nosso esgotamento. Não deixe de verificar se você está trabalhando em seu ponto ideal. Para isso, implemente alguns *check-ins* após o treino. Observe como se sente logo depois de terminar e, em seguida, seis, doze, vinte e quatro e quarenta e oito horas após o treino. Se algum de seus sintomas de deficiência de Marte piorar durante esse período, é sinal de que você precisa recuar ainda mais. Se você levar a sério essa oportunidade para se curar e dar a Marte o que ele precisa, a reação dele em geral será muito rápida.

Movimento para Excesso de Marte

No excesso de Marte, ficamos numa linha tênue entre alto desempenho e exaustão. Temos uma oportunidade única de pisar no freio, definir alguns controles e recolocar Marte na linha. Entretanto, sem esses controles, provavelmente ultrapassaremos o pico e mergulharemos na deficiência de Marte. Nesses momentos, é normal sentir agitação e nervosismo, além de precisar de uma válvula de escape física vibrante, mas devemos controlar essa válvula de escape para impedir que Marte nos machuque nesse processo. Basicamente, estamos aprendendo a coexistir com o Fogo de Marte e a controlá-lo para não acabarmos queimados por ele.

Se você for muito ativo, talvez seja útil criar durante esse período uma distinção mental clara entre exercício regular e dias de desafio. Há um horário e um local específicos para os guerreiros demonstrarem seu mais alto desempenho, só que isso deve limitar-se a uma ou duas vezes por semana. O resto da semana deve focar na força, na habilidade e no equilíbrio da estrutura do corpo. Assim, não chegaremos cansados quando comparecermos a nossos treinos mais difíceis, pois teremos o combustível necessário para fazê-los.

Também queremos nos envolver com formas mais inteligentes de intensidade. Em vez de sobrecarregar o treino intervalado de alta intensidade, aprenda a fazer um trabalho repetível e de alta qualidade. Isso exige ritmo e intervalos de descanso apropriados. Por exemplo, digamos que você tenha um circuito desafiador de exercícios que deseja repetir cinco vezes. Um Marte imprudente o faria o mais rápido possível com o mínimo descanso, mas ficaria mais lento e desleixado a cada rodada. Isso fará você achar que está dando duro, só que é ineficaz e não o ajuda em nada. Em vez disso, treine-se para trabalhar com 85% de esforço e levar de dois a três minutos entre as rodadas. Não faça o circuito voando; termine cada rodada em tempos iguais. Vai ficar progressivamente mais difícil, porém, se você estiver mesmo controlando o ritmo, deve ser sustentável.

Às vezes, Marte excessivo quer perder o fôlego com mais frequência. Dê-lhe o que ele quer, mas permaneça na zona de segurança, limitando o trabalho de alta intensidade a dez minutos ou menos. Marte adora batalhas, e você pode achar que se inscrever numa corrida ou competição é igualmente uma válvula de escape útil. Também é importante diversificar seu *kit* de ferramentas de alívio do estresse. Se sua única maneira de dissipar o estresse for exercitar-se mais, o excesso de Marte vai empurrá-lo para além do limite. Além da transpiração, procure outras opções que lhe permitam exprimir a energia de Marte.

JÚPITER

Satisfazer

♃

Júpiter representa generosidade, abundância e expansão na Astrologia. Suas funções físicas são crescer, regenerar e armazenar. Como acontece com todas as demais funções planetárias, elas são necessárias para uma boa saúde, mas surgem problemas quando Júpiter cresce ou armazena demais. Ou talvez não o suficiente. Embora Júpiter seja amplamente considerado um planeta benéfico, suas enfermidades consistem em alguns dos males mais comuns dos dias de hoje.

Noções Básicas de Júpiter

Regente de: Sagitário, Peixes

Elemento: Ar

Qualidades: Quente, úmido

Ações-chave: Crescer, expandir, inflar, apoiar, rechear, armazenar

Funções do corpo: Função hepática, função da glândula pituitária, circulação arterial, função do hemisfério cerebral esquerdo

Desequilíbrios de Júpiter

Deficiência Deflação	Compartilhado	Excesso Demasiada inflação
Debilidade pulmonar Deficiência no sangue Depressão Função hepática deficiente Hipoglicemia Má absorção de gordura Memória fraca	Desregulação do açúcar no sangue Distúrbios da glândula pituitária Distúrbios sanguíneos e de coagulação Gases e inchaço Problemas circulatórios	Colesterol alto Crescimentos celulares, cistos, furúnculos, dilatações e tumores Excesso de qualquer coisa (glicemia, energia, fluido, hormônio) Fígado gorduroso (esteatose hepática) Hiperglicemia Retenção de fluidos, edema

Equilíbrio Planetário

FORTALECER COM

Mais Júpiter

Sagitário e Peixes

EQUILIBRAR COM

Mercúrio faz um Júpiter excessivamente exuberante concentrar-se

Saturno ancora um Júpiter flutuante e excessivo

Nutrição de Júpiter

Júpiter deseja expansão. E esse não é apenas um desejo; é uma necessidade básica de sobrevivência. Se for privado disso e não puder expandir-se, explorar e aproveitar a vida, Júpiter experimentará um desejo intenso e desconfortável. E esse desejo o levará a atender a suas necessidades de todas as maneiras possíveis. É comum, na Astrologia, equiparar Júpiter a qualquer coisa em demasia: comer demais, trabalhar demais, consumir demais, gastar demais. Claro, isso pode ser um recurso extremo para dar vazão a emoções penosas de uma maneira mais ou menos aceitável. Mas devemos procurar saber por que essas coisas estão acontecendo. O excesso geralmente é a reação que corresponde à falta. É sinal de que uma necessidade não está sendo satisfeita. Atender às necessidades de Júpiter cria saciedade e interrompe o ciclo do desejo. Os trânsitos de Júpiter são oportunidades para reconhecer suas necessidades, atendê-las com compaixão e cultivar uma experiência de satisfação.

No que se refere a comida, cultivar a satisfação talvez signifique permitir-se comer o que quiser ou usar ingredientes deliciosos e calóricos. A propósito, Júpiter é o regente da gordura dietética. Manteiga, queijo, vinho, bife, bacon e molhos cremosos tendem a deixar Júpiter com água na boca. Porém o cultivo da satisfação também inclui perceber quando uma determinada necessidade não é atendida pela comida e dar a essa necessidade o que ela de fato exige. Cultivar a satisfação também pode incluir o exame das condições sutis que você impôs a suas escolhas alimentares. A maioria das pessoas que vejo nega veementemente agir movida por uma mentalidade de dieta. Porém, com uma inspeção mais detalhada, muitas vezes descobrimos condições alimentares como: "Posso comer isso, mas só se der duas mordidas" ou: "Posso comer isso se correr amanhã". Essas regras sutis fazem Júpiter sentir-se limitado e geralmente o levam a exagerar depois. Lembre-se também de que, às vezes, o que você pode registrar como um "desejo" é, na verdade, motivado por uma necessidade fisiológica como uma deficiência de nutrientes.

Fomos condicionados por meio de mensagens sociais e da mídia a pensar que não podemos confiar em nosso próprio julgamento para comer o que queremos. E, quando exploro o conceito de satisfação com os clientes, muitas vezes me deparo com muito medo e ceticismo. Mas a questão é que Júpiter é um planeta que preserva a vida. Sua função é curar e regenerar o corpo, além de promover bem-estar. Se considerarmos Júpiter confiável em relação à comida e capaz de explorar conscientemente a saciedade, ele escolherá alimentos que aumentem sua experiência física, mental e emocional de saúde. Expansão não equivale a comportamentos incontroláveis, sejam voltados para a alimentação ou outras áreas. Uma perda de controle não é algo que possamos julgar satisfatório. A satisfação também se estende além do sabor, pois abarca como você se sente depois

ALIMENTOS DE JÚPITER: SAGITÁRIO, PEIXES

Nutrientes: Gordura, regente geral de vitaminas lipossolúveis (A, D, E, K), ácidos graxos essenciais, vitamina B_6, biotina (vitamina B_7), colina, cromo, zinco, manganês, inositol

Previsivelmente, Júpiter abrange muitas categorias de alimentos. É o regente da gordura dietética, mas também compartilha o amor aos carboidratos com Vênus. Júpiter não recusa nenhuma guloseima, mas enquanto Vênus é doce como o açúcar, Júpiter geralmente se inclina para os amidos. Júpiter compartilha muitos dos vegetais sem graça da Lua, mas os guarnece com molhos cremosos. Seus frutos da terra, grãos e feijões são frequentemente bulbosos ou superdimensionados, e qualquer coisa anunciada como imensa certamente pertence a Júpiter.

Verduras e frutas	Grãos, feijões e leguminosas	Sementes e frutos secos	Especiarias e ervas culinárias	Carnes e frutos do mar	Gorduras e óleos	Adoçantes	Outros	Possíveis alérgenos ou alimentos problemáticos*
Abricó Acelga portuguesa Alho-poró Aspargo Azeitona Couve-de--bruxelas Couve-de--folhas Couve--galega Endívia Figo Folhas de dente-de--leão Maçã Nabo Repolho Rutabaga Tomate	Arroz (em especial, os de grãos curtos, como o de sushi e o arbóreo) Cevada Grão-de-bico Trigo	Amêndoas Avelã Cacau Castanha portuguesa Linhaça Macadâmia Sementes de gergelim	Anis Canela Cerefólio Cravo-da--índia Folhas de louro Hortelã Menta Macis Noz--moscada Sálvia Tomilho	Atum e outros peixes muito grandes Aves de granja Cortes gordos de carne em geral	Banha de porco Manteiga Nata Regente geral de todas as gorduras e óleos, em especial, os saturados Sebo	Açúcar de bordo Açúcar de cana Xarope de bordo	Bebidas alcoólicas e destiladas Substitutos de café à base de chicória	Álcool Alimentos com alto teor de FODMAP** Alimentos fritos ou gordurosos Substitutos artificiais de alimentos (álcoois, margarina, açúcar)

* Qualquer dos alimentos listados nesta tabela pode se tornar problemático no contexto astrológico certo, mas esses são os agravantes mais prováveis de Júpiter.

** FODMAP significa oligossacarídeos, dissacarídeos, monossacarídeos e polióis fermentáveis. Entre os alimentos comuns com alto teor de FODMAP, incluem-se maçã, abacate, aspargo, couve-de-bruxelas, couve-flor, alho, cebola, cogumelos, ervilhas, trigo e álcoois de açúcar (xilitol, eritritol, sorbitol etc.). Um menu com baixo teor de FODMAP pode ser útil em casos de síndrome do intestino irritável, mas é uma solução de curto prazo que deve ser monitorada e combinada com outras terapêuticas.

de comer. Você gosta do modo como se sente? Você se sente energizado? Você se sente sustentado nas horas seguintes à refeição? Se eu comer algo delicioso, mas depois tiver uma dor de estômago terrível, essa não é uma experiência plenamente satisfatória e talvez eu resolva não comer mais essa comida. Isso ocorre porque minha definição de satisfação inclui meu bem-estar.

Do ponto de vista da terapia nutricional médica, outra maneira pela qual Júpiter pode adorar expandir-se é enchendo a barriga de ar. Gases, arrotos e inchaços são queixas comuns relacionadas a Júpiter. Os trânsitos de Júpiter podem influenciar-nos a comer depressa demais, o que pode contribuir para o inchaço, mas se você estiver mastigando bem e ainda ficar com o abdômen distendido, é hora de investigar. Existem muitas possibilidades subjacentes, mas quando Júpiter está envolvido, sempre fico curiosa sobre a falta de bile, a má absorção de gordura ou a proliferação bacteriana no intestino. Lembre-se de que Júpiter rege o fígado e, sem a produção adequada de bile, não podemos digerir as gorduras saudáveis de que este planeta precisa.

Movimento de Júpiter

Júpiter traz alegria e exuberância para o movimento, mas também oferece uma ótima oportunidade de crescimento físico. Júpiter não tem fama de seriedade, como Saturno ou Marte, mas está sempre disposto a ir além de sua atual experiência para ser melhor e atingir cada vez mais. Essas são as qualidades de um grande atleta e de um ótimo treino.

Vemos Júpiter na pompa, na glória e na magnificência de eventos como as Olimpíadas. Porém, aqui entre nós, não olímpicos, se você já viveu a euforia do corredor ou um daqueles momentos em que sua alma voa alto durante uma caminhada ou uma coreografia, você já sentiu Júpiter em movimento. Qualquer coisa que eleve seu espírito e o conecte a essa vastidão inefável é movimento de Júpiter.

Júpiter está sempre empurrando para fora, e é por isso que é o regente do sangue arterial, saindo do coração para os tecidos. O movimento jupiteriano enche os músculos de sangue, o que leva nutrientes e oxigênio, facilita a remoção de resíduos e estimula o crescimento muscular (lembre-se de que o crescimento é domínio de Júpiter). Num contexto de levantamento de peso, essa inflação é estimulada por algo chamado "treino de hipertrofia". Em vez de aumentar a força absoluta, o maior objetivo desse treino é aumentar o tamanho das células e fibras musculares. Um exemplo muito básico seria fazer entre oito e doze repetições de um exercício em três séries. Esse é um formato clássico de treino de resistência, mas costuma ser feito maneira incorreta. Para deflagrar a reação certa, o peso deve ser pesado o suficiente para que as últimas repetições sejam muito difíceis e exijam cerca de dois minutos de descanso entre as séries.

Por ser um planeta de Ar, Júpiter é profundamente conectado à expansão da respiração e dos pulmões. Como simplesmente precisa sentir-se inflado, qualquer coisa que lhe encha os músculos e os pulmões de oxigênio o deixa feliz. Por falar em felicidade, qualquer movimento que torne seu humor mais leve ou enriqueça sua vida tem sabor de Júpiter. Júpiter também gosta de voar e de estar no ar. O yoga aéreo, sistemas de treino em suspensão e aulas de ginástica que priorizem o salto costumam ser os favoritos de Júpiter.

Entretanto, um pouco de cautela é essencial quando se trata de Júpiter: às vezes, este planeta pode nos deixar tão otimistas ou entusiasmados que acabamos nos comprometendo demais. Repetindo, Júpiter não é como o carrasco que é Saturno. Entretanto, como está sempre desejando crescer, ele pode nos induzir a ingenuamente assumir coisas demais ou exagerar no exercício. Quando um Júpiter excessivamente zeloso projeta um cronograma de treinamento, pode chegar o momento em que você se verá fazendo tudo: correr, levantar peso, dançar, fazer yoga e assim por diante. Às vezes, isso constitui um bom remédio, mas lembre-se de que não é uma maneira eficaz de atingir nenhum objetivo específico. No fim, o fervor de Júpiter pode até fazer você perder o fôlego.

SATURNO

Fortalecer

Saturno é um planeta cuja reputação na astrologia popular é notória (veja a discussão sobre o retorno de Saturno na página 244). Porém, sem ele, seríamos montes de carne sem ossos, sem estrutura, sem limites e sem direção. Saturno rege o mundo tangível em que confiamos: um teto sobre nossas cabeças, roupas que nos abrigam e um trabalho que paga nossas contas. Saturno nos dá uma base sobre a qual podemos construir uma vida saudável. Os problemas ocorrem quando este planeta fica demasiado forte ou demasiado fraco e faz seu trabalho bem demais ou nada faz.

Noções Básicas de Saturno

Regente de: Capricórnio, Aquário

Elemento: Terra

Qualidades: Frio, seco

Ações-chave: Construir, contrair, estruturar, limitar, condensar, desacelerar, deprimir, conter, solidificar, constringir, endurecer, cristalizar, envelhecer

Funções do corpo: Anabolismo (construção); formação de ossos, dentes, articulações e pele; função da vesícula biliar, função da paratireoide

Desequilíbrios de Saturno

Deficiência Gera debilidade	Compartilhado	Excesso Gera bloqueio
Baixa imunidade Caquexia (perda de peso e atrofia muscular) Colapso estrutural Cura demorada Desnutrição severa Fracos limites emocionais Hipofuncionamento de órgãos ou glândulas Osteoporose, ossos fraturados Síndrome do intestino permeável	Depressão Doenças e infecções crônicas Doenças ósseas Dor no corpo Envenenamento por metais pesados Fadiga Má circulação Problemas de pele (geralmente de natureza seca) Problemas dentários	Artrite Constipação Extrema severidade consigo mesmo Obstruções ou bloqueios (obstrução intestinal, obstrução pulmonar, coágulos) Osteocondroma (protuberâncias ósseas revestidas por uma camada cartilaginosa) Pedras (cálculos biliares, pedras nos rins) Repressão emocional Retenção tóxica Rigidez, endurecimento

Equilíbrio Planetário

FORTALECER COM

Mais Saturno

Capricórnio e Aquário

EQUILIBRAR COM

O Sol anima um Saturno triste

Mercúrio acelera um Saturno lento

A Lua suaviza um Saturno rígido

Marte aquece e desperta um Saturno cansado

Vênus umedece um Saturno rígido

Júpiter expande um Saturno pessimista

Urano libera um Saturno acorrentado

Netuno abre um Saturno fechado

Nutrição de Saturno

A tarefa de Saturno é pegar os nutrientes que você extraiu dos alimentos e reparar os danos, construir uma nova estrutura e reabastecer os estoques. Se passasse por você na rua, um Saturno deficiente lhe pareceria cansado e emaciado, com as costas e os ombros curvados, cabelos ressecados e sem brilho, além de uma cor acinzentada no rosto. Quando Saturno está agindo de forma patológica em sua vida, independentemente de sua aparência exterior, o funcionamento interno de seu corpo pode carregar essa essência de cansaço. Em tempos de Saturno, você pode sentir-se como se simplesmente não tivesse os recursos físicos, emocionais ou financeiros de que precisa.

Há duas origens principais para os problemas intestinais de Saturno: a verdadeira função real do trato gastrointestinal está sendo dificultada ou o indivíduo está bloqueando a própria nutrição por meio de uma dieta pobre ou de restrição severa. Saturno cria problemas intestinais funcionais "secando" o trato gastrointestinal. Geralmente há uma falta de todas as secreções digestivas de alto a baixo, inclusive de saliva, ácido estomacal, enzimas, bile e muco intestinal. Sem isso, a comida não pode ser quebrada de maneira adequada nem tornada utilizável, o que produz fadiga, dor e deficiências nutricionais. À medida que a causa subjacente for abordada, Saturno pode exigir digestivos amargos, enzimas, às vezes ácido clorídrico e todas as vitaminas e minerais que lhe faltarem. A natureza fria de Saturno também retarda a motilidade intestinal. Isso pode manifestar-se como constipação crônica, mas pode evoluir para a síndrome do intestino irritável (SII), a síndrome do supercrescimento bacteriano no intestino delgado (SCBID) ou alta carga tóxica. Essa falta seca e fria de movimento também pode contribuir para ensejar o surgimento de sensibilidade aos alimentos. Nesse caso, elas normalmente se exprimem como reações de hipersensibilidade tardia que podem não se manifestar durante muitas horas ou até mesmo dias após a ingestão do alimento em questão.

É importante enfatizar, em especial quando se trata de Saturno, que o objetivo não é identificar alimentos "ruins" e removê-los para sempre. O objetivo é levar o intestino a um lugar onde possa comer qualquer alimento e quebrá-lo em suas partes utilizáveis e inutilizáveis. Saturno gosta de regras e, depois que entra no ritmo de uma dieta super-restritiva, pode adotá-la para sempre. Isso pode funcionar por um tempo, mas acabará por levá-lo de volta ao ponto de partida: sensibilidades, deficiências e medo de comida. Saturno precisa de uma dieta rotativa (aquela em que se come certo tipo de comida em certos dias da semana) extremamente variada. Se você der a Saturno os mesmos dez alimentos repetidas vezes e não resolver o problema subjacente, ele desenvolverá uma intolerância a esses dez alimentos.

Saturno pode dificultar a obtenção de calorias suficientes, seja por vontade própria ou em razão de alguma doença. Se você ingerir uma quantidade suficiente, essas calorias tendem a carecer de nutrientes ou você pode ter

ALIMENTOS DE SATURNO: CAPRICÓRNIO, AQUÁRIO

Nutrientes: Proteína; regente geral de minerais, vitamina C e bioflavonoides; cálcio, vitamina K, flúor, vanádio, enxofre

A comida de Saturno nos sustenta. De raízes a carnes curadas e defumadas, se conseguirem atravessar o inverno, provavelmente pertencem a Saturno. Alimentos fermentados, em conserva e em compota se enquadram nesta lista não apenas porque duram muito tempo, mas também por causa de seu odor característico. Os alimentos de Saturno são a antítese dos doces e perfumados. Seus sabores azedos e amargos o deixarão espantado. Os alimentos de Saturno são energeticamente pesados e muitas vezes pretos ou escuros. Curiosidade: a maioria dos venenos também pertence a Saturno.

Verduras e frutas	Grãos, feijões e leguminosas	Sementes e frutos secos	Especiarias e ervas culinárias	Carnes e frutos do mar
Aipo	Arroz negro	Sementes de cânhamo	Sal de todos os tipos	Bisão
Algas marinhas (algas, *nori*, *wakame* etc.)	Cevada	Sementes de gergelim preto	Sálvia	Carne bovina
Amora	Feijão-preto			Carneiro
Azeitona	Lentilha preta			Carnes curadas (bacon, pancetta, presunto, salame etc.)
Batata e inhame (todas as variedades)	*Natto* (soja fermentada)			Peixes fermentados
Beterraba				
Cebola				
Cereja preta				
Durião				
Espinafre				
Legumes em conserva e fermentados (*kimchi*, chucrute etc.)				
Mandioca				
Pastinaca				
Regente geral de raízes vegetais				
Solanáceas (berinjela, pimentão, tomate, batata branca etc.)				

dificuldade para extraí-los. Para manter Saturno forte, mas flexível, dê-lhe o maior número possível de elementos construtivos básicos diversificados e ricos em minerais e nutrientes. A proteína é responsável pela construção de seu corpo e o macronutriente oficial de Saturno. Com um Saturno ativado, muitas vezes, não basta obter proteína adequada; ele precisa da melhor proteína. Como na deficiência de Marte, se o peso de Saturno em seu mapa for muito alto ou se você estiver passando por um trânsito de Saturno, talvez convenha analisar sua ingestão de proteína com um médico. Outras dicas para Saturno incluem comer alimentos coloridos e fáceis de digerir. Mantenha os sabores simples; limite os alimentos frios e crus; misture, amasse e faça purês e concentre-se em sopas e ensopados.

Laticínios e ovos	Gorduras e óleos	Outros	Possíveis alérgenos ou alimentos problemáticos*
Leite e queijo de cabra Leite e queijo de ovelha Queijos de odor forte (azúis, camembert, brie etc.)	Óleo de cártamo	Café Caldo de ossos e medula óssea Casca de *psyllium* Gelatina, ágar-ágar Molho de peixe Peptídeos de colágeno Vinagre	Alimentos ricos em oxalato (beterraba, muitas folhas verde-escuras, batata-doce etc.) Alimentos com alto teor de enxofre (álio, brassicas etc.) Crustáceos Nitratos (frequentemente encontrados em carnes curadas) Solanáceas (berinjela, pimentão, tomate, batata branca etc.) Sulfitos (encontrados em alimentos fermentados, alimentos processados e vinho, como conservante) Ovos

* Qualquer dos alimentos listados na tabela pode se tornar problemático no contexto astrológico certo, mas esses são os agravantes mais prováveis de Saturno.

Movimento de Saturno

Saturno é um carrasco, e sua vibração é pesada e laboriosa. Ele rege o tempo e a estrutura e, quando está saudável, seu interesse é construir o corpo para poder fazer trabalhos importantes. Saturno se alia a Marte para construir músculos e força, e seu trabalho exige disciplina e sacrifício. Saturno é frio e lento, ao passo que Marte é quente e rápido. Embora ambos os planetas sejam capazes de trabalhar de forma árdua, eles o fazem de modos diferentes: Marte tem afinidade com batimentos cardíacos extremamente altos, sudorese e respiração pesada; Saturno certamente consegue bombear o sangue, mas tem afinidade com experiências árduas e duradouras sem fim à vista.

Para trabalhar com Saturno num contexto de academia, você pode imitar intencionalmente sua sobriedade "limitando" o corpo usando peso, tempo, distância ou uma mistura desses três fatores. Recomendo bastante o treino de resistência durante as épocas de Saturno porque este planeta representa a resistência. As rotinas de Saturno geralmente funcionam com força absoluta, o que requer cargas pesadas, repetições mais baixas e tempos de recuperação mais longos entre as séries. Porém a força absoluta atinge apenas um lado de Saturno. Outra parte importante do treino de Saturno é a resistência à força. A carga ainda continua no lado pesado, mas o número de repetições é absurdamente alto ou o tempo sob tensão é longo. Saturno trabalha até a exaustão. Fora da academia, você pode trabalhar com Saturno em esportes de resistência, em especial se o terreno oferecer muitos desafios.

Saturno e Netuno tendem a ser os planetas mais fatigadores, e ambos podem coincidir com a redução do desempenho no treino ou do desejo de se mexer. Mas esses planetas são opostos energéticos. Os trânsitos de Saturno certamente podem corresponder a doenças. Porém, ao contrário da força difusiva e abstratamente debilitadora de Netuno, a fadiga de Saturno em geral é uma força de trabalho excessiva na qual as pressões externas roubam seu tempo e energia. Os trânsitos de Saturno são como um exame que dura alguns anos para garantir que você tenha o que é preciso. É muito comum entrar e sair de fadigas mais sérias e experimentar restrições de movimento ou lesões incômodas e persistentes.

URANO

Liberar

Quando Urano atua no corpo, as coisas podem parecer instáveis, agitadas e polarizadas, como se toda a sua vida estivesse correndo para trás ou ficasse presa numa retrogradação eterna. Urano não é sutil. Sua energia grosseira se faz anunciar por uma pancada, seja no coração, no intestino, na energia, nos músculos ou na mente.

Noções Básicas de Urano

Regente de: Aquário (moderno)

Qualidades: O que ele quiser, quando e como quiser, mas tende a ter uma marca de ímpeto, indiferença e secura

Ações-chave: Eletrizar, disparar, conectar, coordenar, monitorar, vibrar, ondular, transportar

Funções do corpo: Nervosa e mental, função da tireoide (com Mercúrio e Touro), manutenção da cadência e dos ritmos corporais, função da glândula pituitária (com Júpiter)

Desequilíbrios de Urano

Acidentes, quedas, quebras, lacerações, puxões, distensões, rupturas e ataques

Qualquer coisa de expressão rara, extrema ou aguda

Ansiedade

Condições que oscilam entre polos

Distúrbios convulsivos

Distúrbios da tireoide

Dor ou degeneração nos nervos

Episódios e distúrbios de saúde mental

Estresse mental e do sistema nervoso

Insônia

Má coordenação e equilíbrio

Ritmos corporais irregulares (ritmos circadianos, cardíacos e hormonais anormais; níveis oscilantes de energia, peristaltismo, respiração e disparo sináptico)

Tiques, tremores, espasmos, cãibras e fisgadas em qualquer músculo liso, cardíaco ou esquelético

Equilíbrio Planetário

FORTALECER COM

Não recomendo fortalecer Urano, mas sim acalmar quaisquer outros planetas envolvidos no trânsito ou na configuração natal. Nos raros casos em que Urano precisar de fortalecimento, use mais Urano, Mercúrio ou Aquário

EQUILIBRAR COM

Vênus acalma um Urano regularmente instável

Saturno isola o excesso de eletricidade de Urano

Nutrição de Urano

A saúde uraniana consiste em dar espaço à espontaneidade, mas vestir-se figurativamente com um terno acolchoado para que nada se quebre ao longo do caminho. O preparo prévio é uma estratégia sólida de nutrição de Urano. Quando este planeta excêntrico estiver em destaque, espere mudança, perturbação, estresse, excitação ou nervosismo e procure acolchoar o corpo com antecedência. Com ele, você nunca sabe ao certo qual será o desfecho exato. Contudo, depois que se familiarizar com seu Urano natal e sentir alguns trânsitos de e para Urano em tempo real, você terá uma boa ideia de como e onde seu corpo processa sua energia.

A queixa mais comum de Urano que observei na prática é tensão e sobrecarga do sistema nervoso. O corpo gosta de regularidade, e uma porção extra de vibrações uranianas pode levar o sistema nervoso a um excesso do sistema simpático. Urano se destaca por sair-se com novas ideias, avanços e soluções. Entretanto, para ser verdadeiramente útil, sua eletricidade deve ter um corpo e uma mente aterrados nos quais ele possa viajar. Quando Urano está por perto, quero sentir que minha comida está reforçando a camada gordurosa e isolante de meus nervos, como se eu pudesse dar um cobertor com pesos a cada um. Paradoxalmente, quanto mais isolamento tivermos, mais rápido poderemos receber e transmitir o brilho elétrico deste planeta. Afinal, transmitir impulsos nervosos é o que fazem essas camadas de gordura, as assim chamadas bainhas de mielina.

A forma exata como criamos esse abraço nutricional pode ser diferente para cada um de nós. Porém, para a maioria das pessoas, muitas vezes implica maior ingestão de gordura e proteína e consumo de tudo o que você considera ser alimento energeticamente aterrador (dica: verifique as seções de Capricórnio e Saturno). Também pode implicar refeições em horários regulares, lanches, o mínimo de cafeína e bastante água, normalmente com sal ou eletrólitos. É improvável que você queira comer em horários regulares durante um trânsito de Urano, mas, em vez de estressante, isso tornará a experiência muito mais divertida e inspiradora. Se você tiver muito Urano em seu mapa ou estiver passando por um trânsito importante, esperar para comer quando sentir fome nem sempre é a melhor estratégia. As oscilações de humor, energia e açúcar no sangue deste planeta são rápidas demais para isso. Muitas vezes, é melhor praticar a nutrição preventiva.

Qualquer que seja a área do corpo que Urano estiver perturbando, pode precisar não apenas de amenização, mas de nutrientes extras. Este planeta pode perturbar nosso estado metabólico. É como se nossas pernas, nosso cérebro, nossa pele ou qualquer parte do corpo envolvida por intermédio do signo do zodíaco estivessem de repente sendo alimentadas de forma irregular ou não fossem alimentadas: seu suprimento de nutrientes foi interrompido. Por esse motivo, a suplementação e uma ingestão bastante alta e direcionada de nutrientes específicos podem ser necessárias durante partes de um trânsito de Urano.

Se as perturbações de Urano forem pequenas e de pouca gravidade física, ou se estiverem se manifestando fora do corpo, alinhe-se nutricionalmente com a vibração, se isso lhe parecer o melhor a fazer. Quebre todas as suas normas alimentares. Seja espontâneo. Coma o prato mais estranho do cardápio. Inverta a sequência habitual das refeições. Vire sua dieta de ponta-cabeça. Independentemente do que lhe parecer certo no momento, Urano lhe confere o ímpeto para que isso aconteça.

ALIMENTOS DE URANO: AQUÁRIO

Nutrientes: Nenhum
Urano não tem regência alimentar tradicional própria, mas sua marca nutricional ainda é fácil de detectar. Os alimentos de Urano têm aparência peculiar ou efeito perturbador. Para o bem ou para o mal, eles tendem a dar-lhe um choque e a sacudir seu estado mental e seu sistema nervoso. Talvez sejam feitos em laboratório ou experimentais de alguma outra maneira. Urano está na fronteira do mundo da culinária. Qualquer comida ou maneira de comer que esteja fora do seu consumo normal será uraniana para você.

Movimento de Urano

Como outros planetas vibrantes, Urano precisa de uma válvula de escape. Mas, em vez de piorar os sintomas com padrões de alimentação imprevisíveis, você pode direcionar a energia caótica de Urano para algo intencional e construtivamente perturbador: o exercício. Urano é um atleta natural. É explosivo, rápido, cheio de adrenalina e fica à vontade em estados de intensidade. Quando seu movimento corresponde a essa energia, ele pode atuar como um difusor, permitindo que o excesso de energia nervosa saia do corpo com segurança.

O movimento de Urano não testa sua resistência. Urano é chocante, não paciente; portanto, esqueça tudo que for repetitivo e longo. Rotinas mais curtas e emocionantes ou, pelo menos, rotinas extremamente variáveis têm preferência. Durante esse período, o movimento reflete idealmente a essência irregular de

Urano. Submeta o corpo a explosões de atividade que variem em intensidade e duração. Selecione exercícios de natureza explosiva. Qualquer coisa que tenha *salto* no nome em geral é explosiva, seja com ou sem peso. Incorpore saltos, quedas, *sprints* e trabalho de velocidade de todos os tipos. Urano também gosta de movimentos estranhos. Crie algumas combinações inéditas de movimentos ou, melhor ainda, atenha-se aos clássicos e faça-os de trás para a frente, de cabeça para baixo ou de lado, como, por exemplo, caminhada plantando bananeira, exercícios que simulam pedaladas para trás, balanços de *kettlebell* e saltos laterais de caixa. Não se atenha a fazer roscas de bíceps durante um trânsito de Urano.

Experimente algo novo, seja dentro ou fora da academia. A última e mais estranha mania de treino, em especial se envolver alguma tecnologia, tem o nome “Urano” escrito em cima. Eu gosto de usar o “fator choque” quando estou com um trânsito de Urano (e, por falar nisso, também com um trânsito de Marte). Isso não é tão assustador quanto parece. Para mim, pode ser tão simples quanto correr (algo que raramente faço) ou fazer primeiro meu condicionamento (algo que sempre faço por último). Qualquer coisa fora de minha norma de movimento atual serve. Mas se você gosta de emoção, Urano também adora esportes radicais. Última palavra de sabedoria: Urano nos confere propensão a acidentes e, por isso, não deixe de fazer primeiro um aquecimento completo.

NETUNO

Corporificar

Netuno é pantanoso e, embora possa ser quente ou frio, seus desequilíbrios me fazem lembrar o emurchecimento físico e a confusão cognitiva provocados por uma tarde quente de agosto no sul dos Estados Unidos. Essas condições são espectrais, sinuosas, difíceis de descrever e ainda mais difíceis de entender. Por causa disso, muitas vezes são condições erroneamente diagnosticadas e mal tratadas ou ditas não tratáveis.

Noções Básicas de Netuno

Regente de: Peixes (moderno)

Qualidades: Água, úmida, mas pode ser quente ou fria

Ações-chave: Fundir, sedar, acalmar, mesclar, combinar, permear, flutuar, desintegrar

Funções do corpo: Função da glândula pineal, endorfinas, líquido cefalorraquidiano

Desequilíbrios de Netuno

Alergias alimentares, ambientais e medicamentosas
Alucinações
Anemia
Condições autoimunes
Condições mal diagnosticadas
Condições psicossomáticas
Depressão
Distúrbio da imagem corporal
Distúrbios do sono de todos os tipos, insônia, narcolepsia, pesadelos
Doenças espiritualmente desencadeadas
Escapismo
Fraqueza muscular ou corporal
Infecções fúngicas
Infecções misteriosas que são confusas e mutáveis por natureza
Prolapso de órgãos
Síndrome da fadiga crônica, fadiga pós-viral
Síndrome do intestino permeável, permeabilidade intestinal
Toxicidade por mofo, envenenamento por gás, outros envenenamentos não detectados
Transtornos por uso de substâncias
Vazamento corporal (energia, fluidos, nutrientes)

Equilíbrio Planetário

FORTALECER COM

Não recomendo fortalecer Netuno, mas estabilizar quaisquer outros planetas envolvidos no trânsito ou na configuração natal. Nos raros casos em que Netuno precisar de fortalecimento, use mais Netuno ou Vênus e Peixes

EQUILIBRAR COM

Mercúrio desperta um Netuno confuso

Marte fura a névoa fatigante de Netuno

Saturno obriga Netuno a corporificar, dar contorno

Nutrição de Netuno

Os trânsitos de Netuno podem dar a impressão de ser como um baile de máscaras sem fim. "Quem sou eu? O que estou fazendo? Como cheguei aqui?" são perguntas comuns de Netuno. Talvez você se sinta como se estivesse flutuando de experiência em experiência. E então, um dia, acorda e descobre que está em algum lugar fazendo algo que jamais pretendia nem esperava. Às vezes, o resultado é muito agradável e bem melhor do que você poderia imaginar (obrigada, Netuno!). Mas também pode ver-se numa situação mais frágil e precária que um castelo de cartas. Independentemente disso, a estrada que atravessa um trânsito de Netuno é onírica e escorregadia. Da mesma maneira, os problemas nutricionais ligados a Netuno são sorrateiros e nem sempre são o que parecem.

Netuno tem um dom especial para erodir estruturas e, inclusive, limites físicos e pessoais. Ele pode permitir o vazamento de nutrientes, de energia ou até mesmo de um senso de identidade claro para fora do corpo. Quando Netuno está envolvido, você fica simplesmente mais impressionado e vulnerável a influências externas, sejam elas um patógeno, uma pessoa ou um ideal. Muitas vezes, os problemas alimentares de Netuno não são diretamente relacionados à comida. É possível que se desenvolva uma relação alimentar difícil em decorrência de abuso, trauma ou crise espiritual de longo prazo. Ou talvez os sintomas sejam devidos a uma presença patogênica não detectada, como uma infecção crônica de baixo nível ou exposição tóxica. É clássico que os problemas intestinais de Netuno migrem como uma névoa fina e apareçam em um sistema corporal totalmente diferente. Em vez de sintomas claros como inchaço ou diarreia, você pode ter inchaço, congestão sinusal, dores migrantes, retenção de líquido, tontura, confusão, depressão ou exaustão.

Convém ficar atento também ao aumento da suscetibilidade à ilusão nutricional durante esse período. Netuno está sempre buscando a transcendência do sofrimento. E se não puder obtê-la de maneira hábil, ele a obterá de maneira inábil. É comum correlacionar Netuno com alimentação inconsciente. Isso é possível. Mas é igualmente possível para uma pessoa influenciada por Netuno recorrer a ferramentas da dieta para evitar uma situação penosa. Isso poderia revelar-se na forma de adesão à nova tendência de bem-estar de que todos estão falando ou de internalização de ideais de beleza irrealistas e reagir manipulando a comida. Ou também numa adoção das crenças e práticas alimentares de outra pessoa como se fossem suas sem sequer perceber o que está fazendo! Em tempos de Netuno, dissociar-se do corpo ou gravitar em torno de substâncias que alteram a química do corpo talvez pareça mais seguro ou simplesmente mais atraente que atender às emoções e sensações difíceis que estão por baixo da situação.

Se Netuno for uma das principais influências de saúde em seu mapa ou se você estiver atravessando um de seus trânsitos, é provável que você fique mais receptivo aos reinos invisíveis, sutis e químicos dos alimentos, mais especificamente a sua energética e a suas alterações. Por alterações alimentares, refiro-me a qualquer adição ou modificação sintética feita aos alimentos além da simples cocção. Os alimentos geneticamente modificados se enquadram nessa categoria, assim como aqueles altamente processados, que são repletos de corantes, aromatizantes, conservantes e outros aditivos e produtos químicos. Se você tiver problemas digestivos misteriosos durante um trânsito de Netuno, apenas aumente sua curiosidade a respeito desses alimentos.

O termo *energética alimentar* normalmente se refere às qualidades, temperatura e sabor de um alimento. Entretanto, com Netuno, refiro-me a sua energia enquanto come e à energia de quem prepara os alimentos, seja você ou outra pessoa. A comida funciona como um receptáculo para energia, mensagens e outras informações sutis. Quando ela é preparada, sua energia se mistura, consciente ou inconscientemente, com a energia de quem a preparou e de quem a consumirá. Durante os trânsitos de Netuno, muitas vezes estamos tão sintonizados com estados energéticos fora de nós mesmos que, se o cozinheiro estiver com raiva ou deprimido ou se o ambiente estiver tenso, essa impressão tem o potencial, a menos que seja interceptada de maneira consciente, de viajar com a comida para o corpo. Isso vale também para juízos alimentares culturais e conversas sobre comida de outras pessoas. Sua experiência física com um alimento pode ser completamente alterada, dependendo do que você lê *on-line* ou do que alguém lhe disse na salinha de café do trabalho.

Mas, antes de culpar qualquer coisa ou alguém, o primeiro passo na saúde de Netuno é voltar-se para dentro, voltar a si e entrar em ação onde puder. Tente ficar mais atento a quem ou ao que está flutuando em seu espaço alimentar e comece a recuperar esse espaço. Embora possa parecer mais seguro voar para fora e para longe, uma parte primordial da cura de Netuno é incorporar e aprender a administrar sua própria energia e seus próprios sentimentos e reações. Muitos dos problemas de saúde de Netuno podem ter melhora significativa ou até mesmo a cura com a aprendizagem dessa habilidade. Como essa jornada pode ser complexa e delicada, eu o aconselho a procurar a ajuda de um psicólogo, se necessário.

ALIMENTOS DE NETUNO: PEIXES

Nutrientes: Ácido pantotênico (vitamina B_5)
Netuno não tem regências alimentares tradicionais próprias, mas vemos sua sombra aquosa nos alimentos regidos por Vênus e pela Lua. Os alimentos de Netuno podem vir do mar, crescer em ambientes úmidos e ser ricos em água ou açúcar. Você pode acrescentar álcool, peixes, cogumelos, açúcar, trufas e levedura à lista de Netuno. Netuno não usa comida para aterrar, mas para transcender e escapar dos limites da vida cotidiana.

Movimento de Netuno

O movimento de Netuno, não importa sua forma, é arte. Um pouco como Vênus, este planeta é romântico e encantador. Quando Netuno tem proeminência no mapa ou o ativa por meio de um trânsito, podemos nos sentir atraídos por movimentos que normalmente são considerados artísticos, fluidos ou de flexão de formas, como dança, yoga, natação ou contorção. Mas o modo como usamos ou nos relacionamos com o movimento também pode ser netuniano. Movimentos como adoração, transcendência ou fuga também são expressões de Netuno. Este é um planeta glamouroso, e atletas famosos ou de sua cidade natal também podem ter uma presença proeminente de Netuno. Nas condições certas, Netuno pode permitir que um atleta supere recordes ou desempenhos anteriores.

Porém os efeitos mais comuns que observei quando Netuno ativa um mapa por meio de trânsito são fadiga ou outra experiência que obrigue a pessoa a reorganizar sua relação com o exercício. Lembre-se de que os trânsitos deste planeta podem coincidir com infecções virais, bacterianas ou fúngicas crônicas, ou talvez uma crise espiritual ou emocional difícil. Os trânsitos de Netuno podem desencadear a necessidade de descanso profundo ou, geralmente no final do trânsito, correspondem a uma temporada de lenta reaclimatação do corpo ao exercício. Isso implica prevenir com sabedoria a fadiga pós-esforço e aumentar muito lentamente a dose terapêutica de exercícios. Os trânsitos patológicos de Netuno em geral não são o momento para exercícios catabólicos, como corrida, ciclismo ou treino intervalado de alta intensidade. A maneira como a maioria das pessoas usa essas coisas destrói o corpo, ao invés de construí-lo. Em vez disso, precisamos estancar o vazamento de Netuno, desacelerar e nos concentrar na construção de massa e estrutura.

Se Netuno tiver destaque no clima astrológico diário, geralmente o momento será bom para repouso, trabalho de mobilidade e flexibilidade, recuperação ativa ou algum tipo de movimento hipnótico. Pode ser dança, rotinas intuitivas ou sequências tão fluidas que você pode até se perder nelas. A propósito, rotinas intuitivas e movimentos fluidos não são coisas que você só encontra em estúdios de dança e yoga. Eu uso essas técnicas o tempo todo com barras de peso, halteres e *kettlebells*. Lembre-se sempre de que o exercício astrológico não tem especificidade de modalidade. Você pode pegar a marca de um planeta e aplicá-la a qualquer tipo de movimento que escolher.

PLUTÃO

Render-se

Em vez de ler uma longa lista de desequilíbrios hipotéticos de Plutão, talvez seja mais útil para você entender que Plutão intensifica tudo o que toca a tal ponto que torna sua alteração inegociável. Plutão é como uma parteira que nos conduz a todos os tipos de nascimentos e mortes.

Noções Básicas de Plutão

Regente de: Escorpião (moderno)

Qualidades: Todos os extremos de temperatura, secura e umidade

Ações-chave: Intensificar, transformar

Funções do corpo: Regeneração, reparação, formação, expulsão, replicação e mutação do DNA

Desequilíbrios de Plutão

No tempo em que trabalhei como astróloga médica, vi trânsitos de Plutão coincidirem com histerectomias, remoções da vesícula biliar e transplantes de órgãos. Em cada um desses exemplos extremos, algo "morreu" ou foi eliminado para que meu cliente pudesse literalmente sobreviver ou ter uma vida mais agradável.

Se Plutão agir sobre seu corpo, provavelmente envolverá as partes regidas pelo signo em que ele estiver no momento ou as do signo que estiver de frente a este, as funções dos planetas que ele estiver aspectando ou as áreas da vida da casa por onde estiver passando. Use as sugestões constantes em suas respectivas seções para fortalecê-los. Porém, a menos que Plutão esteja criando o alinhamento planetário perfeito em seu mapa, é mais provável que você o veja agir no nível da coletividade. Mas, mesmo assim, você ainda pode sentir seus efeitos individualmente. Por exemplo, estou escrevendo este parágrafo durante a pandemia de covid-19 e seus resultados. Essa foi uma experiência global que coincidiu com um grande alinhamento Saturno-Plutão, algo que ocorre uma vez na vida. Você pode ou não ter contraído o vírus, mas provavelmente essa experiência mudou sua vida de alguma maneira, afetando direta ou indiretamente sua saúde física, emocional ou psicológica.

Quando estamos passando pessoal ou coletivamente por um momento de Plutão, nos nutrir pode parecer inútil. Podemos dizer a nós mesmos que é egoísta, pequeno e insignificante em comparação com a destruição e o sofrimento que vemos à nossa volta ou dentro de nós. Podemos nos sentir confusos sobre o que significa nutrição porque tudo em que acreditávamos anteriormente está caindo por terra. Porém é em épocas plutônicas que estar dentro de nosso corpo e com ele é mais vital. Como todos os planetas, Plutão é amoral. Ele pode desencadear a onda kármica da mudança e colocá-la em movimento, mas somos nós os responsáveis pela novidade que criarmos no mundo. As pessoas que incorporam essa ideia são compassivas, amorosas e nutrizes de si mesmas e dos outros e trazem ao mundo a novidade de que precisamos. Quando participamos da nutrição e da transformação pessoais, nos tornamos plenamente disponíveis como agentes do crescimento e da transformação globais.

Nutrição de Plutão

Quando Plutão está envolvido, a experiência alimentar pode se tornar bem séria. Para algumas pessoas, a sensação de impotência pode evoluir para distúrbios alimentares. Para outras, a comida pode ser escassa e indisponível. O controle

Equilíbrio Planetário

FORTALECER COM	EQUILIBRAR COM
Não recomendo fortalecer Plutão, mas fortalecer quaisquer outros planetas envolvidos no trânsito ou na configuração natal	O Sol ajuda a ressuscitar Plutão

rígido da comida pode ser parte de um plano de tratamento ou talvez uma decorrência da derrubada completa de um dogma dietético ao qual você se apegava havia anos. Todos os traumas alimentares que possamos ter vivido na infância também são trazidos para nossos trânsitos de Plutão. Mas a comida pode ou não ser o remédio que Plutão está pedindo. Na maioria das vezes, a "nutrição" de Plutão consiste em render-se, suavizar-se e abrir-se para poder executar sua cirurgia. Nossa relação alimentar geralmente é apenas uma extensão do verdadeiro sofrimento que Plutão está tentando curar.

Se você estiver passando por um trânsito de Plutão ou tiver um aspecto forte de Plutão em seu mapa natal, recomendo-lhe que concentre sua abordagem nutricional no fortalecimento do planeta que estiver sendo afetado. Por exemplo, se Plutão estiver se opondo a seu Sol, use as recomendações sugeridas na seção dedicada a seu Signo Solar. Se Plutão estiver em quadratura com seu Vênus, use as sugestões da seção de Vênus ou da seção do signo correspondente a Vênus. Ninguém deve necessariamente pretender fortalecer Plutão seguindo uma "dieta de Plutão". Se Plutão fizer um prato para você, há uma chance de haver nesse prato um pouco de veneno; não para prejudicá-lo, mas para detoxificá-lo.

Você pode adotar uma abordagem mais gentil, a qual consiste em garantir que o caminho transformador de Plutão esteja desobstruído e que o resto de seu corpo esteja forte o suficiente para suportar qualquer trabalho que ele queira fazer. A remoção de obstruções do caminho de Plutão pode implicar a abertura das vias de desintoxicação de seu corpo: as principais são pele, fígado, intestinos, rins e bexiga, pulmões, útero e sistema nervoso. Os caminhos que precisam de mais atenção serão indicados pela localização zodiacal de seu trânsito. A eliminação diária por meio da sudorese, da respiração profunda e de evacuações, além do consumo de alto teor de fibras e muita água, são essenciais, porém uma abordagem mais direcionada com um médico pode ocasionalmente ser necessária.

ALIMENTOS DE PLUTÃO: ESCORPIÃO

Nutrientes: Nenhum

Plutão não tem regências alimentares tradicionais próprias, porém, como no caso de Marte, eles provavelmente teriam sabor, odor ou efeito extremo. As terapêuticas de Plutão são intensas e em geral aplicadas por um profissional médico licenciado. Dietas prescritivas usadas durante doenças graves ou hospitalizações provavelmente pertencem a Plutão. Os alimentos de Plutão podem ajudar a desintoxicar o corpo ou auxiliar na remoção de resíduos por serem muito ricos em fibras.

Movimento de Plutão

Assim como a comida, o movimento de Plutão tem tudo a ver com limpar o caminho para a revolução; portanto, não espere que seja confortável. O movimento de Plutão o obriga a ir além de seus limites e isso não é algo que se possa esquecer facilmente. Essas experiências podem ser curtas e brutalmente intensas ou longas proezas de resistência, como ultramaratonas ou eventos em climas extremos. Em um contexto de condicionamento físico diário, podemos propiciar a transformação de Plutão abordando nossas sessões como uma cerimônia alquímica. Leve qualquer dor ou veneno que Plutão esteja erradicando e renda-se ao trabalho suado. Aborde seu treinamento como um altar e ofereça seu movimento como um encantamento ou oração. Os exercícios de Plutão são projetados para induzir a catarse. Suje-se, faça barulho, resmungue, grite, chore – mas continue se mexendo.

Embora aumente e diminua de intensidade, um trânsito de Plutão dura cerca de três anos. Esse tipo de liberação catártica todos os dias durante esse período *não* é recomendável, até porque você provavelmente não precisará dele. A fadiga crônica é um sintoma comum de Plutão e você não vai querer piorá-lo exagerando no exercício intenso. Lembre-se de que Plutão não apenas move e limpa energia, mas também repara e reconstrói, coisas que exigem repouso profundo. Essas sugestões são para quando um trânsito de Plutão estiver no pico, que geralmente é quando está dentro de zero grau do planeta pelo qual está transitando. Mesmo esse tempo será bastante longo, então use trânsitos astrológicos mais rápidos para monitorar sua abordagem e fazer ajustes. Por exemplo, aumente o movimento de Plutão quando a Lua passar por Plutão no céu ou se o Sol, Mercúrio, Vênus ou Marte estiverem prestes a aproximar-se.

Agradecimentos

Obrigada, Ryan, pelo amor mais firme, seguro e enriquecedor que já conheci. Você é um verdadeiro remédio para todo o meu ser. Obrigada a toda a minha família por apoiar-me em uma carreira que nunca esperava seguir. Mamãe e Irmã, nossas conversas mantiveram meu alento. Pai, me inclua em sua lista para um tempo de qualidade no lago. Obrigada, Mike e Linda, por sua generosidade e apoio carinhoso. Nita, eu amo você. Obrigada por sempre me conduzir de volta à minha própria autoridade. A minhas amigas, especialmente Kelly, Renee, Islaewae, Miranda, Chelsea, Laura, Desi e Gail: adoro vocês. Obrigada por sempre terem me procurado regularmente durante este processo solitário. Obrigada, Jenn Mannhardt, por sua habilidade com dados astronômicos.

Obrigada, Roost Books e Sara Bercholz, por terem visto o potencial deste projeto e confiado em mim para executá-lo. Eu não poderia ter escolhido um grupo de pessoas mais sonhador e compassivo para trabalhar. Grande amor e apreço por minhas editoras, Juree Sondker e Audra Figgins. Obrigado também à toda a equipe da Roost: a editora Emily Wichland, a revisora Ashley Benning, o indexador L. S. Summer, a diretora de *design* Kara Plikaitis, a ilustradora Caitlin Keegan, a *designer* de interiores e capas Amy Sly e a equipe multifuncional de Tori Henson e Ron Longe. Sua paciência, calor e superpoderes de organização foram exatamente o que eu precisava.

Por fim, sou muito grata aos brilhantes pioneiros da astrologia médica que direta e indiretamente me transmitiram seus conhecimentos, em especial, Judith Hill e Andrea Gehrz. E, humildemente, ofereço este livro ao campo.

Apêndice A

Símbolos e Associações

LISTA MESTRA

Signo	Modo	Elemento	Regentes	Elemento
Áries	Cardinal	Fogo	Marte	Fogo
Touro	Fixo	Terra	Vênus	Água*
Gêmeos	Mutável	Ar	Mercúrio	Terra*
Câncer	Cardinal	Água	Lua	Água
Leão	Fixo	Fogo	Sol	Fogo
Virgem	Mutável	Terra	Mercúrio	Terra*
Libra	Cardinal	Ar	Vênus	Água*
Escorpião	Fixo	Água	Marte (tradicional) Plutão (moderno)	Fogo
Sagitário	Mutável	Fogo	Júpiter	Ar
Capricórnio	Cardinal	Terra	Saturno	Terra
Aquário	Fixo	Ar	Saturno (tradicional) Urano (moderno)	Terra
Peixes	Mutável	Água	Júpiter (tradicional) Netuno (moderno)	Ar

* As qualidades e, portanto, os elementos de Mercúrio e Vênus podem mudar ligeiramente, a depender de eles terem nascido antes ou depois do Sol. Entretanto, para os fins deste livro, as correspondências elementares aqui indicadas são suficientes.

CHAVE DOS GLIFOS

SIGNOS		PLANETAS E PONTOS		ELEMENTOS	
♈	Áries	☉	Sol	🜂	Fogo
♉	Touro	☽	Lua	🜄	Água
♊	Gêmeos	⊖	Ascendente	🜃	Terra
♋	Câncer	☿	Mercúrio	🜁	Ar
♌	Leão	♀	Vênus		
♍	Virgem	♂	Marte		
♎	Libra	♃	Júpiter		
♏	Escorpião	♄	Saturno		
♐	Sagitário	♅	Urano		
♑	Capricórnio	♆	Netuno		
♒	Aquário	♇	Plutão		
♓	Peixes				

Apêndice B

Sintomas

Use este apêndice para identificar a raiz cósmica de um sintoma e, em seguida, leia as seções correspondentes para orientação. Embora certamente seja possível que vários atores cósmicos estejam envolvidos, se vários planetas e signos forem indicados, recorra a seu mapa astral e a sua intuição para determinar qual deles parece o mais apropriado. Por exemplo, vários planetas e signos estão correlacionados com a ansiedade, mas há muitas maneiras de senti-la. Ela surge de repente com falta de ar e coração disparado? Isso soa mais como Marte ou Urano. Pensamentos de preocupação estão mantendo você acordado à noite? Isso parece mais com Mercúrio. Da mesma maneira, cada signo pode sentir fadiga, mas isso pode ser causado por coisas diferentes e, portanto, correlacionado com planetas diferentes. Este apêndice não é exaustivo. Eu listei apenas as correlações mais óbvias. Em alguns contextos astrológicos, signos e planetas que não são comumente correlacionados com um determinado sintoma podem de fato ser os mais indicados.

Acidentes: Marte, Mercúrio, Urano, Áries, Sagitário.

Acne: Marte (vermelho), Vênus (cística ou hormonal), Capricórnio, Libra, Escorpião, Touro, signo do local da acne (por exemplo, a acne de Áries pode estar no rosto; a de Leão, nas costas etc.).

Alergias (ambientais): Marte, Netuno, Saturno, Câncer, Gêmeos, Peixes, Touro, Virgem.

Alergias, intolerâncias, sensibilidades alimentares: Marte, Lua, Netuno, Saturno, Câncer, Peixes, Virgem.

Alteração da visão: Lua, Sol, Áries, Aquário.

Alucinações: Netuno, Áries, Peixes, Sagitário.

Anafilaxia: Marte, Urano, Áries.

Anemia: Netuno, Saturno, Aquário, Leão, Peixes.

Ansiedade: Marte, Mercúrio, Urano, Áries, Aquário, Gêmeos, Sagitário, Virgem.

Artrite: Saturno, Capricórnio, signo da área do corpo envolvida.

Asma, falta de ar: Marte, Mercúrio, Saturno, Câncer, Gêmeos, Peixes.

Ataque psíquico ou espiritual: Netuno, Peixes.

Autoimunidade: Netuno, Marte, Áries, Peixes.

Baixa concentração: Mercúrio, Urano, Gêmeos, Sagitário.

Bolhas e furúnculos: Marte, Escorpião, signo do local no corpo.

Cabelos ou unhas quebradiças: Saturno, Vênus, Capricórnio, Virgem.

Cálculos ou dores na vesícula biliar: Saturno, Capricórnio.

Candidíase: Netuno, Vênus, Câncer, Peixes, Escorpião.

Choro: Lua, Vênus, Câncer, Peixes.

Ciática: Marte, Mercúrio, Saturno, Libra, Sagitário, Escorpião.

Cistos: Júpiter, Lua, Vênus, Câncer, Peixes, Escorpião, signo do local do cisto.

Coceira: Marte, Mercúrio, Peixes, Virgem, signo do local da coceira.

Colesterol alto: Júpiter, Leão, Peixes.

Confusão: Mercúrio, Netuno, Sol.

Congestão e fleuma: Júpiter, Lua, Vênus, Câncer, Peixes, Escorpião, Touro.

Constipação: Saturno, Capricórnio, Virgem, signos fixos (Aquário, Leão, Escorpião, Touro).

Convulsões, crises epilépticas: Mercúrio, Urano, Áries, Leão.

Corrimento, secreção: Lua, Netuno, Câncer, Escorpião, signo que rege a área da secreção.

Cortes: Marte, signo do local do corte.

Crescimentos e alargamentos: Júpiter, signo do local no corpo.

Dependências: Netuno, Peixes, Touro.

Depressão: Netuno, Saturno, Aquário, Capricórnio, Peixes, Escorpião.

Desafios de lactação ou mastite: Lua, Vênus, Câncer.

Desequilíbrios de cortisol: Marte, Áries, Libra.

Desequilíbrios hormonais: Lua, Júpiter, Vênus, Câncer, Libra, Peixes, Escorpião.

Desidratação: Marte, Lua, Áries, Aquário, Leão, Sagitário.

Desmaio: Netuno, Sol, Urano, Aquário, Leão.

Desnutrição: Lua, Saturno, Capricórnio, Virgem.

Desregulação do açúcar no sangue: Júpiter, Vênus, Libra, Peixes, Touro, Virgem.

Diarreia: Marte, Lua, Câncer, Escorpião, signos mutáveis (Gêmeos, Peixes, Sagitário, Virgem).

Disbiose: Júpiter, Lua, Netuno, Vênus, Câncer, Peixes, Escorpião, Virgem.

Dor de cabeça/enxaqueca: Marte, Mercúrio, Saturno, Áries.

Dor de estômago: Marte, Câncer, Escorpião, Virgem.

Dor de garganta: Marte, Touro.

Dor na mandíbula: Áries, Touro.

Dor nas costas: Marte, Saturno, Leão, Libra, Escorpião.

Dor nos nervos, neuropatia ou sintomas neurológicos: Mercúrio, Urano, Áries, Aquário, Gêmeos, Sagitário, signo do local do nervo.

Dor: Marte, Saturno, Capricórnio, signo do local da dor.

Edema e retenção hídrica: Júpiter, Lua, Netuno, Vênus, Aquário, signos de Água (Câncer, Peixes, Escorpião).

Erupções cutâneas: Marte, Mercúrio, signo do local da erupção cutânea.

Espasmo ou cãibra muscular: Marte, Mercúrio, Urano, Aquário, signo do músculo.

Estresse: Marte, Mercúrio, Saturno, Urano.

Exaustão nervosa: Marte, Mercúrio, Saturno, Urano, Áries, Gêmeos, Sagitário, Virgem.

Fadiga: Netuno, Saturno.

Febre: Marte, Sol, Áries, Leão, Sagitário.

Fratura óssea: Saturno, Urano, Capricórnio, signo do osso fraturado.

Gases: Câncer, Júpiter, Escorpião, Virgem, signos de Ar (Aquário, Gêmeos, Libra).

Hemorroidas: Marte, Escorpião.

Hipotermia: Saturno, Sol.

Inchaço: Júpiter, Lua, Câncer, Peixes, Escorpião, Virgem, signos de Ar (Aquário, Gêmeos, Libra).

Indigestão nervosa: Mercúrio, Lua, Câncer, Gêmeos, Virgem.

Infecção da bexiga: Marte, Libra, Escorpião.

Infecção de ouvido: Marte, Áries, Gêmeos, Touro.

Infecção fúngica: Lua, Netuno, Vênus, Câncer, Peixes, Escorpião.

Infecção respiratória: Marte, Mercúrio, Câncer, Gêmeos, Peixes.

Infecções fúngicas: Lua, Netuno, Vênus, Câncer, Peixes, Escorpião.

Inflamação: Marte, signo do local no corpo.

Início agudo: Marte, Urano, signos cardinais (Áries, Câncer, Capricórnio, Libra).

Inquietação: Marte, Mercúrio, Urano, Gêmeos, Sagitário.

Insônia: Marte, Mercúrio, Lua, Netuno, Urano, Áries, Gêmeos, Peixes, Sagitário.

Intoxicação alimentar: Marte, Netuno, Saturno, Câncer, Virgem.

Irregularidades menstruais: Lua, Saturno, Urano, Vênus, Áries, Câncer, Capricórnio, Libra, Escorpião.

Joanetes, calos: Saturno, Capricórnio, Peixes.

Lentidão, carga ou dor hepática: Júpiter, Saturno, Virgem, Câncer, Sagitário.

Má circulação: Júpiter, Saturno, Vênus, Aquário, Gêmeos, Leão, Libra, Peixes.

Má coordenação e equilíbrio: Mercúrio, Urano, Gêmeos, Sagitário.

Mordidas e picadas: Marte, Mercúrio, Urano, Peixes, Virgem, signo do local da mordida ou da picada.

Mudanças de apetite: Júpiter, Marte (aumenta), Lua, Saturno (diminui), Câncer, Peixes, Touro.

Mudanças de humor: Lua, Urano, Aquário, Câncer, Leão, Libra, Escorpião.

Náusea: Lua, Câncer.

Nervosismo, movimentos involuntários em reação a um estímulo: Mercúrio, Urano, Aquário, Gêmeos, Virgem.

Nervosismo: Mercúrio, Urano, Gêmeos, Virgem.

Obstruções: Saturno, signo que rege a área obstruída do corpo.

Odor corporal: Marte, Escorpião.

Osteocondroma: Saturno, Capricórnio, signo do local da formação óssea.

Palpitações cardíacas: Marte, Mercúrio, Sol, Urano, Aquário, Leão.

Parasitas ou vermes: Marte, Mercúrio, Lua, Netuno, Escorpião, Virgem.

Pedras ou infecção nos rins: Marte, Saturno, Libra.

Pele seca: Mercúrio, Saturno, Vênus, Capricórnio, Virgem.

Perda auditiva: Saturno, Capricórnio, Gêmeos, Touro.

Perda de memória: Júpiter, Mercúrio, Áries.

Perturbação mental-emocional (aguda): Mercúrio, Sol, Urano, Áries, Aquário, Gêmeos, Sagitário.

Pesadelos: Netuno, Peixes.

Pressão arterial (alta ou baixa): Júpiter, Marte, Áries, Aquário, Leão, Libra, Sagitário.

Problemas de pele: Marte, Mercúrio, Saturno, Capricórnio, Virgem, signo que rege a área da pele.

Problemas de tireoide: Mercúrio, Urano, Touro.

Problemas dentários: Marte, Saturno, Áries (dentes superiores), Capricórnio, Touro (dentes inferiores).

Problemas sinusais: Aquário, Câncer, Touro.

Prolapso: Netuno, Vênus, signo do órgão ou da parte do corpo envolvida.

Quedas: Saturno, Urano, Capricórnio.

Queimaduras: Marte, signo do local da queimadura.

Raiva/Irritabilidade: Marte, Áries, Escorpião.

Refluxo ácido: Marte, Câncer.

Rigidez: Saturno, Aquário, Capricórnio.

Ruptura, distensão ou fisgada muscular: Marte, Urano, signo do músculo lesionado.

Rupturas: Marte, Urano, signo da parte do corpo rompida.

Sangramento (intenso): Júpiter, Marte, Lua (menstrual), Vênus (menstrual), Peixes, signo do local do sangramento.

Sensibilidade à luz: Mercúrio, Áries, Aquário.

Sensibilidade ou inchaço mamário: Júpiter, Lua, Câncer, Vênus.

Sintomas psicossomáticos: Lua, Netuno, Peixes.

Sintomas urinários (frequentes, escassos, dolorosos, ardentes): Marte, Libra, Escorpião, Vênus.

Sobrecarga sensorial: Mercúrio, Urano, Aquário, Gêmeos, Virgem.

Sonolência: Lua, Netuno, Câncer, Peixes.

Sudorese excessiva: Lua, Escorpião.

Superaquecimento: Marte, Áries, Leão, Sagitário.

Toxicidade ou envenenamento: Marte, Netuno, Saturno.

TPM: Lua, Vênus, Câncer, Libra, Escorpião.

Transtornos alimentares: Lua, Saturno, Urano, Câncer, Capricórnio, Escorpião, Virgem.

Traumatismo craniano: Marte, Urano, Áries.

Vômitos: Marte, Lua, Urano, Câncer.

Zumbido: Mercúrio, Capricórnio, Gêmeos, Touro.

Recursos

Onde Obter seu Mapa Astral

Existem milhares de sites e aplicativos que lhe permitem obter seu mapa astral, mas abaixo estão alguns nos quais confio. Um conselho profissional: convém considerar todas as interpretações computadorizadas de mapas com uma certa reserva.

Alabe.com

Astro.com

Astrograph.com

Aplicativo TimePassages

Calendários Astrológico e Lunar

Honeycomb Collective Personalized Astrological Almanac (honeycomb.co)

Magic of I Astrological Planner (magicofi.com)

Para Estudos Adicionais

ASTROLOGIA GERAL

Livros

Aspects in Astrology: A Guide to Understanding Planetary Relationships in the Horoscope, de Sue Tompkins.

Astrology for Yourself: How to Understand and Interpret Your Own Birth Chart, de Douglas Bloch e Demetra George.

Planets in Transit: Life Cycles for Living, de Robert Hand.

Escolas

Portland School of Astrology (portlandastrology.org).

Astrology University (astrologyuniversity.com).

RECURSOS DE ASTROLOGIA MÉDICA

Meu site e cursos em inglês (clairegallagher.co)

Astrological Remediation: A Guide for the Modern Practitioner, de Andrea L. Gehrz.

A Handbook of Medical Astrology, de Jane Ridder-Patrick.

Medical Astrology: A Guide to Planetary Pathology, de Judith Hill.

Condicionamento Físico (Fitness)

Para obter demonstrações de movimento deste livro, acesse clairegallagher.co/bodyastro.

EQUIPAMENTOS

Kettlebell Kings (kettlebellkings.com)

Rep Fitness (repfitness.com)

Rogue Fitness (roguefitness.com)

Glossário

Termos de Astrologia

Aspectos: Relações entre os planetas, observadas em todas as linhas que partem do centro de seu mapa astral. Na astrologia médica, os aspectos nos mostram como os planetas (ou seja, nossas funções corporais) interagem uns com os outros. Existem muitos tipos de aspectos, mas os principais, do ponto de vista da astrologia médica, são a conjunção, a oposição, a quadratura e o quincúncio.

Astrologia médica: Um antigo ramo da astrologia ocidental tradicional, no qual o mapa astral se torna um mapa da natureza inerente do corpo, de seu funcionamento, necessidades, pontos fortes e suscetibilidades. A astrologia médica também pode fornecer orientação sobre a natureza de uma doença ou enfermidade, sua causa-raiz e o tratamento adequado. Neste livro, os termos *astrologia médica*, *astrologia física*, *astrologia do corpo*, *astrologia nutricional* e assemelhados são usados de modo intercambiável.

Casas: As doze casas representam áreas da vida (família, dinheiro, lar etc.) e podem nos dar o contexto de uma condição física. Os desequilíbrios surgidos nessas áreas da vida as afetam ou são afetados por elas. Embora qualquer casa possa interagir com a saúde, as casas 1, 6, 8 e 12 são diretamente relacionadas à saúde. Existem muitos sistemas de casas na Astrologia. Pessoalmente, uso e sugiro casas de signos inteiros, sistema conforme o qual um signo do zodíaco é igual a uma casa.

Elementos: Blocos físicos e não físicos básicos para a construção do corpo e da psique. Na astrologia médica, existem quatro elementos: Fogo, Ar, Terra e Água. Todos nós temos esses quatro elementos em nosso corpo. Os elementos são dinâmicos e seus níveis aumentam e diminuem naturalmente, mas a doença ocorre quando um ou mais se tornam excessivos ou deficientes. Cada signo do zodíaco está associado a um elemento.

Signos de Fogo: Áries, Leão e Sagitário

Signos de Ar: Gêmeos, Libra e Aquário

Signos de Terra: Touro, Virgem e Capricórnio

Signos de Água: Câncer, Escorpião e Peixes

Estação: A pausa no movimento antes que um planeta mude de direção. Os planetas podem estacionar retrógrados (para trás) ou estacionar diretos (para a frente).

Gesto: Uso a palavra gesto para descrever a essência de um signo do zodíaco ou de um planeta e como essa essência pode traduzir-se em necessidades e comportamentos físicos. Para apreender o gesto, tendemos a resumi-lo a palavras-chave. Porém é importante lembrar que signos e planetas são vastos corpos de energia que transcendem os limites da linguagem.

Grau: Cada signo do zodíaco tem 30 graus. Os planetas presentes nos signos têm sua localização especificada em graus. Por exemplo, Saturno pode estar no segundo grau de Aquário.

Mapa astral: Também chamado de mapa natal, ele é uma representação gráfica do ponto em que todos os planetas e signos do zodíaco estavam no momento em que você nasceu. Como a perspectiva desse mapa é geocêntrica, você e o planeta Terra estão no centro enquanto os corpos celestes estão orbitando ao seu redor. Um mapa astral preciso exige data, hora e local exatos de nascimento.

Modo: Como um elemento se move e se exprime. Cada elemento tem vários modos de expressão. Por exemplo, a Terra pode vir na forma de rocha, solo ou planta. Os três modos são: cardinal, fixo e mutável.

Signos cardinais: Áries, Câncer, Libra e Capricórnio

Signos fixos: Touro, Leão, Escorpião e Aquário

Signos mutáveis: Gêmeos, Virgem, Sagitário e Peixes

Natal: Adjetivo referente ao mapa natal ou astral. As localizações exclusivas dos planetas no momento de seu nascimento são seus planetas natais. Quando você vê natal sucedendo um planeta (por exemplo, Marte natal), a palavra remete a Marte em seu mapa astral e ao signo do zodíaco em que ele está posicionado.

Planeta regente/regente planetário: Cada signo do zodíaco é regido por um planeta. Esse planeta confere ao signo do zodíaco suas características primárias. Para entender mais sobre um signo, leia a respeito de seu planeta regente e vice-versa.

O Sol rege Leão.

A Lua rege Câncer.

Mercúrio rege Gêmeos e Virgem.

Vênus rege Touro e Libra.

Marte rege Áries e Escorpião.

Júpiter rege Sagitário e Peixes.

Saturno rege Capricórnio e Aquário.

Urano compartilha a regência de Aquário com Saturno.

Netuno compartilha a regência de Peixes com Júpiter.

Plutão compartilha a regência de Escorpião com Marte.

Planeta: Sol, Lua, Mercúrio, Vênus, Marte, Júpiter, Saturno, Urano, Netuno, Plutão. Na astrologia médica, os planetas representam funções ou forças do corpo que atuam sobre o corpo ou no interior dele.

Qualidades: As quatro qualidades são quente, frio, úmido e seco. Elas estão presentes em todos os elementos, signos do zodíaco e planetas. Na astrologia médica, as qualidades nos informam sobre a composição física de um planeta ou signo e as terapêuticas que são semelhantes ou opostas.

Retrogradação: Do nosso ponto de vista aqui na Terra, é quando um planeta parece mover-se para trás. Os ciclos retrógrados são partes normais e previsíveis do ano astrológico e não devem ser temidos. Porém, na astrologia médica, um planeta retrógrado pode tender mais a correlacionar-se com uma enfermidade ou uma oportunidade de cura.

Signo Ascendente: Também chamado de Signo Ascendente ou simplesmente Ascendente. Trata-se do signo do zodíaco que surgia no horizonte quando você nasceu. O Signo Ascendente muda várias vezes ao dia e requer precisão da hora de nascimento. Na astrologia médica, ele representa seu corpo físico. Ao verificar os trânsitos para seu Signo Ascendente, use o grau exato do Ascendente.

Signo Lunar: O signo zodiacal em que estava a Lua quando você nasceu. A Lua se move rapidamente e muda de signo a cada 2,5 dias. Na astrologia médica, a Lua representa seu fluxo de energia e suas necessidades nutricionais.

Signo Solar: Signo do zodíaco em que estava o Sol quando você nasceu. Quando alguém diz: "Eu sou geminiano", o que quer dizer é que o Sol estava em Gêmeos no momento em que nasceu. O Sol muda de signo mensalmente. Na astrologia médica, ele representa sua força vital.

Signos do zodíaco: Áries, Touro, Gêmeos, Câncer, Leão, Virgem, Libra, Escorpião, Sagitário, Capricórnio, Aquário e Peixes. Na astrologia médica, os signos do zodíaco representam partes do corpo.

> Conforme discutimos no Capítulo 2, na astrologia ocidental tropical, os signos do zodíaco não correspondem a constelações. São relações Terra-Sol. Os signos do zodíaco são divisões de 30 graus da eclíptica, ou o aparente caminho anual do Sol. Essa divisão começa a 0 grau de Áries no equinócio de março.

***Stellium*:** Um grupo de planetas (geralmente três ou mais) muito próximos, ou em conjunção, em um mapa natal.

Trânsito: Referência ao movimento planetário do momento. Depois que você nasceu, os planetas continuaram a se mover. Esse movimento e o modo como ele interage com seu mapa astral é o que os astrólogos chamam de trânsitos. Essa distinção é importante porque diferencia seus planetas natais dos planetas em trânsito, ou seja, dos planetas no céu de hoje. Os trânsitos podem coincidir com mudanças pessoais e físicas significativas. Na astrologia médica, eles tendem a apresentar novas necessidades nutricionais, de movimento ou de autocuidado.

Termos de Movimento e Condicionamento Físico

Para obter demonstrações de movimento deste livro,
acesse clairegallagher.co/bodyastro.

Agonista/Antagonista: Pares musculares localizados em lados opostos de um membro, como bíceps e tríceps, ou quadríceps e isquiotibiais. Um atua como motor principal, ao passo que o outro é passivo.

Bilateral: Exercício que usa os dois membros igualmente, como um agachamento.

Circuito: Grupo de exercícios realizados em sucessão com descanso mínimo.

Condicionamento: Exercício que desenvolve a eficiência dos sistemas de energia do corpo. Embora o condicionamento seja de natureza cardiovascular, não deve ser confundido com longos períodos de exercícios aeróbicos monótonos.

Contralateral: Exercício que usa um braço e uma perna de lados opostos do corpo. Por exemplo, uma prancha que o faz levantar o braço esquerdo e a perna direita.

HIIT: Sigla de *High Intensity Interval Training*, ou seja, treino intervalado de alta intensidade. Breves explosões de exercícios de alta intensidade seguidas de curtos períodos de recuperação.

Intensidade: Uma medida de dificuldade relacionada a seu nível de condicionamento físico. Embora haja algumas interseções, a intensidade do exercício aeróbico geralmente é definida pela elevação de sua frequência cardíaca, enquanto no treinamento de força, a intensidade em geral se define pela carga (peso) e volume.

Ipsilateral: Exercício que usa o braço e a perna do mesmo lado do corpo. Por exemplo, avançar com a perna direita enquanto pressiona simultaneamente um haltere acima da cabeça com o braço direito.

NEAT: Termogênese de atividade sem exercício. Se refere ao gasto de energia que não se deva a exercícios físicos convencionais. Por exemplo, caminhar até o carro, cozinhar, subir escadas e concentrar todo o uso de energia.

Pliometria: Movimento explosivo que cria força por meio do rápido alongamento e protrusão dos músculos. Esses exercícios geralmente envolvem saltos.

Tempo: A rapidez com que cada parte de um movimento é executada. Por exemplo, num agachamento, há um movimento para baixo e um movimento para cima. Levar cinco segundos para chegar ao fundo do agachamento e depois explodir de volta ao topo é um exemplo de agachamento de tempo. Os tempos promovem crescimento muscular quando aumentam o tempo sob tensão, ou seja, quanto tempo um músculo fica sob tensão durante uma série.

Treino ritmado de média e longa duração: Uma corrida realizada com intensidade igual ao limiar de lactato (quando os níveis de lactato no sangue ultrapassam em muito os níveis de repouso). Isso geralmente é chamado de limiar aeróbico/anaeróbico. A maioria de nós não consegue medir nossos níveis de lactato, então talvez uma descrição melhor esteja no ritmo da corrida, ou cerca de 85% de sua frequência cardíaca máxima. Quando feito da maneira correta, esse tipo de treinamento aumenta a eficiência e o limiar de corrida do seu corpo ao longo do tempo.

Unilateral: Exercício que isola um membro de cada vez, como a rosca de bíceps com um só braço.

Bibliografia

Bloch, Douglas e Demetra George. *Astrology for Yourself: A Workbook for Personal Transformation*. Berwick, ME: Ibis Press, 2006.

Casey, Caroline W. *Making the Gods Work for You: The Astrological Language of the Psyche*. Nova York: Harmony Books, 1998.

Christianson, Alan. *The Adrenal Reset Diet: Strategically Cycle Carbs and Proteins to Lose Weight, Balance Hormones, and Move from Stressed to Thriving*. Nova York: Harmony Books, 2015.

Cornell, Howard Leslie. *Encyclopedia of Medical Astrology*. Vol. 1. Whitefish, MT: Kessinger Publishing, 2010.

———. *Encyclopedia of Medical Astrology*. Vol. 2. Whitefish, MT: Kessinger Publishing, 2010.

Gagné, Steve. *Food Energetics: The Spiritual, Emotional, and Nutritional Power of What We Eat*. Rochester, VT: Healing Arts Press, 2008.

Gehrz, Andrea L. *Astrological Remediation: A Guide for the Modern Practitioner*. Portland, OR: Moira Press, 2012.

Greenbaum, Dorian Gieseler. *Temperament: Astrology's Forgotten Key*. Bournemouth, UK: Wessex Astrology, 2005.

Hill, Judith A. *The Astrological Body Types: Face, Form, and Expression*. Portland, OR: Stellium Press, 2011.

———. *Medical Astrology: A Guide to Planetary Pathology*. Portland, OR: Stellium Press, 2005.

Hyman, Mark. *Food: What the Heck Should I Eat? The No-Nonsense Guide to Achieving Optimal Weight and Lifelong Health*. Nova York: Little, Brown, 2018.

Jansky, Robert Carl. *Astrology, Nutrition & Health*. Atglen, PA: Whitford Press, 1977.

Kastner, Joerg. Chinese Nutrition Therapy: Dietetics in Traditional Chinese Medicine (TCM). Stuttgart: Thieme, 2009.

Lehman, J. Lee. *Traditional Medical Astrology: Medical Astrology from Celestial Omens to 1930 CE*. Atglen, PA: Schiffer Publishing, 2011.

Lilly, William. *Christian Astrology*. Londres, 1647. PDF acessado em sky- script.co.uk.

Lipski, Elizabeth. *Digestive Wellness: Strengthen the Immune System and Prevent Disease through Healthy Digestion*. Nova York: McGraw-Hill, 2012.

Lynch, Ben. *Dirty Genes: A Breakthrough Program to Treat the Root Cause of Illness and Optimize Your Health*. Nova York: HarperOne, 2018.

Nauman, Eileen. *The American Book of Nutrition & Medical Astrology*. San Diego: Astro Computing Services, 1983.

Parnell, Deva. *Discovery Yoga Teacher's Manual*. St. Augustine, FL: Discovery Yoga, 2009.

Pitchford, Paul. *Healing with Whole Foods: Asian Traditions and Modern Nutrition*. Berkeley, CA: North Atlantic Books, 2009.

Pursell, J. J. *The Herbal Apothecary: 100 Medicinal Herbs and How to Use Them*. Portland, OR: Timber Press, 2016.

Ridder-Patrick, Jane. *A Handbook of Medical Astrology*. Edimburgo: CrabApple Press, 2006.

Sasportas, Howard. *The Twelve Houses: Exploring the Houses of the Horoscope*. Londres: Flare Publications; London School of Astrology, 2007. [*As Doze Casas – Uma Interpretação dos Planetas e dos Signos Através das Casas*. São Paulo: Cultrix, 1988 (fora de catálogo).]

Thornton, Penny. *The Zodiac Cooks: Recipes from the Celestial Kitchen of Life*. Birmingham, Reino Unido: GB Publishing, 2017.

Tobyn, Graeme. *Culpeper's Medicine: A Practice of Western Holistic Medicine*. Londres: Singing Dragon, 2013.

Tompkins, Sue. *Aspects in Astrology: A Guide to Understanding Planetary Relationships in the Horoscope*. Rochester, VT: Destiny Books, 2002.

Tribole, Evelyn e Elyse Resch. *Intuitive Eating: A Revolutionary Anti-Diet Approach*. 4ª ed. Nova York: St. Martin's Essentials, 2020.